Philipp Blom

DIE WELT AUS DEN ANGELN

Eine Geschichte der Kleinen Eiszeit
von 1570 bis 1700
sowie der Entstehung der modernen Welt,
verbunden mit einigen Überlegungen
zum Klima der Gegenwart

WBG
Wissen *verbindet*

Lizenzausgabe
für die Wissenschaftliche Buchgesellschaft

ISBN 978-3-446-26894-8

Satz: Greiner & Reichel, Köln
Druck und Bindung: CPI – Ebner & Spiegel, Ulm
Printed in Germany

FSC
www.fsc.org
MIX
Papier aus verantwortungsvollen Quellen
FSC® C006701

www-wbg-wissenverbindet.de

Denn aus Eisen ist jetzt ihre Art; und niemals am Tage
Ruhen sie aus von Mühsal und Weh und nie auch zur Nachtzeit,
Böse geplagt, und die Götter verhängen zehrende Sorgen.
Dennoch wird auch für sie zu den Übeln Gutes gemengt sein.
…
Doch bittere Schmerzen
sie bleiben übrig den sterblichen Menschen –
und nirgends Rettung im Unheil.

Hesiod, Werke und Tage, *700 v. Chr.*

Dies ist also das schreckliche Jahrhundert, von dem die Schrift so deutlich spricht. Es ist das eherne Zeitalter, das alle Dinge bricht und bändigt. Die sieben Engel haben ihre Phiolen über der Erde ausgeschüttet, und sie enthielten Blasphemie, Schrecken, Massaker, Ungerechtigkeiten, Verrat … Wir haben gesehen und sehen immer noch, wie sich Königreich gegen Königreich erhebt, Nation gegen Nation, Pest, Hungersnot, Erdbeben, schreckliche Fluten, Zeichen der Sonne und des Mondes und der Sterne; das Leiden der Nationen durch Stürme und donnernde Wellen.

Jean Nicolas de Parival, 1654

Inhalt

PROLOG: Winterlandschaft 13

»GOTT HAT UNS VERLASSEN« – EUROPA 1570–1600

Ein Mönch auf der Flucht 31
Gottes Wind und Wellen 36
Harter Frost, brennende Sonne 38
Die Zeit der Wirren und ein feuerspeiender Berg 42
Die Pilger und der Hunger 44
Die Wahrheit im Wein 46
Der Wein und die Wiener 48
Die Lichter werden dunkel 51
Hexen und verdorbene Ernten 53
Wahrheiten in den Sternen 61
Doktor Faustus 64
Der Leseturm 70

DAS EHERNE ZEITALTER

Hortus botanicus 81
Revolutionäre Orte 85
Die Stadt frisst ihre Kinder 88
Die Magie des Blauschimmels 91
Die große Transformation 95
Das Bild der Welt 101

Geschwätz und Fabeln 107
Zur Warnung und Besserung 109
Tränen ohne Maß und Zahl 111
Die Revolution aus dem Lauf der Musketen 116
Sell more to strangers 120
Der Staat als Maschine 125
Ein profitabler Handel 128
Das Verhängnis des Silbers 132
Offizier im Ruhestand 135
Die subversive Republik der Lettern 143
Germanus incredibilus 154
Tugend und die Ertränkungszelle 158
Leviathan 161
Inventar der Moral 164

ÜBER KOMETEN UND ANDERE HIMMELSLICHTER

Der Wahn des Pöbels 171
Der Antichrist 186
Der Messias und die Hure 205
Jahrmarkt auf dem Eis 211
Die neue Natur 214
Tapissier du roi 220
Die Öffentlichkeit und lasterhafte Bienen 224
Der schwebende Reverend 229

EPILOG: Nachtrag zur Bienenfabel

Wie Singvögel, Kellerasseln und Korallen 235
Freiheit und Luxus 239
Ererbte Kompromisse 244
Große Träume 247
Die Konkurrenz auf dem Marktplatz der Träume 253

Das kollektive Jenseits 255
Was auf dem Spiel steht 257

Dank 263
Anmerkungen 265
Bibliographie 271
Abbildungsverzeichnis und Bildnachweis 295
Personenregister 299

Europe where the sun dares scarce appear
For freezing meteors and congealed cold.

Christopher Marlowe, 1587

Die Lichter und Fenster am Gewölb des Himmels werden oft dunkel und der Welt zu ihrer Büberei nicht mehr scheinen und leuchten / und sehnen sich mit uns nach unser(er) Erlösung … die Sonn / Mond / und andere Sterne / leuchten / scheinen und wirken nicht mehr so kräftig als zuvor / es ist mehr kein rechter beständiger Sonnenschein / kein steter Winter und Sommer / die Früchte und Gewächs auf Erden werden nicht mehr so reif / sind nicht mehr so gesund als wie sie wohl ehezeit gewesen.

Daniel Schaller, 1595

War allhier so ein rauher kalter Winter / daß man die Voͤgel vnd das Gewild mit Haͤnden fahen kunte.
War ein heisser duͤrrer Sommer / vnd frassen die Hewschrecken alles auff dem Feld ab / darauff ein grosse Theurung erfolgt.

Christoph Schorer, 1660

PROLOG:
Winterlandschaft

Wie glücklich sie aussehen! Sie bewegen sich auf dem Eis, als ob es ihr Zuhause wäre. Sie laufen Schlittschuh, fahren mit Pferdeschlitten über das glatte Parkett der Welt, unterhalten sich in kleinen Gruppen. Die wohlhabenden Herren haben ihren Mantel elegant über eine Schulter geworfen, die Damen tragen Spitzenhauben oder Perücken. Die einfachen Leute tragen kurze Jacken. Kein Feuer brennt, um kalte Glieder zu wärmen. Kaum jemand scheint zu frieren.

Das wimmelnde Leben mitten in der Kälte verführt die Augen; die Landschaft löst sich in immer neuen Einzelszenen auf, in allen Lebenslagen werden die Dörfler dargestellt – von den beiden Liebhabern im Heuhaufen (sind es zwei Männer?) bis zum nackten Hintern, der aus einem zerbrochenen Boot ragt und einem zweiten, dessen Besitzer unter einem Weidenbaum hockt, bis hin zur Mutter mit ihrem Kind im Vordergrund, zu den Männern, die Golf spielen, dem Schilfschneider mit seinem großen Bündel und dem jungen Paar, das Hand in Hand über die Oberfläche gleitet. Die Frau trinkt aus einem Becher, während sie auf uns zukommt. Sie ist eine der wenigen Figuren, die uns ihr Gesicht zeigt. Die meisten Dörfler laufen auf stählernen Kufen von uns weg, auf den Horizont zu, in eine nur ungewiss skizzierte Zukunft.

Etwas rechts von der Bildmitte steht eine elegante Gruppe in teuren, goldbestickten Kleidern, die Damen mit Reifröcken und hohen Perücken, die Herren mit Straußenfedern am Hut. Ein grauer Bettler versucht, sie zu Mitleid zu bewegen, aber sie zeigen keinerlei Interesse. Was machen sie auf dem Eis in irgendeinem Dorf, ganz ohne Kutsche, ohne Dienerschaft? Wie sind sie hierhergekommen? Was tun all diese Menschen überhaupt auf dem Eis? Es wird kein bestimmtes Fest gefeiert, es

Detailbild »Vogelfalle« aus: Hendrick Avercamp, *Winterlandschaft*, circa 1608 (Gesamtbild siehe Vor- und Nachsatz)

ist nicht Weihnachten oder Karneval, es ist nicht Sonntag – die Kirche steht düster und leer im Hintergrund.

Je länger man dieses Panorama ansieht, desto weniger plausibel wird es. Was zuerst realistisch wirkt, wird rasch zur Allegorie: Eine ganze Gesellschaft auf dem Eis, reich und arm, Männer und Frauen, Kinder und Alte, Herrschaften und Diener, gleich gemacht durch Frost und Kälte, die sie doch unberührt zu lassen scheint. Nur der Tierkadaver vorne links deutet an, dass auch der Tod ein Wörtchen in diesem Idyll mitzureden hat, die aus einer alten Tür gebaute Vogelfalle daneben zeigt, wie schnell die unschuldigen Freuden vorbei sein können, und der leere Bienenkorb davor erinnert an satte Sommertage und bunte Blüten. Über dieser geschäftigen Welt en miniature schwebt in der Mitte des Himmels ein Vogel, der sich immer weiter in den Himmel aufzuschwingen scheint. Ist es ein gewöhnliches Stück Federvieh oder eine letzte Erinnerung an einen schützenden Heiligen Geist?

Der Schöpfer dieser Landschaft, Hendrick Avercamp (1585–1634), war auf Winterszenen spezialisiert. Er malte sie das ganze Jahr hindurch in seinem Atelier in Amsterdam und später in Kampen. Die ausgelassenen Menschen, die sich auf seinen Gemälden vergnügten, ohne auch nur im Geringsten die Kälte zu spüren, drückten seine eigene Sehnsucht aus. Er selbst war taubstumm und lebte zurückgezogen bei seiner Mutter, starb nur wenige Monate nach ihrem Tod. Das glückliche Treiben, das er malte, war immer das Leben der Anderen.

Wie alle Maler seiner Zeit arbeitete Avercamp nach Skizzen und aus dem Gedächtnis – auch darum ist diese Landschaft eine Komposition

Detailbild »Gruppe mit Bettler« aus: Avercamp, *Winterlandschaft*

aus vielen einzelnen Gruppen und Figuren, die zu einem Ganzen zusammengefügt wurden. Seine Darstellungen waren nie als dokumentarische Wiedergabe der Wirklichkeit gedacht. Und doch hatten sie eine reale Grundlage. Während die Gesellschaft, die sich hier so sorglos als eine Allegorie des sozialen Friedens und der Einigkeit auf dem Eis tummelt, sicherlich der Fantasie des Malers entspringt, hatte er die Landschaft nicht erfinden müssen.

Die Datierung des Bildes, 1608, liefert darauf einen Hinweis: Der vorhergegangene Winter war einer der kältesten der Geschichte. Nicht nur in den Niederlanden hatten sich Flüsse und Kanäle in eine eisige Bühne verwandelt, auf der Avercamp die ganze Gesellschaft inszenieren konnte. Die Themse war bis nach London hinein so dick zugefroren, dass Marktstände auf dem Eis errichtet werden konnten, der französische König Heinrich IV. war eines Morgens mit vereistem Bart aufgewacht, der Wein fror in den Fässern ein, in Osteuropa fielen Vögel mitten im Flug erfroren auf den harten Boden und tiefer Schnee bedeckte Teile von Italien und Spanien. Europa war ein eisiges Reich.

Dieser kontinentweite Kälteeinbruch machte sich auch in der Malerei bemerkbar. Bis zum 16. Jahrhundert wurde Schnee wenn überhaupt, dann in Monatsblättern von Stundenbüchern wie den berühmten *Très riches heures du duc de Berry* (1412–1416) dargestellt. Dann aber, mit dem harten Winter 1564/65, entdeckten nordeuropäische Künstler Frost und Winter für sich. In diesem Jahr malte Pieter Bruegel seine *Jäger im Schnee* – auch als Teil eines Jahreszeitenzyklus, aber aufgewertet zu einem großen Gemälde. Auf anderen Leinwänden stellte er die Anbetung

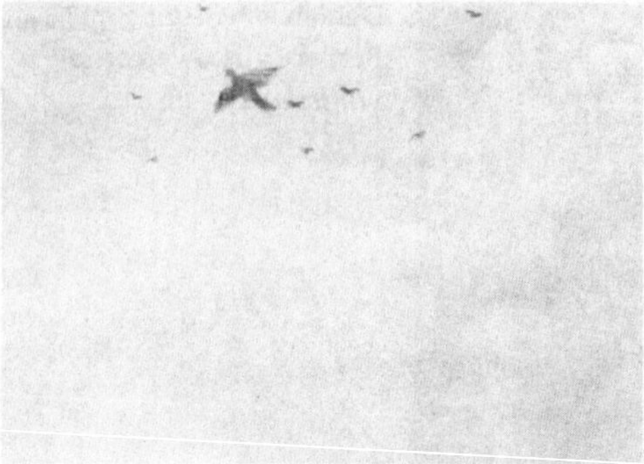

Detailbild »Vogel« aus: Avercamp, *Winterlandschaft*

der Könige und den Bethlehemitischen Kindermord dar – beide in eine verschneite, flämische Landschaft hineinimaginiert. Während der Winter seine eisige Herrschaft über Europa ausübte, etablierten sich Winterlandschaften besonders in den Niederlanden als ein eigenes künstlerisches Genre, das im 17. Jahrhundert viele bekannte Exponenten hatte, darunter Hendrick Avercamp.

Avercamps Landschaften beschreiben diese kalte Welt und deuten bereits an, was sie hervorbringen sollte. Alle Menschen auf dem Eis haben mit dem Frost zu kämpfen, auf der weiten Ebene des zugefrorenen Kanals scheinen sie einander gleich. Die eleganten Herrschaften und der arme Aalfischer mit seinem langen Dreizack, der von einem weißen Pferd gezogene Schlitten und die Gruppen von Bauern – sie alle leiden unter derselben Kälte, stehen vor der Herausforderung, eine neue Lebensweise zu finden, der existenziellen Bedrohung mit neuen Ideen zu begegnen.

*

Am Anfang dieses Buches steht eine einfache Frage mit einem unleugbaren Gegenwartsbezug: Was verändert sich in einer Gesellschaft, wenn sich ihr Klima ändert? Welche unmittelbaren und mittelbaren Auswirkungen hat eine Veränderung der natürlichen Rahmenbedingungen auf ihre Kultur, ihren emotionalen und intellektuellen Horizont? Das lange 17. Jahrhundert macht es möglich, die Auswirkungen des Klimawandels auf alle Aspekte des menschlichen Lebens zu erforschen und verstehen zu lernen.

Die Klimaepisode, die Historiker als Kleine Eiszeit bezeichnen und die in der ersten Hälfte des 17. Jahrhunderts ihren Höhepunkt erreichte, veränderte nicht nur das Leben der Europäer. Ein durchschnittlicher Temperaturrückgang um zwei Grad Celsius zwischen 1570 und 1685 wälzte die Strömungen der Ozeane um, störte klimatische Kreisläufe und verursachte weltweit extreme Wetterereignisse. Frost und Schnee, Hagel im Sommer, Stürme, wochenlanger Regen oder Jahre der Dürre verursachten katastrophale Hungersnöte in China, mörderische Winter in Nordamerika und schreckliche Missernten in Indien; das Osmanische Reich erlebte den härtesten Frost seit Menschengedenken.

Dieses Buch konzentriert sich aus drei Gründen auf die Auswirkungen der Kleinen Eiszeit in Europa: Erstens zeigt die aktuelle Forschung, dass die kulturellen Auswirkungen des Klimawandels in Europa besonders feinkörnig dokumentiert sind, zweitens fehlen mir die Sprachen und die Kenntnis, ähnlich tief in die Kulturgeschichte Japans, Chinas oder Indiens einzudringen, und drittens durchlebte gerade Europa in dieser Periode eine ungeheure soziale, wirtschaftliche und intellektuelle Revolution, was die Frage aufwirft, inwiefern eines mit dem anderen verbunden ist.

Der Gedanke, dass klimatische Bedingungen eine Auswirkung auf menschliche Gesellschaften haben, ist nicht neu. Aristoteles und Hippokrates schrieben darüber, die Scholastiker des Mittelalters und Frühaufklärer wie Montesquieu nahmen diese Ideen auf und bauten sie zu einer Kulturtheorie des Klimas aus. Im frühen 19. Jahrhundert machte Hegel sie sich zu eigen und argumentierte, dass der Geist einer Kultur ihrer Landschaft und ihrem Klima gleiche, weshalb die deutsche Landschaft mit ihren tiefen Wäldern und ihrem gemäßigten Klima den »wahren Schauplatz für die Weltgeschichte« biete, weil es Geistestiefe schaffe. Hegel, der bis auf einige Jahre im ruhigen Bern Deutschland nie verlassen hatte, wusste auch, warum indigene Amerikaner und Afrikaner unfähig waren, eine große Kultur hervorzubringen: »Kälte und Hitze sind hier zu mächtige Gewalten, als daß sie dem Geist erlaubten, für sich eine Welt zu erbauen.«

Zum pseudowissenschaftlichen Rassendenken der Wende zum 20. Jahrhundert passte eine Weltsicht, nach der andere Kulturen Opfer ihres Klimas sind, das Abendland aber seine eigenen klimatischen Bedingungen gewissermaßen überwunden habe. So entstand eine Geschichtsschreibung, die andere Kulturen als Produkte ihrer Umwelt beschrieb, an die Gesellschaften des Westens jedoch einen anderen Maßstab anlegte.

Erst nach dem Zweiten Weltkrieg begannen insbesondere französische Historiker, sich für die Idee von Klima, Klimaveränderung und ihrer Wirkung auf europäische Gesellschaften zu interessieren. Fernand Braudel mit seinen Studien über den Kapitalismus und die Zivilisationen des Mittelmeers und Emmanuel Le Roy Laduries Rekonstruktionen der spätmittelalterlichen Welt Südfrankreichs machten deutlich, dass Klimageschichte nicht nur, wie bei Hegel, wild spekulieren konnte, sondern auch aufgrund engmaschiger Analysen historischer Daten zu belegbaren Aussagen kommen kann.

Heute argumentieren Historiker wie Christian Pfister, Geoffrey Parker und Jared Diamond, dass klimatische Faktoren entscheidend am Aufstieg und Niedergang ganzer Kulturen beteiligt waren. Der Blick auf die meteorologische Vergangenheit unserer Gesellschaften hat sich längst globalisiert. Besonders im Hinblick auf Migrationsbewegungen und auf den Niedergang erfolgreicher Zivilisationen ist diese Perspektive interessant. Der Zerfall des Römischen Reiches wird von manchen Forschern mit einer Kälteperiode in der Mitte des 5. Jahrhunderts unserer Zeitrechnung in Verbindung gebracht, die durch einen starken Vulkanausbruch ausgelöst wurde, der eine Aschewolke in die Atmosphäre schleuderte und so einen vulkanischen Winter verursachte. Kulturen von China bis Peru waren damals betroffen.

*

Über die genauen Ursachen der Kleinen Eiszeit herrscht noch Unklarheit. Die Forscher sind sich nicht einmal einig, wann diese Periode begann, wann sie endete und wie weit ihre Auswirkungen reichten. Eine reiche, ständig wachsende wissenschaftliche Literatur versucht, diese Fragen zu beantworten. Weil wir uns auf die im weitesten Sinne kulturelle Dimension des Geschehens konzentrieren wollen, fasse ich den Stand der Forschung hier nur knapp zusammen.

Die Erde dokumentiert ihre eigene Geschichte. Paläoklimatologen,

Spezialisten für die Geschichte des Klimas, rekonstruieren Wetterverlauf und Temperaturkurven der Vergangenheit, indem sie Bohrkerne von Gletschern, vom Polareis, aus dem Erdreich oder vom Grund des Ozeans vermessen und die Dicke, Dichte und Zusammensetzung der einzelnen Schichten bestimmen. Baumringe, die in kalten und stressvollen Jahren, in denen die Pflanzen weniger wachsen, enger beieinander liegen als in warmen und wasserreichen, liefern verlässliche Daten über die lokale Klimaentwicklung der letzten Jahrhunderte und sogar Jahrtausende. Die Ablagerung von Pollen und anderen pflanzlichen Materialien in Schlammschichten oder in Mooren liefert Informationen über Vegetation und Populationen von Insekten und anderen Kleintieren, die für bestimmte Klimabedingungen charakteristisch sind. So lassen sich sehr detaillierte historische Landkarten der klimatischen Veränderungen erstellen.

Zu diesen naturwissenschaftlichen Daten kommt besonders in Europa ein überraschender Reichtum an historischen Dokumenten. Tagebücher und Briefe, wissenschaftliche Aufzeichnungen, literarische Werke, Erntedaten für Wein und Packlisten von Kaufleuten, Schiffslogs und Predigten, Gemälde und Rechnungsbücher schärfen das Bild weiter und zeigen nicht nur die unmittelbaren Effekte des Klimawandels auf Landwirtschaft und Bevölkerung, sondern auch den Widerhall, den diese Effekte in den Gesellschaften auslösten. Dazu aber später.

Aus diesen Mosaiksteinen setzt sich in etwa das folgende Bild zusammen: Im späten Mittelalter, etwa bis zur Mitte des 14. Jahrhunderts, hatte Europa eine Warmperiode erlebt, während der die Temperaturen um durchschnittlich zwei bis drei Grad höher waren als heute. Ab etwa 1400 wurde diese Erwärmung innerhalb von nur einem Jahrhundert allmählich durch eine starke Abkühlung verdrängt. Die Temperaturen stürzten auf zwei Grad unter dem Durchschnitt des 20. Jahrhunderts ab, was im Vergleich mit der mittelalterlichen Warmperiode also vier bis fünf Grad ausmacht.

Die Frage nach der Kausalkette dieses Geschehens und damit nach seiner genauen Datierung ist noch völlig offen. Manche Forscher datieren den Beginn der Kleinen Eiszeit schon auf das 14. Jahrhundert, andere, denen ich hier folgen werde, auf die zweite Hälfte des 16. Jahrhunderts. Das Ende ist ebenfalls nicht klar definiert.

Auch die Ursachen für diesen nachweisbar dramatischen Klimawandel sind rätselhaft. Hypothesen reichen von einer Abweichung in der Rotation der Erdachse bis hin zu einer möglicherweise periodisch auftretenden verminderten Sonnenaktivität, die sich zumindest für das späte 17. Jahrhundert auch anhand von Beobachtungen nachweisen lässt, was aber wiederum den früheren Beginn der Kleinen Eiszeit nicht erklärt.

Die Kälteperiode ging auch mit intensivierter seismischer Aktivität einher: Forscher konnten eine vergleichsweise hohe Zahl von Erdbeben und Vulkanausbrüchen nachweisen. Auch dazu gibt es nur Theorien: Möglicherweise veränderte die Abkühlung der Luft durch verminderte Sonneneinstrahlung die »Ozeanpumpe« der Tiefenströmungen. Mehr kaltes Wasser sank nach unten, während sich durch die Ausdehnung des Polareises der Salzgehalt des Meerwassers erhöhte.

Eine Abkühlung der Wassertemperatur hat Auswirkungen auf den gesamten Strömungskreislauf der Ozeane und damit auf das Wetter an Land. Veränderte seismische Druckverhältnisse durch umgelenkte Tiefenströmungen an den Berührungspunkten der kontinentalen Platten auf dem Boden der Ozeane beeinflussten die Tektonik der Erdkruste und haben damit auch Erdbeben und Vulkanausbrüche verursacht – so weit die Vermutungen. Sicher ist, dass die vermehrten Vulkanausbrüche wiederum Staub in die Atmosphäre ausstießen und so jeweils für einige Monate oder sogar Jahre weiter zur Abkühlung der Temperaturen durch verminderte Sonneneinstrahlung beitrugen.

Während die Gründe für den Klimawandel der Frühen Neuzeit unsicher sind, lassen sich seine unmittelbaren Auswirkungen in Europa klar dokumentieren. Die erste Welle bitterkalter Winter, verregneter Sommer und katastrophaler Hagelstürme im Frühjahr kam in den 1570er Jahren über Europa, vernichtete immer wieder Ernten und verursachte Hungersnöte. Erst 1750, als die Temperaturen sich wieder zu erholen begannen, wurde in Europa wieder so viel geerntet wie 1570.

Mehr noch als die dramatischen Unwetter und fürchterlichen Frostperioden bedeutete die Abkühlung der durchschnittlichen Temperaturen für die Landwirtschaft eine Katastrophe. Zwei Grad entsprechen sechs Wochen Vegetationsperiode, sechs kostbare Wochen, in denen Getreide, Wein, Winterfutter für das Vieh und Früchte reifen mussten. Statt aber das Getreide reifen zu lassen, beschien die matte Sonne immer wieder Felder, auf denen das verregnete Korn noch am Halm verrottete.

Europa wurde durch diese Abkühlung besonders hart getroffen. Während der mittelalterlichen Warmperiode war die Bevölkerung stark gewachsen, bis sie die Pestepidemie von 1348 (die sich begünstigt von den hohen Temperaturen besonders rasch verbreiten konnte) um etwa ein Drittel dezimiert hatte. In manchen Gegenden wurde die Hälfte aller Einwohner Opfer des Schwarzen Todes.

Trotzdem erholten sich die Bevölkerungszahlen wieder, auch dank der günstigen Witterungsbedingungen. Die Natur war großzügig, Getreide wuchs reichlich und verlässlich, obwohl sich in den Methoden der Landwirtschaft seit tausend Jahren sehr wenig verändert hatte. Stahlpflüge waren die Ausnahme und arme Bauern mussten sich selbst vor den Pflug spannen, um das Erdreich zumindest oberflächlich aufzubrechen. Vieh war nicht nur kostbar, sondern auch teuer, weil es durch den Winter gefüttert werden musste. Viele Höfe konnten sich keine Zugtiere leisten. Wenig Vieh macht allerdings wenig Mist, produziert also wenig Dünger für die Felder.

Für den Verlauf der Krise in Europa spielt nicht nur die Arbeitsweise der Bauern eine Rolle, sondern auch die Frage, welche Pflanzen sie anbauten. Der gesamte Kontinent lebte von Getreide, von Weizen, Roggen, Gerste und Hafer. Die wichtigsten anderen landwirtschaftlichen Produkte waren Wein (der im warmen Mittelalter bis nach Südnorwegen angebaut wurde) und, in Südeuropa, Olivenöl. Fleisch war für die meisten Menschen ein seltener Luxus, Gemüse und Früchte gab es je nach Jahreszeit frisch oder konserviert. Die meisten Europäer lebten von Brot, Brei, Mehlsuppe oder anderen Speisen, die aus Getreide gewonnen wurden. Kartoffeln, Mais, Tomaten und andere Nutzpflanzen, die von Abenteurern wie Kolumbus nach Europa gebracht wurden, wurden über Jahrzehnte experimentell in botanischen Gärten angepflanzt, bevor sie langsam Verbreitung fanden und weithin konsumiert wurden.

Die Getreidemonokulturen Europas laugten die Böden aus. Je nach Region und Brauch mussten die Bauern alle drei oder vier Jahre ein Feld brachliegen lassen, damit der Boden sich erholen konnte. Trotzdem waren die Ernten auf den stark beanspruchten Feldern bescheiden: Auf ein gesätes Korn kamen nur vier, die geerntet wurden. Mindestens für ein

Jahrhundert nach dem Schwarzen Tod war die Ermüdung der Böden kein wirkliches Problem: Überall gab es brachliegendes Land, das neu bestellt werden konnte. Mit dem neuerlichen Anstieg der Bevölkerungszahlen stieß allerdings die landwirtschaftliche Expansion an ihre Grenzen.

Die meisten Bauern lebten von Subsistenzwirtschaft: Sie bauten an, was sie selbst brauchten, sie kauften so wenig wie möglich auf dem Markt, Geld spielte in ihrem Alltag nur eine untergeordnete Rolle. Von ihrer Ernte diente ein Teil als Nahrung, ein zweiter zur Aussaat und der Rest musste, wie auch oft Zwangsarbeit für einen Teil des Jahres, dem Landesherren abgegeben werden. In guten Jahren waren die Steuern höher. Es gab also keinerlei Anreiz dafür, mehr oder effizienter zu arbeiten oder mit neuen Pflanzen oder Techniken zu experimentieren. Alles, was über den unmittelbaren Gebrauch hinausging, ging ans Gutshaus, ans Schloss oder an die Burg der Herrschaften.

Ländliche Gemeinschaften hatten Strukturen, um mit Armut umzugehen. In England, Frankreich, einigen deutschen und zentraleuropäischen Gebieten und in Südeuropa gehörte zu jedem Dorf eine Almende, ein *Common*, ein Stück Land im Dorf, auf dem jeder sein Vieh grasen lassen und Futter für den Winter schneiden durfte. So war eine Lebensweise entstanden, die einen Großteil der Zeit hindurch stabil war. Alle zehn Jahre etwa überfiel nach einer schlechten Ernte eine Hungersnot die Bauern. Trotzdem wuchs im 15. und frühen 16. Jahrhundert Europas Bevölkerung um etwa zwanzig Prozent.

Im feudalen Europa waren Landwirtschaft und Landbesitz Grundlage von allem Wohlstand, allem Leben, des gesamten sozialen Gefüges. Die Bauern lebten vom Land, der Adel von den Bauern. Manufaktur und Handel, besonders mit Getreide, Wein, Hering, Stoffen und Luxusprodukten, spielten nur eine Nebenrolle. Zwar exportierten niederländische und hanseatische Koggen schon gegen Ende des 16. Jahrhunderts Getreide aus Nordeuropa bis nach Venedig, aber das Gesamtvolumen des Handels war klein, die arme Landbevölkerung war kaum an diesen Markt angebunden und der Großteil der Regionen Europas versorgte sich selbst mit den wichtigsten Grundnahrungsmitteln. Die Importe aus anderen Kontinenten beschränkten sich auf Luxusgüter wie exotische Gewürze, Keramik und bald auch größere Mengen an Tee, Kaffee, Kakao, Zucker und Tabak. Die gesamte jährliche Menge der Importe aus Asien nach

Wohlverdiente Rast: Die Kornernte war das zentrale Ereignis im Jahreslauf der Landbevölkerung

Europa würde heute auf ein einziges Containerschiff passen. Europas Gesellschaften lebten von Ernte zu Ernte, und wie das biblische Ägypten kannten sie magere und fette Jahre.

Mit der Abkühlung des Klimas um mehr als vier Grad gegenüber den warmen Tagen des späten Mittelalters aber häuften sich im 16. Jahrhundert die schlechten Ernten und die Hungersnöte. Nicht jedes Jahr war außergewöhnlich kühl und nicht jede Region gleichmäßig betroffen, aber immer öfter zerstörte schlechtes Wetter große Teile der Ernte – in vielen Jahren ging mehr als ein Drittel verloren. Für die bäuerliche Bevölkerung war das eine Katastrophe. Schlechte Ernten verteuerten das Getreide und damit auch das Brot. Soziale Unruhen und regionale Bauernaufstände brachen aus, die oft mit großer Härte niedergeschlagen wurden. Ein über mehrere Jahrhunderte stabiles System geriet innerhalb von einer Generation ins Taumeln.

Auch der Adel bekam die Krise zu spüren. Zwar waren nur wenige Aristokraten unmittelbar von Hunger bedroht, aber das Wegbrechen der Ernten und damit auch der Steuereinnahmen traf die Grundlage ihrer Existenz, erst recht da sich Europa dauernd im Kriegszustand befand und Landesherren ihre eigene Armee finanzieren oder einer anderen Tribut zahlen mussten. Krieg zu führen war teuer – ihn zu verlieren konnte noch kostspieliger sein. Die Krise der Landwirtschaft wurde zur Krise der Aristokratie.

Im Wettbewerb um Macht und Status versuchten Aristokraten, neue Einkommensquellen zu erschließen. Einige vertrauten, wie wir noch sehen werden, Gold produzierenden Alchemisten – mit mäßigem Erfolg. Andere aber kamen tatsächlich zu Gold oder Silber, wenn auch nicht durch Magie, sondern weil sie diese Edelmetalle entweder, wie Spanien, aus den Kolonien einführten oder weil sie klug genug waren, die Zeichen der Zeit zu lesen.

Die steigenden Brotpreise in Hungerjahren erhöhten schließlich auch den Druck auf die Einwohner der Städte, die bereits spezialisierte Arbeit leisteten und in einer Geldökonomie lebten, in der alles seinen Preis hatte. In manchen Jahren verdoppelten oder verdreifachten sich die Preise für Getreide und Mehl. Hunger und Aufstände in Europas Städten begleiteten jede schlechte Ernte. In den folgenden Kapiteln wird es darum gehen, welche Lösungen die Europäer fanden, um diese Probleme zu überwinden.

Es wirkt wie ein sadistisches Experiment, erdacht vom kapriziösen Gott Hiobs, einem böswilligen Dämon oder einem extraterrestrischen Wissenschaftler, ein Tierversuch mit ganzen Gesellschaften: Was passiert, wenn ich eine Population von Homo sapiens (und mit ihm der ganzen Natur) auswähle und Temperatur und Wetter ihrer Umgebung verändere? Wer überlebt, wer stirbt? Was bricht zusammen und was wächst? Finden die krabbelnden Tierchen einen Ausweg aus einer Krise, die ihre Existenz bedroht?

Dieser Blick aus großer Höhe, der auch die zahllosen, winzigen Menschen auf den niederländischen Winterlandschaften in Erinnerung ruft, erlaubt es, Muster und Strukturen zu erkennen und gleichzeitig macht er es nebensächlich, danach zu fragen, ob die Veränderungen Fortschritt darstellen oder nicht, ob sie gewollt waren oder unorganisiert und ob sie chaotisch passierten, ob die Ideen der damaligen Zeit der Wahrheit entsprachen und ob es so etwas überhaupt gibt. Der Londoner Satiriker und Gesellschaftsbeobachter Bernard Mandeville, dem wir am Ende dieses Buches wiederbegegnen werden, beschrieb die Gesellschaft in der er lebte, als einen Bienenstock mit zahllosen summenden, emsigen, fressenden und einander bespringenden Tierchen. Diese imaginäre kosmische Distanz scheint eine angemessene Perspektive auf diese Zeit zu legen.

Gleichzeitig sollen wir uns immer bewusst sein, dass sich Geschichte nicht in den Begriffen und großen Erzählungen von Historikern erschöpft. Natürlich lassen sich Entwicklungen erkennen, aber was hier beschrieben wird, sind Tendenzen und Wendepunkte, die sehr unterschiedlich interpretiert werden können. Sie sind nicht an jedem Ort, zur gleichen Zeit, mit gleicher Geschwindigkeit oder mit gleicher Intensität zu beobachten.

Gegenläufigkeit und Ungleichzeitigkeit stehen immer neben oder hinter den hier beschriebenen Entwicklungen. Viele, wie das Bankwesen, die ersten Börsen oder die erste Welle der Urbanisierung, begannen mehr als ein Jahrhundert vor der hier besprochenen Periode in Italien, und in manchen Gebieten, beispielsweise in Russland, setzten sie sich erst im 19. Jahrhundert oder gar nicht durch. Entwicklungen steuern aber nicht auf ein wie auch immer geartetes Ideal von Fortschritt zu. Das ursprünglich so enorm innovative Italien, das lange vor dem Rest Europas eine Renaissance erlebte, versank im 17. Jahrhundert in einen historischen Winterschlaf; Spanien, das als erstes europäisches Land enorme Reichtümer aus den Kolonien importierte, konnte seinen plötzlichen Reichtum nicht produktiv nutzen und wurde zu einem der rückständigsten und ärmsten Länder Europas; die Niederlande hingegen, die über kaum Land und keine natürlichen Ressourcen verfügten, wurden innerhalb von zwei Generationen zur größten Seemacht der Welt und zu einem Zentrum der kulturellen Innovation.

Immer bestanden große Ungleichzeitigkeiten. Mittelalterliche und frühmoderne Lebensweisen, Praktiken und Weltsichten waren oft – besonders zwischen Stadt und Land, aber auch zwischen verschiedenen Ländern – nur durch wenige Kilometer voneinander getrennt. Hochmoderne und längst veraltete Waffen wurden in derselben Armee nebeneinander gebraucht und gerade in dieser von Kriegen zerfurchten und zerrissenen Zeit fehlen oft verlässliche Daten, sodass Historiker auf informiertes Raten, Vergleichen und Extrapolieren angewiesen sind, um zumindest die groben Umrisse zu erkennen und zu beschreiben.

Noch etwas unterscheidet Europa während der Kleinen Eiszeit von der Petrischale eines extraterrestrischen Wissenschaftlers mit einem sadistischen Sinn für Humor: Anders als in einem Experiment war die Ausgangssituation alles andere als neutral. In den vorhergegangenen Generationen hatte sich Europa stark verändert: Kolumbus, Gutenberg, Luther und Leonardo stehen mit ihren Namen für neue Denkweisen und Möglichkeiten, die sich langsam, aber unaufhaltsam bemerkbar machten.

Der Schwarze Tod, die Renaissance, die Reformation und die Religionskriege hatten die Entwicklung der europäischen Gesellschaften katastrophal unterbrochen oder in neue Richtungen gelenkt. Nichts wurde neu erfunden, nur sehr wenig kann direkt und kausal aus einem einzigen Grund wie dem Temperatursturz zwischen der mittelalterlichen Warmperiode und der sogenannten Kleinen Eiszeit hergeleitet werden. Der Klimawandel war aber einerseits ein Katalysator, der diese Prozesse beschleunigte, andererseits ein dauernder Druckfaktor, der weitere Umwälzungen begünstigte oder erzwang, weil alte und bislang stabile Strukturen einbrachen.

Innerhalb von nur vier Generationen verwandelte sich eine Welt, in der Theologen die Interpretationshoheit hatten und Medizin und Wissenschaft sich an dem allegorischen Verständnis der Antike orientierten, eine Welt, in der die gesamte Wirtschaft vom Getreideanbau abhing, in der die Sonne sich um die Erde drehte und Gesellschaften ihrem Selbstbild nach statisch und feudal organisiert waren, zu einer, in der wir uns selbst wesentlich einfacher wiedererkennen, die allen historischen Ungleichzeitigkeiten, Verzögerungen und Asymmetrien zum Trotz schon moderne Züge trug.

Im Nachhinein scheinen diese Entwicklungen notwendig zu sein, weil sie in einer kausalen Kette von Ereignissen zu unserer Gegenwart geführt haben. Aus der historischen Perspektive aber steckte hinter vielen Veränderungen weder Planung noch Absicht. Sie entstanden aus Experimenten und neuen Kontexten, sie entwickelten sich durch Improvisation unter dem Druck der Ereignisse als eine planlose, aber nicht folgenlose Evolution von sozialen Praktiken und Ideen. Viele dieser Experimente, die meisten vielleicht, verliefen ergebnislos und haben sich nicht oder nur als Fußnoten der Geschichte erhalten. Diejenigen aber, die sich durchsetzen konnten, bestimmen, wie deutlich werden wird, noch heute unser Leben.

Der erste Teil dieses Buches stellt den Einbruch des Klimawandels in Europa um 1570 dar und skizziert die unmittelbaren Konsequenzen für Menschen und Natur, häufig aus der Perspektive von Zeitzeugen. Wie reagierten sie und was dachten sie über die Kälteeinbrüche und die häufigen Unwetter, von denen sie heimgesucht wurden? Wie erklärten sie sich deren Ursache und wie reagierten sie darauf?

Gegen Anfang des 17. Jahrhunderts war vielen Beobachtern deutlich, dass Europa in einer tiefen Krise steckte, auch wenn ihnen nicht klar war, welche Rolle die Natur dabei spielte. Diese Notsituation begünstigte oder erzwang Veränderungen weit über die Landwirtschaft hinaus. Der zweite Teil dieses Buches beschäftigt sich daher mit den landwirtschaftlichen, ökonomischen, sozialen, militärischen und kulturellen Entwicklungen der ersten Hälfte des 17. Jahrhunderts und ihren vielfältigen Beziehungen zu den geänderten klimatischen und gesellschaftlichen Rahmenbedingungen.

Im dritten Teil gehen wir einen Schritt weiter und verfolgen, welche Auswirkungen diese durch die Klimaveränderung angestoßenen sozialen Umbrüche auf das Denken und die Weltsicht der Europäerinnen und Europäer hatten, denn aus den Erschütterungen des 17. Jahrhunderts entwickelten sich neue intellektuelle Horizonte und eine neue Art des Denkens, die nicht zuletzt auch durch die Beobachtung und Auseinandersetzung mit der Natur entstand.

In einem Epilog werden die thematischen Stränge zusammengeführt und in Bezug zu unserer eigenen Zeit des klimatischen, politischen und kulturellen Wandels gebracht. Wir haben mehr vom 17. Jahrhundert geerbt, als auf den ersten Blick deutlich ist. Und besonders ein Faktor, der es Europa damals ermöglichte, zur Weltmacht aufzusteigen, wird heute zur existenziellen Bedrohung für die Menschheit. Wie unsere Vorfahren werden auch wir lernen müssen, mit unvermeidbaren Umwälzungen zu leben, uns ihnen intelligent anzupassen und neue Umstände anzunehmen und mit ihnen umzugehen, anstatt uns ihnen zu verweigern, bis sie über uns hereinbrechen.

*

Pieter Bruegel: *Jäger im Schnee* –
ein Gemälde, das ein ganzes Genre schuf

Die wimmelnden Figuren in Avercamps dörflichen Szenen waren Teil einer eigenen, winzigen Welt, eines künstlerischen Genres, das den Frost zum Thema hatte. Während des besonders harten Winters 1565 malte Pieter Bruegel der Ältere seine *Jäger im Schnee*. Winterlandschaften etablierten sich in der Sprache der Malerei und waren beliebt in bürgerlichen Haushalten, wo sie einen angenehmen Kontrast zum knisternden Kaminfeuer bildeten. Während des 17. Jahrhunderts malte eine kleine Armee von niederländischen Malern eisige Flüsse und schneebedeckte Bäume und Häuser mit kleinen, seltsam gelöst und sorglos scheinenden Figuren, fröhliche Feste, denen die bittere Kälte nichts anzuhaben schien.

»GOTT HAT UNS VERLASSEN« – EUROPA 1570–1600

Gott zeigt uns seinen Zorn,
indem er uns ewigen Winter schickt,
den wir zu Hause in Kälte
und mit den dicksten Pelzen
zu fühlen haben.

Conte Marco Antonio Martinengo,
Brescia, 18. Mai 1590

Ein Mönch auf der Flucht

Wouter Jacobszoon wollte kein Zeitzeuge sein. Er war ein religiöser Mann, Abt eines Klosters in Gouda, wo er ein kontemplatives Leben führte, bis die Stadt zu den Geuzen, den protestantischen Rebellen, überwechselte. Wie Tausende anderer Flüchtlinge auch suchte er 1572 im Alter von etwa fünfzig Jahren Zuflucht im damals noch katholischen Amsterdam. Als einfacher Mönch, mehr oder weniger geduldet von der Stadtbevölkerung, war er keiner, der in schwierigen Zeiten durchgefüttert werden musste. Sein früheres Leben, geprägt von Verantwortung und Selbstbestimmung, war vorbei. Alles, was ihm in seinem traurigen Exil übrigblieb, war, auf den Frieden zu warten. In der Zwischenzeit vertraute er Ängste und Hoffnungen, Beobachtungen und Nachrichten, die er auf der Straße aufschnappte, seinem Tagebuch an. Irgendwann würden die Menschen begreifen, was seine Brüder und er für ihren Glauben durchgemacht hatten.

Immer wieder flehte er Gott um Hilfe an, versuchte seinen Herrn zu überzeugen, dass er lange genug geschwiegen habe und dass er nun endlich eingreifen müsse in den Lauf der Geschichte. Während er auf ein Zeichen Gottes wartete, schrieb er über Gerüchte eines nahenden Friedens und über Hinrichtungen, über tragische Schicksale, über die Preise von Butter und Korn und über das Wetter, das eine Zeit von Unruhe und Bürgerkrieg noch grausamer werden ließ. Der Herr stellte das Land auf eine harte Probe. Manchmal überkam ihn die Verzweiflung. »Gott hat uns verlassen, die Gnade der heiligen Sakramente wurde uns genommen«,[1] notierte er noch im Jahr seiner Flucht.

Zu Beginn finden sich in den Aufzeichnungen immer wieder Gebete. »O schwere, o bedrückte und o beschwerliche Zeiten. Wer sollte nicht beben und wer sollte nicht zittern?«, schrieb der Mönch im September des Jahres 1572. »Zwischen Hoffnung und Furcht werden wir immer weiter getrieben und kommen doch nur von Tag zu Tag. Jesus Gebieter, Jesus

Ort der Zuflucht: Amsterdam nahm Katholiken auf, die in den Religionskriegen flüchten mussten

Davids Sohn, Jesus von Nazareth zeige doch endlich deine göttliche Kraft und vergiss uns nicht in dieser Stunde der äußersten Not.«[2] Schon bald aber werden die Einträge pragmatischer und gleichzeitig atemloser. Die Ereignisse überschlagen sich. Er selbst leidet an »Hunger und Kummer«.

»Es war in dieser Zeit ein sehr bitter kaltes Wetter. Alles gefror und wurde steif. Es hagelte, es schneite und wehte sehr rau und es dauerte vom Allerseelentag [dem 2. November] bis jetzt [im März]. Der gnädige Herr, verstehen wir daraus, will uns dadurch zeigen, wie sehr wir uns verirrt haben, aber die Menschen änderten sich nicht und verhielten sich, als ob sie seine Feinde wären. Wie Wölfe und Löwen überfielen sie nicht nur die Geistlichen, sondern auch einfache Menschen, gute Landleute und andere, die sie fanden.«[3]

Die Menschen mussten sich helfen, wie sie konnten. Anfang November machten sich Bauern auf, um hundert Stück ertrunkenes Vieh aus dem Wasser zu ziehen. Die Geuzen hatten es gestohlen und über das Eis getrieben, aber die Eisdecke war noch nicht dick genug gewesen, und die Tiere waren eingebrochen. Jetzt stritten sich verzweifelte Bauern um ihre Kadaver.

Krieg und Kälte waren eine schreckliche Kombination. Getreide, Hering und andere Nahrungsmittel wurden im Rebellengebiet immer teurer, jede Mahlzeit war ein Glücksfall. Sogar die Verteidiger der Stadt hatten nicht nur mit Feinden, sondern vor allem mit Hunger und Krankheiten zu kämpfen. »Die Armut, die in dieser Zeit erlitten wurde, ist nicht zu beschreiben ... und es geschah oft, dass an einem Tag zehn oder zwölf Soldaten aus dem Gasthaus ins Grab gebracht und ohne Sarg in Matten begraben wurden.«[4]

Der Schnee blieb bis in den April, »als ob es noch Winter sei«, und als Jacobszoon sich endlich im Juli aus der Stadt wagte, um einen befreundeten Priester in Haarlem zu besuchen, erkannte er sein Land kaum wieder:

> Ich sah unterwegs die schreckliche Zerstörung, zu der es in dieser Zeit der Wirren gekommen ist. Ich sah sehr wenige Häuser zwischen Haarlem und Amsterdam, die nicht verbrannt waren. Alle Kirchen, die wir auf dem Weg sahen, waren entweder völlig verbrannt oder stark beschädigt oder zerstört. Das Land lag an vielen Orten wüst und ohne Tiere [auf den Weiden]. Ich sah auch ... einen nackten Menschen in der Mitte der Straße liegen, mitten in der Wagenspur, verdorrt und von der Hitze verkrustet, sodass ein anständiger Mensch sich erschrecken musste, ihn anzusehen. Und es war seltsam, dass niemand zu finden war, der diese Leiche wegräumte oder mit Erde bedecken wollte, sodass sie einfach liegen blieb und den wilden Tieren überlassen wurde.[5]

Der Flüchtling in seinem Asyl in Amsterdam wollte immer wieder Hoffnungszeichen sehen und notierte treu jedes Gerücht über einen möglichen Friedensschluss. Die Verzweiflung der meisten Menschen freilich war stärker. Fast auf jeder Seite werden Hinrichtungen beschrieben, Kinder sterben an Hunger, Frauen begehen Selbstmord, Stürme und Überschwemmungen verschlimmern das Elend. Im November 1574 kam es durch einen Sturm zu einem Hochwasser, »sodass man von einem Haus zum anderen mit einem Boot fahren konnte«, nachdem ein Deich gebrochen war. Als der Winter wieder hereinbrach, fror das Wasser zu dickem Eis. Im Januar 1575 fand man zwischen Amsterdam und Haarlem eine Frau sitzen, die ihren Säugling an der Brust hatte. Die Mutter war erfroren, ihr Körper schon steif von der Kälte. Das Kind lebte noch. Spanische Besatzer nahmen es mit in ihr Lager.

*

Das Tagebuch des Wouter Jacobszoon ist eines der relativ wenigen ausführlichen und persönlichen Dokumente, in denen das Leben am Beginn der Kleinen Eiszeit gegen Ende des 16. Jahrhunderts aus einer Alltagsperspektive beschrieben wird. Viele Beobachter waren sich aber einig, dass etwas Ungewöhnliches, Bedrohliches im Gange war. Die Sommersonne schien matt und kraftlos, während die Winter ungewöhnlich hart waren. Besonders ungewöhnliche Frostereignisse erregten Aufmerksamkeit und wurden oft ausführlich kommentiert. 1569 war die Lagune von Venedig bis in den März hinein zugefroren, im Winter 1572/73, als Jacobszoon in Amsterdam Zuflucht suchte, war der Bodensee bis ins Frühjahr hinein von einer dicken Eisschicht bedeckt.

Auch Daniel Schaller, Pastor von Stendal in Preußen, führte Aufzeichnungen über sein tägliches Leben. Seine Schriften sind von tiefem Pessimismus durchzogen:

> Die Lichter und Fenster am Gewölb des Himmels werden oft dunkel und der Welt zu ihrer Büberei nicht mehr scheinen und leuchten / und sehnen sich mit uns nach unser(er) Erlösung. Und wie in einem alten Haus die Fenster dunkel werden / und an einem verlebten Körper das Gesicht abnimmt / also gehts jetzt mit der alten und kalten Welt auch / die nimmt zusehends ab / die Sonn / Mond / und andere Sterne / leuchten / scheinen und wirken nicht mehr so kräftig als zuvor / es ist mehr kein rechter beständiger Sonnenschein / kein steter Winter und Sommer / die Früchte und Gewächs auf Erden werden nicht mehr so reif / sind nicht mehr so gesund als wie sie wohl ehezeit gewesen.[6]

Die Natur schien sich gegen die Menschen zu wenden, und die Resultate waren beunruhigend:

> Nunmehr aber am Ende der Welt folgt ein teures Jahr auf das ander ohne aufhören / und ist nicht allein großer Brotmangel / und sehr teuer Einkaufen des Lieben Getreides und Korns / sondern es ist auch sonsten alles / vom geringsten bis zum größten / was man zur Haushaltung und Aufenthalt des Lebens braucht / auf den teuersten Pfennig kommen / und aufs höchste gestiegen. ...
> Das Feld und Acker ist des Fruchttragens auch müde geworden und gar ausgemergelt / wie darüber groß Winselns und Wehklagens / unter den Ackersleuten in Städten und Dörfern gehöret wird / und dannenher die große Teuerung und Hungersnot sich verursachet ... Das Holz im Wald wächset auch nicht mehr / wie in Vorzeiten. ... darum muss Ruina mundi [der Ruin der Welt] vor der Tür sein.«[7]

Dendrochronologen, Wissenschaftler, die Baumringe analysieren, stimmen Schaller zu. Die Bäume wuchsen langsamer und die Holzpreise stiegen, auch wegen des erhöhten Bedarfs an Heizmaterial. Auch Thomas Rörer, ein evangelischer Geistlicher in Giengen an der Brenz, bestätigte 1571 Schallers Beobachtung: »Auch der Erdboden nimmt ab. Es wöllen die Weingärten nicht mehr so viel guten Wein, die Felder nicht so viel Schöber und Garben und die Bäume nicht so viel gut Obst bringen, als nur vor wenigen Jahren geschehen.«[8]

Schaller fürchtete »Empörung, Rebellion und Aufruhr« und notierte, dass seit 1510 nicht weniger als elf Erdbeben in Preußen stattgefunden hätten – für den Theologen ein klares Zeichen, dass »gewisslich Vorträb des Jüngsten Tages und letzten Erdbebens, darin / alle Toten aufwachen / aus ihren Gräbern herfür gehen / vor den Richterstuhl Jesu Christi«.

Gottes Wind und Wellen

Nicht nur zu Land veränderte sich die Natur. 1588 berichtete der englische Historiker William Camden, dass die Heringsschwärme, die früher in den kühleren Gewässern Hunderte von Kilometern nördlich auf hoher See gefangen worden waren, jetzt zur Freude der Fischer direkt vor der Küste auftauchten.

Die Ozeane kühlten sich spürbar ab. Pottwale, die ihrer Beute folgten, strandeten an der seichten Küste der Nordsee und arktische Stürme fielen in europäische Gewässer ein. Einer von ihnen sorgte – je nach Perspektive – für das größte maritime Desaster oder das größte militärische Wunder des 16. Jahrhunderts.

England lag im Krieg mit Spanien und im August 1588 stach eine gewaltige spanische Flotte vom Hafen von A Coruña in See, um in den Niederlanden eine Invasionsarmee aufzunehmen und Großbritannien zu erobern. Die Armada war der Stolz des spanischen Weltreiches: 130 Schiffe, meist umgebaute und aufgerüstete Handelsschiffe, sowie mehrere Galeeren, die aus Neapel transferiert worden waren, bewaffnet mit 2500 Kanonen, dazu 8000 Seemänner und 18 000 Soldaten, außerdem weitere 30 000 Mann, die in den spanischen Niederlanden darauf warteten, zur Flotte zu stoßen, um sich als Invasionsarmee nach England einzuschiffen.

Der ehrgeizige Plan von König Philipp II. und seinen Admirälen endete in einer Katastrophe. Die spanischen Planer hatten übersehen, dass ihre Schiffe zu viel Tiefgang für die seichte Küstenregion der Niederlande hatten. Die Schiffe der niederländischen Flotte waren flacher gebaut und trennten die Armada von der Armee am Land. Anstatt umzukehren, setzte der Oberbefehlshaber, Admiral Don Alonso Pérez de Guzmán y de Zúñiga-Sotomayor, Herzog von Medina Sidonia, die Expedition fort. Im Ärmelkanal kam es zur ersten Konfrontation mit der englischen Flotte. Die Briten schickten Feuerschiffe in die vor Anker liegende Formation der Armada, woraufhin die Spanier ihre Ankertaue kappten, um der Gefahr zu entkommen.

Die Invasion Großbritanniens war gescheitert, aber die Tragödie soll-

Armada, die Bewaffnete. Auch die mächtigste Flotte ihrer Zeit konnte den arktischen Stürmen nicht widerstehen

te gerade erst beginnen. Die geschwächte spanische Flotte konnte nicht durch den Ärmelkanal zurücksegeln, wollte sie eine weitere Konfrontation verhindern. Die umgebauten Handelsschiffe waren nicht für Kanonen gebaut und die erste Schlacht hatte sie strukturell geschwächt. Einige Schiffe wurden nur noch durch um den Rumpf gespannte Seile zusammengehalten. Die Armada musste östlich von Großbritannien in Richtung Norwegen ausweichen. Der Weg zurück nach Spanien sollte an der Nordspitze Schottlands vorbei und westlich von Irland führen. Als aber die durch Schlachten und Unwetter beschädigte Flotte im September 1588 das offene Meer westlich der Orkney-Inseln erreichte, gerieten die Schiffe in einen Orkan, der sie unausweichlich auf die gefährlichen Felsen und Riffe der schroffen irischen Westküste zutrieb. Ohne ihre Anker, die sie an der niederländischen Küste zurückgelassen hatten, waren die Spanier nicht fähig, sich vor dem Sturm in einer Bucht zu schützen.

Ein Sturm dieser Größenordnung zu dieser Jahreszeit traf die spanischen Seeleute völlig unvorbereitet. Rekonstruktionen des Klimas und die Logbücher der Kapitäne legen nahe, dass der Orkan wesentlich stärker war, als Septemberwinde früher gewesen waren, wahrscheinlich aufgrund der größeren Temperaturunterschiede zwischen warmen Luftmassen und dem sich um diese Zeit immer weiter ausbreitenden Packeis vor Grönland, das die Insel über Monate hinweg für Schiffe unerreichbar machte.[9]

Vierundzwanzig Schiffe der Armada sanken oder wurden auf die Felsen getrieben, 5000 Besatzungsmitglieder und Soldaten fanden den Tod, entweder im Sturm oder durch plündernde Küstenbewohner, die keine Überlebenden zurückließen. Von den 130 Schiffen der stolzen Flotte kehrten nach Verlusten durch Seeschlachten und den Sturm vor Irland nur siebenundsechzig stark beschädigt und mit weniger als zehntausend Männern an Bord (viele davon krank oder dem Verhungern nahe) nach Spanien zurück. Der fanatisch fromme Philipp II., der Großbritannien wieder katholisch machen wollte, war verzweifelt. »Ich habe meine Schiffe gegen Männer ausgeschickt«, sagte er, »nicht gegen Gottes Wind und Wellen.«

Harter Frost, brennende Sonne

Ein arktischer Sturm im September hatte das Elisabethanische England vor der Invasion gerettet. Andere Effekte des Klimawandels aber waren weniger willkommen und häuften sich. Zwischen 1400 und 1550 fror die Themse fünf Mal zu (1408, 1435, 1506, 1514, 1537), zwischen 1551 und 1700 war sie in zwölf Wintern von einer dicken Eisdecke überzogen: 1565, 1595, 1608, 1621, 1635, 1649, 1655, 1663, 1666, 1677, 1684 und 1695.

Eines dieser Jahre, 1666, illustriert ein weiteres Merkmal der Kleinen Eiszeit: Das Klima kühlte sich nicht nur ab, sondern Wetterereignisse überhaupt wurden extremer und kaum vorhersagbar. Auf den harten Winter folgte ein außergewöhnlich regenarmer und heißer Frühling und Sommer. Nicht nur die Landwirtschaft litt darunter. Auch die Dachstühle und das Gebälk von Gebäuden (viele davon Fachwerk) trockneten aus, sodass ein kleines Feuer in einer Bäckerei in der Pudding Lane ausreichte, um ganz London zwischen dem 2. und 5. September des Jahres in ein Flammenmeer zu verwandeln. Mehr als 13 000 Häuser wurden

Das große Feuer von London. Weite Teile der Stadt wurden 1666 ein Raub der Flammen. Ein besonders heißer und trockener Sommer war vorangegangen

während des *Great Fire of London* ein Raub der Flammen, 80 000 Menschen waren obdachlos.

Bemerkenswert, wenn auch nicht überraschend, ist auch die Korrelation zwischen diesen Frostjahren und sozialen Protesten und gewaltsamen Rebellionen wegen hoher Getreidepreise, die sich im ganzen Land ausbreiteten. Die Zahl der durch Getreidepreise motivierten Unruhen in Großbritannien zwischen 1347 und 1550 wird auf weniger als zwanzig geschätzt, obwohl die Quellenlage unsicher ist. Gegen Ende des 16. Jahrhunderts aber häuften sich die Vorfälle: 1586, 1595–97, 1605, 1608, 1622–23, 1629–31, 1647–49, 1662–63, 1674, 1681, 1693–95. Historiker gehen davon aus, dass allein zwischen 1585 und 1660 mehr als siebzig solcher Aufstände im Inselreich ausbrachen.[10]

Im Frostjahr 1595 schrieb William Shakespeare seine große Tragödie *Richard III*. Vor diesem Hintergrund bekommt der Anfang von Richards großem Monolog »*Now is the winter of our discontent*« eine ganz neue Bedeutung. Auch ein weiteres Bühnenwerk erschließt sich in diesem Kontext auf eine für seine Zeit sehr aktuelle Weise. *Coriolanus*, die Tragödie eines römischen Heerführers, der vom Volk verstoßen wird, beginnt mit einem Aufstand der Bürger gegen die Brotpreise. Shakespeare schrieb das Stück 1608, als nicht nur die Themse gefroren war, sondern auch Handwerksgesellen in London eine Brotrevolte anführten.

Auch andere elisabethanische Dichter bedienten sich besonders starker Bilder, um den Winter zu beschreiben. Wenn John Webster 1612 in seinem Drama *The White Devil* über »*Cold Russian winters, that appear so barren, / As if that nature had forgot the spring*« schreibt, meint man aus dieser Formulierung ein Echo endloser englischer Winter herauszuhören. Der Dichter reflektierte noch einen weiteren Aspekt des Klimawandels: Seit den Zeiten der Römer wurde in Südengland Wein angebaut. Im warmen 14. Jahrhundert hatten englische Winzer ihre Produkte sogar nach Frankreich exportiert – sehr zum Ärger französischer Landbesitzer. Im frühen 17. Jahrhundert aber war der Weinbau stark von der Kältewelle betroffen, und auch diese Tatsache spiegelt sich in Websters Versen:

As in cold countries husbandmen plant vines,
And with warm blood manure them; even so
One summer she will bear unsavoury fruit,
And ere next spring wither both branch and root.

In kalten Ländern pflanzen Bauern Wein
und düngen sie mit warmem Blut, und doch
werden sie eines Sommers saure Früchte tragen
und vor dem Frühjahr vergehen Ast und Wurzel.

Der etwas ältere Christopher Marlowe fand in seinem *Tamburlaine*, geschrieben im nasskalten Jahr 1587, noch stärkere Worte für das europäische Lebensgefühl während der Kleinen Eiszeit: »*Europe where the sun dares scarce appear / For freezing meteors and congealed cold.*« Francis Bacon, Lord Chancellor, früher Wissenschaftler, Essayist und Universalgenie, war fasziniert von der Wechselhaftigkeit des Wetters. Er versuchte in den gefährlichen Kapriolen des Wetters ein Muster zu entdecken: »Man sagt, dass man in den Niederlanden beobachtet hat (ich weiß nicht, wo genau), dass alle fünfunddreißig Jahre dieselbe Folge von Jahren und Wetter wiederkommt, mit großen Frösten, großer Nässe, großer Trockenheit, warmen Wintern, Sommern mit wenig Wärme, und ähnlichem.«[11]

Die Londoner waren Entbehrungen gewöhnt und immer auf der Suche nach Unterhaltung – und nach Gelegenheiten, die herrschenden Umstände in Geld zu verwandeln. Die »*congealed cold*« der gefrorenen Themse wurde zum Spielfeld der Bevölkerung. »*Frost Fairs*« wurden auf dem Eis gehalten, Winterjahrmärkte mit Tausenden von Besuchern und vielen Ständen und Zelten, inklusive großer offener Feuerstellen, auf denen ganze Ochsen am Spieß gebraten wurden. Findige Drucker nahmen sogar ihre Pressen mit aufs Eis und druckten vor den Augen der fröstelnden Besucher Flugblätter als Souvenirs.

Während man in London auf dem Eis feierte, trafen die kalten Winter um die Wende zum 17. Jahrhundert die Bevölkerung Frankreichs besonders hart. Das Land war von Religionskriegen zerrissen, zwischen 1562 und 1598 kosteten die mörderischen Militärkampagnen, Hungersnöte und Seuchen bis zu vier Millionen Franzosen das Leben.[12] Extreme Klimaereignisse verschlimmerten die Leiden der Bevölkerung. 1570 froren die Flüsse sogar in der Provence und im Languedoc zu, 1594 vereiste der Hafen von Marseille, und nachdem der Frost im Februar langsam verschwunden war, kehrte er im April mit neuer Macht zurück.

Dürre oder Dauerregen im Sommer bedrohten immer wieder die Wein- und Getreideernten. Im Krieg des protestantischen Heinrich IV. gegen die Katholische Liga wurde Hunger zusätzlich als Waffe eingesetzt. Im Frühjahr 1590 wollte der König um jeden Preis Paris erobern. Da ihm nicht genug schwere Artillerie zur Verfügung stand, um die Stadt mit einem entscheidenden Angriff einzunehmen, entschloss er sich, die Hauptstadt auszuhungern. Am 7. Mai umzingelte seine Armee die Stadt, verbrannte alle Windmühlen in der Umgebung und blockierte die Straßen, auf denen die immer hungrige Metropole mit Nahrungsmitteln versorgt wurde.

Die Bevölkerung war durch einen harten Winter gekommen. Jetzt brannte eine unbarmherzige Sonne auf die hungernde Stadt. Immer wieder bedrängten bewaffnete Mobs die Stadtverwaltung und forderten Frieden oder Brot, aber die Verteidiger blieben standhaft, obwohl ihre Situation von Tag zu Tag verzweifelter wurde. Hungerödeme ließen die Bäuche von Kindern und Erwachsenen anschwellen, die Opfer lagen auf der Straße, viele sprangen in die Seine in den Tod. Nachdem Pferde und Esel geopfert worden waren, mussten Katzen und Hunde an Gemeinschaftsküchen abgegeben werden, wo ihr Fleisch in großen Kesseln für Armenspeisungen zubereitet wurde.

Nur die Jesuiten und Kapuziner hatten genug Biskuits, Salzfleisch und Gemüse eingelagert, um sich selbst ein Jahr lang zu ernähren, wie der Sekretär des Königs entsetzt feststellte. Erst auf Anordnung der Stadtverwaltung teilten die Kirchenmänner ihre reichen Gaben mit den Verhungernden. Im Juni war die Situation so verzweifelt, dass der spanische Botschafter, Dom Bernard de Mendoza, dem erstaunten Pariser Notstandskomitee vorschlug, die Knochen der Verstorbenen auf dem Friedhof des *Innocents* zu Mehl zu zermahlen und daraus Brot zu backen. Als Paris am 30. August von katholischen Truppen gerettet wurde, waren 45 000 Menschen verhungert oder durch Schwächung an Seuchen gestorben – ein Fünftel der Gesamtbevölkerung.

Die Zeit der Wirren und ein feuerspeiender Berg

Die große Angst vor dem Hunger war ständig präsent, auch und besonders im Osten Europas. Obwohl gerade die schwarze Erde der Ukraine und das Baltikum die Kornkammer des Kontinents waren und große Mengen Getreide aus der Ostsee über Amsterdam bis nach Italien verkauft wurden, blieb den leibeigenen Bauern oft zu wenig für ihre eigenen Familien. Eine einzige schlechte Ernte konnte verheerende Folgen haben, zumal den Landbesitzern der Verkauf ihrer Handelsware Korn wichtiger war als das Wohlergehen der Leibeigenen. 1601 kam es zu einer katastrophalen Hungersnot in Russland, nachdem der Sommer kalt, bewölkt und verregnet gewesen war und die Ähren auf den Feldern verrotteten. Auch die folgenden Ernten waren schlecht. Historiker schätzen, dass zwischen 1601 und 1603 etwa drei Millionen Menschen in Russland durch Hunger oder Seuchen umkamen, allein 130 000 von ihnen wurden in Moskauer Massengräbern verscharrt. Etwa ein Drittel aller Untertanen des umstrittenen Zaren Boris Godunow verloren ihr Leben.

Ein Berg explodiert: Der Ausbruch des Huaynaputina in Peru schleuderte eine gigantische Aschewolke in die Atmosphäre und verursachte eine Hungersnot im weit entfernten Russland

Die Hungersnot vertiefte die politische Krise, die in Russland als Zeit der Wirren oder *Smuta* bekannt ist. Boris Godunow hatte den Thron usurpiert, nachdem der augenscheinlich geistig zurückgebliebene Dimitri, jüngster Sohn Iwan des Schrecklichen und legitimer Erbe der Zarenkrone, unter mysteriösen Umständen erstochen worden war. 1601 tauchte in Polen ein Mann auf, der sich als Dimitri ausgab und bald Tausende von Anhängern hatte – eine von vielen messianischen Figuren dieser Zeit. Im Verlauf des Bürgerkriegs kam der sogenannte Falsche Dimitri sogar auf den Zarenthron, wurde aber 1606 ermordet. Das völlig zerrüttete Land sollte noch bis 1613 weiter von Krieg und Aufständen erschüttert werden, angefacht durch Hunger und Elend auf dem Land und in den großen Städten.

Der Auslöser der russischen Hungersnot lag Tausende von Kilometern weit entfernt. Der peruanische Gelehrte Felipe Guaman Poma de Ayala dokumentierte ahnungslos den Grund für die russische Hungerkatastrophe und die darauf folgenden Wirren, während derer zwei Zaren stürzten und ein Zustand der allgemeinen Anarchie ausbrach. Auf einem Blatt seiner Chronik *El primer nueva Corónica y buen gobierno* ist die Stadt Arequipa zu sehen, die von einem Ascheregen überschüttet wird. Poma de Ayala schrieb dazu: »Der Vulkan explodierte und bedeckte die Stadt und sein Verwaltungsgebiet mit Asche und Sand. Dreißig Tage lang konnte man weder Sonne, noch Mond, noch Sterne sehen. Mit der Hilfe Gottes und der Heiligen Jungfrau Maria hörte es auf, beruhigte sich.«[13]

Es war der Vulkan Huaynaputina, der am 19. Februar 1600 in Peru ausgebrochen war. Schon bei den ersten Anzeichen, den ersten Aschewolken und kleineren Beben in der Region hatten sich die Ureinwohner bereitgemacht, junge Mädchen und andere Opfergaben darzubringen, um den Berg zu beruhigen, und auch die Priester vor Ort hatten versucht, den Zorn der Natur durch Gebete, Prozessionen und Exorzismen zu beruhigen. Vergebens.

Noch während der indianischen Opferzeremonie brach der Vulkan mit ganzer Macht aus und schleuderte dreißig Kubikkilometer Asche und Geröll bis zu fünfunddreißig Kilometer hoch in die Atmosphäre. Der Ascheregen ging über ein Gebiet von Hunderten von Kilometern nieder und die durch den Ausbruch ausgelösten Schlammströme erreichten die 120 Kilometer entfernt liegende Pazifikküste. Auch für Europa hatte diese Eruption entscheidende Auswirkungen. Die Schwefelsäure, die mit der vulkanischen Asche in die Atmosphäre gelangte, verursachte einen vulkanischen Winter, der auch auf der Nordhalbkugel mehrere Jahre lang für Abkühlung sorgte, wie sich anhand von Eisbohrkernen und Baumringchronologien nachweisen lässt.

Die Pilger und der Hunger

Auch in Nordamerika wurde die Klimaveränderung zur tödlichen Bedrohung. Die ersten Kolonien auf dem amerikanischen Kontinent litten unter Witterungsextremen, die frühe Siedlungsprojekte an den Rand des Scheiterns brachten. So fanden zum Beispiel die 104 ersten Kolonisten in Jamestown im heutigen Bundesstaat Virginia eine blühende Landschaft vor, als sie im Frühjahr 1607 an Land gingen. Austern lagen »so dick wie

Steine« auf dem Meeresgrund schrieb George Percy später: »Wir öffneten sie und viele von ihnen enthielten Perlen.« Schon bald aber wendete sich ihr Glück, wie der Siedler Francis Perkins in einem Brief an einen Freund berichtete:

> Nachdem wir an Land gegangen waren, es war ein Montag, brach am darauf folgenden Donnerstag ein Feuer aus, das sich ausbreitete und alle Häuser im Fort erfasste, einschließlich des Lagerhauses für Munition und Vorräte, sodass nur drei Häuser stehen blieben. Alles, was mein Sohn und ich besaßen, war verbrannt, bis auf die Matratze, die noch nicht vom Schiff abgeladen war. Gott sei Dank leben wir im Frieden mit den Einwohnern des Landes um uns und können Korn und Ausrüstung kaufen.

Obwohl die Beziehungen zu den indigenen Bewohnern zunächst gut waren, wendete sich das Geschick der Siedler nicht. Der Regen blieb aus, und aus dem milden Frühling wurde ein Sommer, der von Hitze und Dürre gekennzeichnet war. Die Siedlung musste sich gegen Indianerstämme verteidigen und die Bewohner wurden durch Hunger und Krankheiten immer mehr geschwächt: »So lebten wir für fünf Monate in schrecklicher Bedrängnis«, schrieb Percy in sein Tagebuch, »und wir hatten keine fünf kräftigen Männer, um die Bollwerke zu besetzen.«[14]

Im August verschlimmerte sich die Situation, wie Percy festhielt:

> Am fünfzehnten Tag starben Edward Browne und Stephen Galthrope. Am sechzehnten Tag starb Thomas Gower, Gentleman. Am siebzehnten Tag starb Thomas Mounslic. Am achtzehnten Tag starben Robert Pennington und John Martine, Gentleman. Am neunzehnten Tag starb Drue Piggase, Gentleman. Am zweiundzwanzigsten Tag des Monats August starb Kapitän Bartholomew Gosnold, ein Mitglied unseres Rates, er wurde ehrenhaft bestattet und alle Geschütze des Forts schossen viele Male mit kleinen Geschossen.

Ohne Nahrung und ohne Aussicht auf Verstärkung waren die Siedler gezwungen, die Leichen der Verhungerten zu exhumieren, um sie zu essen. Einige waren dem Wahnsinn nahe. Ein Mann ermordete seine Frau und pökelte ihren Körper heimlich, ein anderer namens Hugh Pryse verkündete auf dem Marktplatz, dass er, wäre er Gott, solche Grausamkeiten nicht dulden würde, und floh dann gemeinsam mit einem zweiten Mann aus der Festung. Ohne Schutz wurden beide von Indianern getötet. Aber auch innerhalb der Mauern ging das Sterben weiter. Die Siedler fanden den Tod »mit grausamen Krankheiten wie Schwellungen, Ausflüssen, brennendem Fiebern und durch Kriege, und einige gingen plötzlich, aber die meisten von ihnen starben durch den reinen Hunger«. Als endlich gegen Ende des Jahres ein Versorgungsschiff die kleine Festung erreichte, waren nur noch vierzig Siedler am Leben. Sie konnten nicht wissen, dass sie die Neue Welt im trockensten Sommer seit 770 Jahren erreicht hatten, wie die moderne Klimaforschung zeigt.

Die Wahrheit im Wein

Die Auswirkungen des schwankenden Wetters und der immer wieder kleinen und schlechten Ernten lassen sich am Beispiel des Weins detailliert rekonstruieren, weil Erntedaten, Weinpreise und Weinbeurteilungen bereits im 16. Jahrhundert und vielerorts sogar früher sorgfältig aufgezeichnet wurden. Besonders aus dem süddeutschen Raum und aus Frankreich sind reichhaltige Quellen überliefert, die es erlauben, Regionen miteinander zu vergleichen. Wein braucht warme Sommer. Er ist ein Gradmesser für das Klima vergangener Jahrhunderte.

Die Weinernte findet immer unter Zeitdruck statt. Die reifen Trauben müssen so rasch wie möglich eingebracht werden, denn Diebe, Vögel und andere Tiere dezimieren sie bei Nacht und ein einziger früher Frost oder plötzlicher Pilzbefall können die Ernte ganzer Weingärten vernichten. Seit jeher versuchen Winzer also, keinen Tag zu verlieren. Andererseits hängt die Qualität des Weins wesentlich von seiner Reife ab. Jeder Tag im Weingarten lässt den Zuckergehalt der Trauben steigen. In kühlen Jahren verschiebt sich das Erntedatum daher nach hinten, weil die Trauben langsamer reifen, aber manchmal hilft auch das Warten nicht und die Trauben müssen unreif geerntet werden. Weine aus solchen Jah-

Ernten nach langer Arbeit: Wein war ein alltägliches Nahrungsmittel in vielen Gegenden Europas

ren waren manchmal kaum trinkbar, wurden aber trotzdem konsumiert, denn Wein war ein wichtiges Nahrungsmittel.

Besonders in den Städten, wo sauberes Trinkwasser nur selten zur Verfügung stand, schenkte man oft auch Kindern schwach alkoholische Getränke aus, entweder mit Wasser vermischter Wein, oder in zunehmendem Maße auch Bier, das im Laufe des 17. Jahrhunderts seinen Siegeszug durch Europa antreten sollte – unter anderem auch, weil Getreide und Hopfen weniger wetterfühlig sind als Weintrauben und auch in schlechten Jahren Bier gebraut werden konnte.

Unsere europäischen Vorfahren waren einen Gutteil des Tages alkoholisiert. Diener, Arbeiter, Gesellen und Soldaten hatten ein vertragliches Recht auf ihre tägliche Ration – je härter die Arbeit desto mehr. Wein war kein Luxusprodukt, sondern Teil des täglichen Lebens. Ein Anstieg der Weinpreise wegen wiederholter schlechter Ernten bedeutete ein fast so einschneidendes soziales Problem wie ein steigender Weizenpreis. Als in der zweiten Hälfte des 16. Jahrhunderts die Weinernten einbrachen, wurde jedes verdorbene Jahr aufmerksam kommentiert. Der Theologe

Heinrich Bullinger in Zürich notierte 1570: »Der früling dises jars war wie der winter kalt und naß, der winblust [die Weinblüte] elend, die ernd schlächt.«[15] 1588 notierte der Kölner Patrizier Hermann Weinsberg mit bitterer Belustigung, dass er trotz seines Namens seinen letzten Wein getrunken habe und sein Keller leer sei. Seit dreizehn Jahren hatte er keinen Wein mehr zum Einlagern gefunden, »also moist der Weinsberg eitz feiren und hat keinen wein«.[16]

Die umfassendste Dokumentation stammt aus dem Burgund, dessen geschütztes Klima das Geheimnis des dort reifenden Weins ist. Auch während der Kleinen Eiszeit profitierte die Region davon. Das durchschnittliche Erntedatum zwischen 1500 und 1570 war der 27. September. Zwischen 1571 und 1600 lag es nur zwei Tage später, wenn auch die Qualität dieser Weine oft wesentlich geringer bewertet wurde. Im nur wenig weiter östlich gelegenen Jura lagen die Unterschiede in den gleichen Zeiträumen bei einer Woche, in den maritimen Alpen verschob sich der durchschnittliche Erntetermin um fast zwei Wochen.

In der Gegend von Paris, der Île-de-France, litten Menschen und Reben noch stärker unter der Abkühlung. Vor 1570 hatte man um den 21. September mit der Ernte begonnen. Zwischen 1570 und 1620 lag das Datum zehn Tage später, am 1. Oktober. Im besonders bitterkalten 1573, als Wouter Jacobszoon frierend das Elend von Amsterdam beschrieb, begann die Ernte am 16. Oktober, 1581 und 1587 erst Ende Oktober. Auffallend ist auch, wie extrem die Daten aufgrund der unterschiedlichen Sommertemperaturen variieren: 1599 wurde in der ersten Septemberwoche geerntet, im Jahr darauf in der zweiten Oktoberwoche, vierundvierzig Tage später.[17]

Der Wein und die Wiener

Tausend Kilometer östlich, in Wien, war die Situation ähnlich. Der größte Weinproduzent war hier das Bürgerspital, das 100 Hektar bewirtschaftete und so nicht nur die eigenen Patienten bei Laune hielt, sondern sich auch teilweise vom Weinverkauf finanzierte.

Tatsächlich hatten die Hälfte aller steuerpflichtigen Bürger eigene

Weingärten, und die Stadt exportierte Wein donauaufwärts bis nach Bayern. Es blieb aber genug übrig für den Eigenbedarf. Zusätzlich zu ihrer Versorgung aus den eigenen Weingärten kauften Wiens Bürger in den 1580er Jahren durchschnittlich 150 Liter Wein, pro Kopf und Jahr, also etwa eine halbe Flasche täglich für Männer, Frauen und Kinder. Wein war ein Grundnahrungsmittel und nur in schlechten Jahren wurde auch Bier gebraut – ein lukratives Monopol, das ebenfalls beim Bürgerspital lag.

Das Ende des Jahrhunderts war auch hier für die Weinproduzenten hart, wie eine Petition von Wiener Bürgern aus dem Jahr 1593 zeigt, in der beklagt wird,

> »was bei den in die siben Jar erstreckhten Weinmissratung über die tägliche Underhaltung erspart khünnen werden, hat dieser Stanndt also erfaren, das die jenigen, die man vor der Zeit in denen Stött und Märckhten für die Wohlhabendt und Vermügisten gehalten, anjetzo nach so großem erlidenen Schaden neben Iren Mitburgern in gleiches Unvermögen und eusseriste Armuet eingerunnen, das Inen vil fürträglicher gewest, des Weingepew sich ganz und gar zu enthalten, als mit solchem Verlust Irer Narung nachzusetzen«.[18]

Eine Aufeinanderfolge schlechter Ernten zwischen 1587 und 1594, in denen die Erntemenge teilweise nicht einmal die Hälfte eines durchschnittlichen Jahres betrug und die Weine zusätzlich noch sauer waren, weil die Trauben nicht rechtzeitig reif wurden, hatte viele Weinbauern an den Rand des Ruins gebracht.

Die Stadt Krems, achtzig Kilometer westlich von Wien an der Donau gelegen, hatte seit dem Mittelalter eine wichtige Rolle im Weinhandel gespielt. Um die Wende zum 17. Jahrhundert gewannen hier zwei andere Erwerbszweige an Bedeutung: die Herstellung von Senf und Bleiweiß. Für beide brauchte man Essig, der immer öfter und in großen Mengen vorhanden war, wenn der Wein sich wegen der Kälte als nicht trinkbar erwies. Gleichzeitig wurden die Keller in der Gegend um diese Zeit immer mehr erweitert und tiefer in die schroffen Hügel getrieben. Was auf den ersten Blick paradox erscheint, hat eine einfache Erklärung: Der Wein musste bis zu zehn Jahre gelagert werden, bis er genug Säure abgebaut hatte und so trinkbar wurde.

Nach dem warmen Jahr 1586, in dem etwa 45 Hektoliter Wein pro Hektar geerntet wurden (auch nach heutigen Standards eine überdurchschnittlich große Ernte), waren es im Jahr darauf nur noch etwas mehr als sieben Hektoliter pro Hektar. »Anno 1586 ist das grose Weinjahr gewesen, darnach ist ein groser kalther unt starkher Winther khumen unt ist der Weinstockh aller erfrohrn«, notierte der Zeitgenosse Georg Payr.[19]

Auch in den Hochwäldern der Alpen führte die Kälte zu einem langsameren Wachstum aller Pflanzen. Gletscher in der Schweiz und in Frankreich dehnten sich aus und verschlangen Almwiesen, Hütten und zum Schrecken des örtlichen Klerus sogar kleine Kirchen. Gleichzeitig aber war die Kälte möglicherweise auch für einen Effekt mitverantwortlich, der Wissenschaftler seit drei Jahrhunderten verblüfft.

Die Alpenregion war bekannt für ihr gutes Holz, das nicht nur zum Bauen, sondern auch für Musikinstrumente verwendet wurde. Geigenbauer von Füssen in Süddeutschland bis Cremona und Rom tauschten sich nicht nur rege miteinander aus, Meister wie Stradivari und die Familiendynastien der Amati und Guarneri verwendeten auch Holz aus den Alpen und bauten daraus zwischen dem frühen siebzehnten und der Mitte des 18. Jahrhundert, also ein gutes Fichtenleben später, die großen Streichinstrumente, die unter Musikern noch heute besonders hochgeschätzt sind. Worin aber liegt das Geheimnis ihres guten Klangs? Zahllose wissenschaftliche Untersuchungen haben jedes Detail von Form und Verarbeitung, Lack und Konstruktionsweise untersucht. Die Instrumente wurden millimetergetreu nachgebaut, ohne aber einen ähnlichen Klang zu erzielen.

Ist es also das Alter oder vielleicht der lange Gebrauch, der diesen Instrumenten ihre Resonanz und ihren brillanten Klang gibt? 2003 veröffentlichten Henri Grissino-Mayer von der Universität Tennessee und Lloyd Burckle von der Universität Columbia eine Untersuchung, die nahelegt, dass das langsame Wachstum der alpinen Bäume in einem kühleren Klima ein wichtiger Faktor für den Klang der alten Meisterinstrumente sein könnte, weil das engporige Holz bessere Resonanzen entwickelt.

Selbstverständlich wurde ihre Theorie von einigen Kollegen angegriffen und verworfen, und auch wenn sie sich bewahrheiten sollte, erklärt sie nicht, warum Geigenbauer in anderen Ländern, die ebenfalls Holz aus dem Alpenraum verwendeten, nicht ähnlich gute Resultate erzielten, oder warum einige große Meisterinstrumente aus großporigem Holz gebaut sind, worunter der Klang offenbar nicht leidet. Aber Grissino-Mayer und Burckle werfen ein faszinierendes Licht auf einen oft vernachlässigten materiellen Aspekt von großer Kunst.

Die Lichter werden dunkel

Auch wenn die Kleine Eiszeit möglicherweise dabei half, große Streichinstrumente zu konstruieren, waren ihre Folgen doch gerade im bereits stark urbanen Norditalien im negativen Sinne gravierend. Die frühen 1590er Jahre waren so bitter kalt und die Sommer so verregnet, dass mehrere katastrophale Missernten aufeinanderfolgten.

Als die traditionellen Kornproduzenten Sizilien und Süditalien nicht ausreichend Getreide liefern konnten, entsandten der Großherzog der Toskana sowie der Senat von Venedig Delegationen bis nach Danzig, Amsterdam und Hamburg, um über Notlieferungen zu verhandeln. In den folgenden Jahren wurden pro Jahr etwa zweihunderttausend Tonnen Getreide aus dem Ostseeraum nach Norditalien verkauft – hauptsächlich Roggen, auch wenn der in Italien als minderwertig galt. Die Bevölkerung aß nur missmutig das fremdartige Brot.

Viele Regionen hatten nicht die finanziellen oder organisatorischen Mittel, um einen Nahrungsmangel durch Importe großer Mengen von Getreide auszugleichen. Nach den schlechten Ernten der 1590er Jahre waren vielerorts die Getreidelager leer, Getreidepreise waren so hoch wie seit Menschengedenken nicht mehr. Inflationsbereinigte Preise zeigen, dass Weizenpreise zwischen 1550 und 1600, besonders aber nach 1590 in Köln um das Zweieinhalbfache gestiegen waren, in den Pariser Les Halles, auf den Märkten der Toskana und in Spanien um das Drei- bis Vierfache, in Wien sogar um das Fünffache.

In guten Jahren gingen die Preise für Grundnahrungsmittel wieder zurück. Trotzdem aber wurde das Leben teuerer und unsicherer, es blieb ein Gefühl des Ausgeliefertseins. Europa war immer wieder von schlechten Ernten und Hungersnöten heimgesucht worden. Durchschnittlich kam der große Hunger einmal pro Jahrzehnt, oft verbunden mit Seuchen, die die geschwächte Landbevölkerung brutal dezimierten. Jetzt aber wurde der Hunger häufiger, das Leben noch prekärer als zuvor.

Gegen Ende des 16. Jahrhunderts suchte man die unmittelbaren und mittelbaren Antworten auf die Veränderung der Natur und die von ihr verursachte Krise der Landwirtschaft immer häufiger in der Religion. Die offizielle Interpretation natürlicher Ereignisse lag in den Händen von Theologen, die in Berichten über Kometen, Erdbeben und Überflutungen Gottes strafende Gerechtigkeit zu erkennen glaubten.

Gleichzeitig aber erregten Außenseiterfiguren immer stärker die Aufmerksamkeit des Publikums und den Hass der kirchlichen Autoritäten: Heilsbringer und Scharlatane, Hexen und Okkultisten zogen enormes Interesse auf sich und auch Monarchen wie Königin Elisabeth I. und der Habsburger Kaiser Rudolf II. ließen es sich nicht nehmen, Magier zu Rate zu ziehen.

Weltuntergangsfantasien trieben ihre Blüten, gestützt von einem weit verbreiteten Gefühl, die Welt sei aus dem Lot geraten. »Die Lichter und Fenster am Gewölb des Himmels werden oft dunkel und der Welt zu ihrer Bübcrei nicht mehr scheinen und leuchten / und sehnen sich mit uns nach unser Erlösung«, schrieb der Stendaler Pfarrer Daniel Schaller. Jedes entfernte Donnergrollen konnte die Hufe der fahlen Pferde ankündigen, auf denen die Reiter der Apokalypse Tod und Verderben über das Land brachten.

In einer Welt, in der Naturereignisse als Ausdruck göttlichen Zorns wahrgenommen wurden, lag die Lösung in der Änderung menschlichen Verhaltens, in Buße, Reue, Umkehr. Tatsächlich gab es besonders in Süditalien und Spanien, aber auch in Frankreich und der Alpenregion immer wieder große Prozessionen, die Gott mit Reliquien und Gesängen zu besänftigen versuchten. Miguel de Cervantes beschreibt ein solches Ereignis im 1605 erschienenen ersten Buch seines *Don Quijote,* in dem der alternde Ritter die Marienstatue mit einer lebenden Frau verwechselt und überzeugt ist, die Entführung einer adeligen Dame mit anzusehen.

> Don Quijote erhob sich, wendete nun ebenfalls das Gesicht dahin, wo man den Ton vernahm, und sah plötzlich, wie von einem Hügel eine Menge von Leuten herabkam, alle wie Pilger auf einer Bußfahrt weiß gekleidet. In diesem Jahre hatten nämlich die Wolken der Erde ihr Naß versagt, und in allen Ortschaften dieser Gegend wurden Wallfahrten, Bittgänge und Bußübungen abgehalten, um Gott zu bitten, daß er die Hände seiner Barmherzigkeit auftue und Regen spende, und zu diesem Zwecke kamen die Leute aus einem nahegelegenen Dorfe wallfahrend zu einer heiligen Einsiedelei gezogen, die auf einer Höhe bei diesem Tale lag.[20]

Natürlich versucht der edle Ritter, die Dame zu befreien, und natürlich endet die Geschichte schlecht für ihn. Interessant ist aber, dass Cervantes explizit eine Verbindung zwischen einer Prozession und einer längeren Dürreperiode herstellt, ein typisches Phänomen in Spanien. Allein in Barcelona wurden um 1600 jährlich zwei bis drei Bittprozessionen um Regen abgehalten.

Hexen und verdorbene Ernten

Im nördlichen Europa und besonders im deutschsprachigen Raum führten die häufigen schlechten Ernten und die Angst vor Hungersnöten zu einer grausamen Form der Massenhysterie, die oft von extremer Witterung und Ernteausfällen ausgelöst wurden: der Hexenverfolgung.

Gegen Ende des 16. Jahrhunderts war das süddeutsche Nördlingen eine wohlhabende Markt- und Messestadt, die bereits seit zwei Generationen protestantisch war. Seit dem Mittelalter war es ein wichtiger Handelsknotenpunkt, und die Bürgerschaft gönnte sich nicht nur stattliche Häuser, sondern hatte auch ein prächtiges Rathaus finanziert. Einer der angesehensten Bürger der Stadt war Peter Lemp, der Zahlmeister der Stadt, der mit seiner Frau Rebekka und seinen vier Kindern in zentraler Lage am Weinmarkt lebte.

Als 1589 die »Närrin« Ursula Haider, eine augenscheinlich geistesgestörte Frau, auf offener Straße behauptete, sie habe Unzucht mit dem Teufel getrieben und ein Kind ermordet, wurde sie festgenommen, der Hexerei angeklagt und so lange verhört und gefoltert, bis sie begann, andere Frauen zu beschuldigen und Namen zu nennen. Eine von ihnen war Rebekka Lemp, die am 1. Juli 1590, als ihr einflussreicher Mann gerade auf einer mehrtägigen Geschäftsreise war, »gefänglich eingezogen« und verhört wurde.

Die prominente Verdächtige wurde zunächst schonend behandelt. Als sie sich aber weigerte zuzugeben, dass sie eine Hexe sei, schritten die Richter zur »Peinlichen Befragung«. Lemp wurde, wie damals in der Gerichtsordnung vorgesehen, zuerst mit Daumenschrauben und mit Spanischen Stiefeln gefoltert – hölzernen Schienen, in die die Beine eingezwängt und dann durch Festziehen von Schrauben oder Einschlagen von Keilen langsam zerquetscht wurden. Als sie noch immer nicht geständig war, wurde sie an den auf dem Rücken gefesselten Händen aufgehängt und auf die Streckbank gespannt. Von seiner Reise zurückgekehrt, tat der verzweifelte Ehemann alles in seiner Macht Stehende, um Rebekka freizubekommen: ohne Erfolg. Zweimal gelang es ihr, ihm ein Kassiber zukommen zu lassen. Ihr erster Brief, geschrieben nach fast sechs fürchterlichen Wochen Haft, schwankt zwischen Zuversicht und tiefer Angst:

> Mein herz lieber Schaz, bis (sei) ohn Sorg. Wann ire 1000 auf mich bekenten, so bin ich vnschuldig oder es komen alle Deufel vnd zerreißen mich. Vnd ob man mich solt strenckhlich fragen, so kent ich nix bekenen, wan man mich zu 1000 Stuckhen zerriß. Sey nun ohn Sorg, ich bin auf mein Sel vnschuldig. Wan ich gemartert werd, so glaub ichs nicht, dan bin ich gar gerecht. Vater, wan ich der Sach schuldig bin, so las mich Got nit fir sein angesicht komen ymer vnd ewig. Wan man mir nit glaubt, so wirdt Got der Hechst darein sehen vnd ein Zaichen thuen. Dan wan ich in der noht steckhen mueß bleiben, so ist kain Got im Himel. Verbirg (verbürge) dich fil fir mich. Du herst ye mein vnschuld. Vmb Gotes Willen, lass mich nit in der scheulichen not steckhen.[21]

Kurz nachdem Lemp diese Zeilen geschrieben hatte, brach sie unter der Folter zusammen und erzählte den Richtern alles, was sie hören wollten. Sie sei die Buhlin des Teufels geworden, gab sie zu Protokoll. Der nächste und letzte Brief, den sie aus dem Gefängnis schmuggeln konnte, zeigt, dass sie sowohl in Bezug auf ihr eigenes Schicksal als auch auf Gottes Gerechtigkeit alle Hoffnung verloren hatte. Sie bat ihren Mann um Gift:

> O Du mein auserwelter Schaz, sol ich mich so vnschuldig von Dir schaiden müßen, das sey Got ymer vnd ewig klagt. Man not ains, es mueß ains reden, man hat mich gemartert. Ich bin so vnschuldig als Got im Himel. Wan ich nur ein Pünktlin vmb solche Sach wißt, so wolt ichß, das mir Got den Himel versaget. O Du herzlieber Schaz, wie geschieht meinem Herz. O we, o we, meiner armen Waisen. Vater schickh mir etwas, das ich sterb, ich mueß sonst an der Marter verzagen. Kanst heundt nit, so thues morgen. Schreib mir von Stund an.
> Das Ringlin trag von meinet wegen. Das Paterlin (eine Halskette) mach auf 6 thail. Las vunser Kind an den Henden tragen Ir Lebtag. O Schaz Deiner vnschuldigen Magalona, man nimbt mich Dir mit Gwalt. Wie kans doch Got leiden. Wan ich ein Vnhold bin, so sey mir Got nit gnedig. Wohl schicht mir so Vnrecht yber Vnrecht. Warumb wil mich doch Got nit heren. Schick mir etwas, ich mues sonst falsch reden. Ich mecht sonst erst mein Sel beschweren.[22]

Das rettende Gift erreichte sie nicht. Rebekka Lemp wurde am 9. September 1590 zusammen mit vier anderen verurteilten Frauen auf einem Hügel vor der Stadt als Hexe verbrannt. Anschließend lud der Stadtrat zum Bankett, um den Sieg von Gottes Gerechtigkeit zu feiern.

Der Fall der Rebekka Lemp ist einer der ersten in einer ganzen Welle von Hexenverfolgungen, die nach 1589 besonders den süddeutschen Raum, die Schweiz und Lothringen erfasste. Das Vernehmungsprotokoll zeigt, dass Lemp unter Folter nicht nur angegeben hatte, Unzucht mit dem Teufel getrieben, sondern auch Menschen und Tieren durch schwarze Magie geschadet zu haben.

Obwohl dieser Fall insofern untypisch ist, als dass die zum Zeitpunkt ihrer Hinrichtung etwa einundvierzigjährige Rebekka Lemp eine angesehene und wohlhabende Bürgerin war, die lesen und schreiben konnte, und nicht, wie die meisten der Beschuldigten, eine ältere, alleinstehende Frau am Rande der Gesellschaft. Sehr charakteristisch für den intensivierten Hexenwahn aber waren die Anschuldigungen: Sex mit dem Teufel und Schadenzauber gegen Lebewesen, besonders Schwangere, Kinder und Vieh. »Vor allem aber«, schreibt der Historiker Richard van Dülmen, beschuldigte man sie für »große Mäuseplagen, die das Getreide zerstörten, ebenso schlechtes Wetter mit Hagel. Selbst ein verheerender Schneefall im Sommer wurde der Unholdin angelastet.«[23]

Besonders in deutschsprachigen Ländern boten die Jahre 1588 und 1589 reichlich Anlässe für solche Beschuldigungen. 1588 war das Jahr, in dem ein arktischer Sturm im September die Armada vernichtete; die Stürme reichten bis nach Deutschland hinein. Der Gelehrte Victorinus Schönfeld nannte das Wetter 1589 im süddeutschen Raum »kalt, dunkel, hart und windig«, mit langen Frösten und ausgiebigen Regenfällen. In anderen Gegenden regnete es kaum. In Stendal registrierte Daniel Schaller Erdbeben, und im nahen Aschersleben notierte ein Historiker über seine Stadt:

> 1589 war im Monat Juni und Juli eine drückend brennende Hitze. Die Arbeitsleute, welche bei dem großen Durste beinahe verschmachteten und nicht vorsichtig im Trinken waren, wurden krank … Durch diese anhaltende Hitze standen die Wassermühlen still. 1590 den 16. Sept. bemerkte man hier eben so, wie an mehreren Orten Deutschlands, eine Erderschütterung, welche 14 Tage hinter einander anhielt. Die Thüren und Fenster zitterten, der Thurm schwankte so, dass sich die Trompeten an den Säulen bewegten und selbst die Speckseiten oben in des Stadtpfeifers Wohnung wurden nach Angabe der Polizei unruhig. Auch war wieder, wie im vorigen Jahre, eine anhaltende Dürre, so wie Wasser- und Mehlmangel. Da die Wassermühlen nicht gingen, so mußte man seine Zuflucht zu den Roßmühlen nehmen, Darauf folgten Krankheiten und Theuerung. Auch entzündete sich wieder der Harzwald, und man konnte nur durch die größten Anstrengungen einem vierwöchentlichen Holzbrande darin Einhalt thun.[24]

Es ist vielleicht nicht überraschend, dass ein preußischer Autor unter dem Pseudonym Adolbertus Temopedius den Weltuntergang für die Karwoche des Jahres 1599 voraussagte. Der Stendaler Pfarrer Schaller argumentierte gegen dieses Datum, nicht aber gegen die Meinung, dass das »Ende der Welt und der Jüngste Gerichtstag / nicht mehr fern und weit / sondern gar nahe vor der Thür sey«.[25]

Auch in Nördlingen war diese Not spürbar. Lebensmittelpreise hatten sich aufgrund der schlechten Ernten verdoppelt, sogar in den Sommermonaten zeigte sich die Sonne kaum. Hexerei wurde oft verdächtigt, eine Rolle zu spielen, aber die Autoritäten waren nur selten gegen Hexen vorgegangen. Nachdem 1581 im Werdenfels ganze Getreidefelder durch einen plötzlichen Hagelschauer vernichtet worden waren, hatten die Bauern versucht, den Pflegrichter von Garmisch davon zu überzeugen, dass er die Hexen jagen müsse, die den Schaden verursacht hätten, aber der Landesherr erlaubte keine Strafverfolgung in der Sache. In anderen Gemeinden wurde ähnlich entschieden. Hexenverfolgungen waren rar, die Aufmerksamkeit der katholischen Inquisition galt Ketzern. Hexen wurden in Luxemburg und Frankreich, Norditalien und in Katalonien gejagt, im heutigen Bayern und Württemberg kaum. Das frühe 16. Jahrhundert war eine ruhige Zeit für Hexenjäger – die Wirren der Reformation, die Bauernkriege und die gelehrten Debatten um die Ideen des Humanismus schienen die intellektuellen Energien von Kirche und Bürgerschaft völlig zu beanspruchen.

Seit 1589, dramatisch ab 1590 kippte diese Situation. Um einen Eindruck von der Atmosphäre in einer Stadt wie Nördlingen zu bekommen, hilft es, einen Blick auf Christoph Schorers 1660 erschienene Chronik der Stadt Memmingen zu werfen. Auffallend ist die fast apokalyptische, unheilschwangere Stimmung, die Schorer aus zeitgenössischen Meldungen rekonstruierte, einschließlich der Verbrennung von Hexen (»Unholden«), von extremen Wetterereignissen und astronomischen Phänomenen, Missgeburten und tragischen oder rätselhaften Todesfällen, eine Stimmung, die auch durch den warmen Sommer 1590 nicht geändert wurde. Es war, als würde die gesamte Schöpfung sich auflehnen:

> 1589. Den 20. May war ein erschröckliches Wetter / daß man vermeinte, es werde alles zu Grund gehen.
> 1590. In diesem Jahr wurden auff dem Land herumb viel Unholden verbrennet.
> Es war diß Jahr ein warmer Sommer / und gerieth alles wol.
> 1592. Den 28. Merzen erhenckte sich Hansen Kleibers Metzgers erwachste Tochter in ihres Bauers Haus. War in ein Faß geschlagen und die Iler hinab geschickt.
> Den 27. Merzen sahe man eine helle bey Nacht / und den Himmel offen.
> Der gleichen offt hier gesehen worden: Sonderlich auch in diesem Jahr den 11. und 12. April
> Den 3. Juli war die Sonn Blutroth gesehen.
> Den 3. December gebahr ein Weib zu Worningen ein Kind mit 2 Köpffen und 4 Händen. War den vierten Decembris auff das Rathhauß gebracht / und von dem Meister Abraham Werlin dem Meßner / der ein Maler war abgemahlet.
> 1593. War ein heisser du^{e}rrer Sommer/ vnd frassen die Hewschrecken alles auff dem Feld ab/ darauff ein grosse Theurung erfolgt.
> Den 19. Julii als man in die Kirchen ging / sahe man hier drey Sonnen sampt einem Regenbogen.
> Den 20. October sahe man den Himmel sich eröffnen.
> 1594. Den 29. Julij hat es Nachmittags umb 5. und 6. Uhr zwey schröckliche Wetter gehabt / schlug zu Steinheim in Juncker Lutz von Freyburg Bauern Hoff / verbran ein Kuh und 2. Kälber.[26]

Im Schongau begannen die Hexenverfolgungen schon 1588, nachdem ein katastrophaler Hagelschauer am 26. Juli einen Teil der Felder zerstört hatte. Bald aber breitete sich die Hysterie in der Gegend aus wie ein Lauffeuer. Nach Rebekka Lemp wurden in Nördlingen, einer Stadt mit damals etwa zehntausend Einwohnern, innerhalb von vier Jahren mehr als dreißig weitere Frauen und ein Mann verbrannt. In Bamberg forderten Hexenverfolgungen bis in die Mitte des 17. Jahrhunderts dreihundert Opfer, in Freiburg dreiundfünfzig, in Würzburg etwa 1100. Die hysterische Angst vor Hexerei reichte weit über Bayern hinaus. In der winzigen Herrschaft Bilstein in Westfalen wurden allein 1590 einundzwanzig

Hexenverbrennung. Jede Katastrophe braucht Schuldige, und vielen Angeklagten der Hexenprozesse wurde vorgeworfen, das Unwetter verursacht zu haben

Menschen als Hexen verbrannt, in der nahen Stadt Lemgo gab es um 1600 etwa 272 Opfer.

Historiker suchen noch immer nach Erklärungen dafür, warum in der Zeit zwischen 1588 und 1600 und dann wieder zwischen 1620 und 1650 gerade im deutschsprachigen Raum so viele Menschen als Hexen und Hexer verbrannt wurden – etwa zwanzig Prozent der Verurteilten waren Männer. Sicherlich sind konfessionelle Spannungen ein Faktor und die Korrelation zwischen extremen Wetterereignissen, schlechten Ernten und Prozesswellen wird immer wieder deutlich, die geographische Verteilung der Prozesse lässt sich dadurch aber nicht erklären. Gleichzeitig allerdings wurden auch anderswo Tausende von Menschen der Hexerei angeklagt und in vielen Fällen hingerichtet, besonders in der Schweiz (bis zu 10 000 Verurteilungen), in Luxemburg (358 Opfer), in Guernsey und Essex, in Skandinavien und Schottland, in den Niederlanden, in Lothringen, im Baskenland, in Norditalien und Portugal.

Insgesamt wurden in Europa etwa 110 000 Hexenprozesse geführt, von denen etwas mehr als die Hälfte in Verurteilungen und Hinrichtungen endeten. Katholische Gerichte sprachen im Schnitt weniger Verdächtige frei als protestantische. Die Dokumentation dieser Prozesse ist lückenhaft und nicht immer eindeutig, oft sind die Angaben sehr ungenau oder Akten wurden vernichtet oder gar nicht erst angelegt. Trotzdem gehen Historiker davon aus, dass insgesamt etwa 55 000 Menschen als Hexen hingerichtet wurden, etwa die Hälfte davon in Deutschland und ein weiteres Viertel in Frankreich, der Schweiz und den Niederlanden. Ein Großteil von ihnen starb zwischen 1590 und 1650.

Nicht alle Hexen waren übrigens böse. Der italienische Historiker Carlo Ginzburg beschäftigte sich mit dem Phänomen der Benandanti im norditalienischen Alpenraum gegen Ende des 16. Jahrhunderts. Diese männlichen Hexer berichteten, dass sie nachts in Gestalt von Tieren oder Geistern hinaus auf die Felder flogen, um sie gegen die Versuche böser, weiblicher Hexen zu verteidigen, die Ernte zu schädigen, und so die Fruchtbarkeit der Erde erhielten. Wie wir aus historischen Quellen wissen, war es in Norditalien und sicherlich in höheren Lagen am Fuße der Alpen besonders wichtig, die Fruchtbarkeit der Felder zu verteidigen, und vielleicht drückte das ekstatische Ritual der Hexer auch eine soziale Angst aus. Nach 1590 erlebte die Region mehrere schlechte Ernten hintereinander, und norditalienische Städte waren, wie bereits dargestellt, von Getreideimporten aus Amsterdam abhängig, um ihre eigene Bevölkerung ernähren zu können.

In der gesamten Alpenregion machte sich die schlechte Witterung der 1590er Jahre empfindlich bemerkbar. Der Klimahistoriker Geoffrey Parker sieht einen interessanten Zusammenhang zwischen Topographie, Meteorologie und Hexenwahn: Die intensivsten Verfolgungen folgten nicht nur auf schlechte Ernten und für die Jahreszeit ungewöhnliches Wetter, sie fanden auch häufig in Gegenden statt, die besonders stark von der Witterung abhängig waren. Bevölkerungen, deren landwirtschaftliche Produktion am äußersten Rand einer ausreichend warmen Klimazone gelegen war, waren größeren Risiken ausgesetzt: Skandinavien und Schottland und auch einige Alpenregionen. In Luxemburg, im süddeutschen Raum, in Lothringen und Zentraleuropa waren sowohl Getreide als auch besonders die Weinproduktion gefährdet, die als Exportgut auch wirtschaftlich entscheidend war.

Wahrheiten in den Sternen

Der immer wieder artikulierte Eindruck, die Natur sei aus den Fugen geraten und *ruina mundi* stehe bevor, führte gegen Ende des 16. Jahrhunderts zu einer intensivierten Suche nach Deutungsmustern, nach einem Leseraster, das ermöglichen sollte, die Geheimnisse der Natur zu durchschauen und vielleicht sogar zu beherrschen.

In einer Zeit, die noch keine wissenschaftliche Methode kannte, deren strikte Regeln den Erwerb alles Wissens kanalisierten, nahm diese Suche Formen an, die uns heute unvorstellbar sind, nach damaliger Praxis aber völlig normal waren. Damals sprudelte das Wissen noch aus verschiedenen Quellen. Religiöse Autoritäten, vom Papst bis hin zu anglikanischen, hugenottischen, calvinistischen, lutherischen und anderen, führten einen erbitterten Kampf für die Bibel als einzigen Ursprung aller Erkenntnis, was praktisch bedeutete, dass jede Beobachtung, die in der Natur gemacht wurde, nur durch Zitate aus der Heiligen Schrift begründet wurde.

Jedes Erdbeben, jeder Vulkanausbruch und jedes Unwetter wurden als Ausdruck des göttlichen Willens verstanden. Es ist daher nicht überraschend, dass sich die theologische Interpretation der Wetterereignisse, die auf dem Höhepunkt der Kleinen Eiszeit in Europa stark wahrgenommen und auch über regionale Grenzen hinaus berichtet und diskutiert wurden, zu einem eigenen literarischen Genre entwickelte. Der Theologe Johann Georg Sigwart etwa hielt 1599 in Tübingen vielbeachtete Predigten, in denen er den Zusammenhang zwischen Klimawandel und lasterhaftem Lebenswandel explizit machte:

> Sonderlich aber hat der Allmächtige nach seinem gnädigen Willen vns allhie zu Tübingen / so wol mit Thewerung vnd Hungersnoth / als mit Pestilentz und mehr vber das Jahr starck heimgesucht / vnd ein grosse Anzahl Junger vnnd Alter dardurch hingeraffet: Als hab ich von denselben auch drey sonderbare Predigten halten / vnd von jeglicher Plage insonderheit / so kurtz / als es immer geschehen könden / anzeigen wöllen / was es für ein Strafe / wamit sie verursacht /

> vnd durch welche Mittel man Jhrer / wann ja die Welt noch länger stehen soll) widerumb abkommen möchte: damit jedermeniglich allhie zu ernstlicher Buß / Christlichem Leben vnd Wandel desto mehr auffgemundert / Gott vnser himmelischer Vatter eintweder zu gäntzlicher Abschaffung / oder ja zu Milterung solcher Straffen bewegt / vnd wir des außgestandenen Leids vmb ettwas wider ergötzt würden / biß dermalen einest der grosse Tag des HErrn anbricht / vnd wir dahin kommen, da weder Thewrung / Krieg noch Pestilentz oder andere Noth mehr zubefahren ... werden.[27]

Die Wiederentdeckung der ästhetischen und intellektuellen Reichtümer der Antike durch die Renaissance und die Entdeckung neuer Kontinente voller unbekannter Pflanzen, Tiere und Kulturen, das sich nach Asien und Südamerika ausweitende Handelsnetzwerk und die astronomischen Entdeckungen und Theorien von Kopernikus bis Kepler stellten die biblische Grundlage allen Wissens freilich in Frage.

Für frei gesinnte Geister stellte die Renaissance bereits alternative Legitimationen zur Verfügung. Zuerst war da die Autorität der griechischen und römischen Denker, die den Kirchenvätern zwar nicht gleichkamen, aber doch willkommene Gelegenheit boten, die Weisheit des Altertums zu zitieren, ohne religiös Position beziehen zu müssen.

Ein zentrales Werk war das im ersten Jahrhundert unserer Zeitrechnung entstandene materialistische Lehrgedicht *De rerum natura* des römischen Philosophen Lukrez. Steven Greenblatt hat dessen Entdeckung, Verbreitung und Bedeutung eindrücklich in seiner Studie *Die Wende* dokumentiert: Dieses Schlüsselwerk des säkularen Denkens wurde 1417 von dem italienischen Gelehrten Gian Francesco Poggio Bracciolini in einem deutschen Kloster entdeckt. Das Manuskript, die einzige Überlieferung des Werkes, war jahrhundertelang unbeachtet dem Verfall überlassen worden, bevor Bracciolini es rettete.

In eleganten lateinischen Versen beschrieb Lukrez eine Welt, in der die Götter keinen Platz mehr hatten und in der alles menschliche Streben darauf gerichtet war, das Leiden zu verringern und sich nicht zu sehr der Macht der eigenen Leidenschaften auszuliefern. Gelehrte Humanisten kannten solche Gedanken schon von den Stoikern, Epikureern und Kynikern der griechischen Antike, aber diese Neuentdeckung mit ihrer bestechend schönen Darstellung war dennoch eine Sensation, und schon bald wurde *De rerum natura* in ganz Europa gedruckt, übersetzt und gelesen.

Gerade in einer Periode, in der die Natur zu revoltieren schien und Theologen die Wetterkapriolen als göttlichen Zorn interpretierten und das Jüngste Gericht heraufbeschworen, bot die Perspektive, aus der Lukrez die Natur betrachtete, eine attraktive Alternative. Alles in der Natur läuft nach ihren eigenen Gesetzen ab, ohne Intervention der Götter, schrieb der Dichter. Natürliche Ereignisse haben keine moralische Bedeutung, die Seele stirbt mit dem Körper, und es ist sinnlos, den Tod zu fürchten oder an ein Leben danach zu glauben. Was bleibt, ist die Kultivierung des eigenen Seins im Einklang mit den Naturgesetzen und mit der Macht, die alles antreibt, durchdringt und erschafft: der Liebe. So sind die ersten Verse dieses an sich gottlosen Gedichtes auch eine Hymne an die Liebesgöttin Venus, die alle Lebewesen beherrscht:

> ... Dein Nahen entzündet ihr Herz mit Zaubergewalten.
> Jetzt durchstürmet das Vieh wildrasend die sprossenden Wiesen
> Und durschschwimmt den geschwollenen Strom. Ja, jegliches folgt dir
> Gierig, wohin du es lenkest; dein Liebreiz bändigt sie alle.[28]

In einem theologischen Universum, in dem jede Art von Sinnlichkeit als Sünde galt, entwickelten solche Gedanken ein donnerndes Echo. Für viele Zeitgenossen verlangte die Erschütterung der natürlichen Ordnung nach anderen Erklärungen, als sie die Kirche und ihre Heilige Schrift zu bieten hatten.

Während der intensiven Suche nach ewigen Wahrheiten hatte sich das Repertoire der Referenzen durch die intellektuelle Neugier von Menschen wie Poggio wesentlich erweitert. Auch mystische Traditionen anderer Religionen, besonders die Kabbala und die islamische Astrologie nach Averroes, waren zumindest in esoterischen Kreisen nicht nur respektabel, sondern wurden – in mehr oder weniger fantasiereichen Übersetzungen oder mit unterschiedlich guten Kenntnissen von Sprachen und komplexen Traditionsgefügen – geradezu verschlungen und mit Begeisterung in verschiedene Weltdeutungen hineingeschustert.

Zu diesen Deutungsmodellen, die durch eine Verbindung zum Allerhöchsten oder zumindest durch ihr hohes Alter eine scheinbar unanfechtbare Stellung als schlagende Beweise oder Widerlegungen genossen, kam eine weitere, ebenso alte Methode, die im Windschatten der Renaissance eine Wiedergeburt erlebte: die empirische Beobachtung. An verschiedenen Orten Europas begannen Geistliche, Privatgelehrte, Lehrer und Geschäftsleute, Aufzeichnungen über Naturphänomene anzulegen. Oft waren diese Beobachtungen vermischt mit Bezügen zu biblischen Prophezeiungen und Wundern, aber sie waren systematisch, sammelten Daten und konnten sie gelegentlich sogar miteinander vergleichen.

Der Pfarrer David Fabricius (1564–1617) war einer von ihnen. In dem winzigen ostfriesischen Dorf Resterhafe trug er täglich Informationen über das Wetter zusammen und beobachtete, so oft es ihm der norddeutsche Himmel erlaubte, die Sterne. Erst 1611 sollte ihm sein Sohn aus Leiden eines der ersten Teleskope im deutschsprachigen Raum mitbringen, aber schon zuvor gelangen ihm wichtige astronomische Entdeckungen. Außerdem stand er in regem Briefkontakt mit Gelehrten wie Tycho Brahe und Johannes Kepler. Seine Beobachtungen dienten nicht dem Vermeiden von göttlicher Strafe oder der Berechnung des Weltenendes, sondern einzig und allein dem Verständnis der Natur. Wir werden ihm später wieder begegnen.

Doktor Faustus

Der empirische, experimentelle Zugang zur Natur war aber nur eine unter vielen akzeptierten Möglichkeiten, Wissen zu erlangen. Viele Gelehrte hielten Beobachtung und Deduktion für nützlich, aber keineswegs für die einzige oder beste Methode. Magie und biblische Prophezeiungen schienen mindestens ebenso vielversprechend. Einer der bekanntesten okkulten Gelehrten seiner Zeit, John Dee (1527–1608), steht beispielhaft für viele faustische Figuren, die versuchten, die erschütterte Ordnung der Natur zu durchdringen und wiederherzustellen.

Der Magus des Nordens. John Dee suchte nach mystischen Erklärungen für die Naturereignisse seiner Zeit

Dees persönliches Tagebuch zeugt nicht von einem besonderen Interesse am Wetter. Seine Aufzeichnungen bestehen aus Nachrichten über seine Familie, peniblen Abrechnungen darüber, was er den Dienstboten zahlte, Berichten über Besuche anderer Gelehrter, Gesundheitsproblemen (»had some wambling in my stomach«), wissenschaftlichen Experimenten und aus seinen Beziehungen zu Elisabeth I. und Kaiser Rudolf II. Wenn er aber etwas über die Witterung schrieb, dann waren außergewöhnliche Kälteeinbrüche oder Stürme zu dokumentieren. In Prag versank er mit seinem Pferd im Schnee; am 15. Januar 1590 notierte er, dass ein »terrible tempest« England heimgesucht habe, auch der Oktober 1591 war außergewöhnlich stürmisch, ebenso wie der September des folgenden Jahres: »tempestuous, windy, clowdy, hayl and rayn, after three of the clok after none«.[29] Der Juni 1596 war »wyndy and rayny«, am 25. gab es »thunder in the morning; rayne in the night«.[30]

Ein verregneter Juni konnte den Gelehrten nicht von seiner obsessiven Erforschung der Geheimnisse der Schöpfung abhalten. Dee war berühmt als Mathematiker, Büchersammler und Universalgelehrter. Sein eigentliches Interesse, und das seiner mächtigen Gönner, lag allerdings in seinem Spezialgebiet, den okkulten Wissenschaften und der Magie.

Am Hof von Königin Elisabeth I. genoss Dee eine besondere Vertrauensstellung. Sogar ihr Krönungstag wurde nach seiner Prophezeiung gewählt. Sein kartographisches und mathematisches Wissen machten ihn zu einem geschätzten Ratgeber für die Navigation in fremden Gewässern und Dee war an der Planung mehrerer Entdeckungsreisen beteiligt, die er als einer der ersten als Teil eines entstehenden Weltreiches sah. Der Begriff *British Empire* stammt von ihm.

1580, nach mehr als zwei Jahrzehnten im Dienst Ihrer Majestät, begann Dees Stern bei Hofe zu sinken. Mehr und mehr beschäftigte er sich mit hermetischer Philosophie, die ihn schon immer fasziniert hatte. Schon 1564 hatte er seine *Monas Hieroglyphica* veröffentlicht, eine kabbalistische Abhandlung über eine selbstentworfene Welthieroglyphe, die die Geheimnisse des Kosmos ausdrücken sollte. Das Werk ist so undurchdringlich und obskur, dass es in esoterischen Kreisen zum kanonischen Text wurde. Dees Forschungen entfernten sich immer weiter von allen empirischen Grundlagen und gerieten zu einer obsessiven Suche nach ewigen Wahrheiten. Als der englische Dichter Christopher Marlowe 1587 seine auf einem deutschen Stoff beruhende Tragödie *Doktor Faustus* veröffentlichte, war sein Vorbild nicht nur der historische deutsche Alchemist und Gelehrte Jörg Faust, sondern auch der besessene Hofmagier von Königin Elisabeth I.

Mit Hilfe von Medien wollte der faustische John Dee Kontakt zu den Engeln aufnehmen, aber die Resultate waren entmutigend, bis ihm ein junger Mann namens Edward Kelley seine Dienste anbot. Kelley hatte wohl in Oxford studiert und bereits eine wechselhafte Karriere hinter sich. Zeitzeugen zufolge trug er immer eine Kappe und langes Haar, um zu verbergen, dass ihm als verurteiltem Falschmünzer höchstwahrscheinlich die Ohren abgeschnitten worden waren.

Kelley erwies sich als Medium von Genie. Die Engel sprachen zu ihm mit dem größten Enthusiasmus, wenn auch mit verwirrenden Botschaften. Der Magus John Dee verfiel seiner Leidenschaft für verborgenes Wissen und spiritistische Séancen, und im Laufe der Jahre schufen er und Kelley eine immense Kartographie von Erzengeln, Engelshierarchien, geheimen Königreichen und verborgenen Mächten, die von den Engeln teilweise in einer numerischen Geheimsprache und teilweise auf Henochisch mitgeteilt wurden – einer okkulten Sprache der Engelswelt, die sich nur schwer in klares Englisch übersetzen ließ. Die Umrisse der Botschaft aber waren klar: Die Vorzeichen der Gegenwart deuteten auf eine *renovatio mundi* hin, ein Gottesgericht, das Dee und Kelley als legitime Propheten des Herrn offenbaren würde.

Während seine spiritistische Suche Dee in London eher von seinen Zeitgenossen isolierte, bestand auf dem Kontinent eine größere Nachfrage nach Sehern und Magiern. Auf Einladung eines böhmischen Adeligen reisten er und Kelley mit ihren Familien nach Prag, um Kaiser Rudolf II. ihre Fähigkeiten zu demonstrieren. Der »melancholische Kaiser« war berühmt dafür, dass schöne und seltsame Objekte für seine Kunstkammer, alchemistische Experimente und die Aussicht auf okkultes Wissen eine unwiderstehliche Anziehung auf ihn ausübten und dass er um ihretwillen tagelang in seinen Gemächern und Laboratorien verschwand, während die Regierungsgeschäfte des Reiches warten mussten.

Rudolf war durchaus interessiert an den beiden Engländern, die vorgaben, Wunder vollbringen zu können, aber er blieb zurückhaltend. Zwar notierte der knauserige Dee entzückt in seinem Tagebuch, Seine Majestät habe ihm eine Kette geschenkt, die dreihundert Dukaten wert sei, aber das Mäzenatentum des Kaisers blieb sporadisch. Die Magier begannen ein unstetes Reiseleben durch Zentraleuropa, immer im Dienste eines Gönners, immer mit den größten Hoffnungen und noch größeren Versprechungen, immer erpicht auf Geld und Anerkennung, oft vom Pech oder von enttäuschten Adeligen verstoßen oder verfolgt – und immer treu dem Ritual ihrer Séancen.

Dee wurde zusehends obsessiver, verlangte von Kelley täglich stundenlange, minutiös protokollierte Sitzungen, und schließlich wurde es dem Medium anscheinend zu viel. Die Engel befahlen durch seinen Mund, dass er und Dee all ihre Güter teilen sollten – inklusive ihrer Ehefrauen. Der ältere Mann war entsetzt, fügte sich aber dem himmlischen Willen. Kurz danach verließ er Böhmen in Richtung Heimat, wo seine Frau neun Monate später einen gesunden Jungen zur Welt brachte.

Kelley und Dee sahen sich nie wieder. Die Engelskonversationen waren beendet. Dee versuchte es mit anderen Medien, fand aber unter ihnen keine ähnliche Begabung. Sein gesamtes Lebenswerk schien in Gefahr. Bei seiner Rückkehr hatte er seine Bibliothek – eine der größten privaten Büchersammlungen in Europa – vandalisiert vorgefunden, einige seiner wichtigsten Werke und wissenschaftlichen Instrumente waren gestohlen worden. Seine alte Gönnerin Elisabeth I. war tot, und so hatte er auch bei Hofe keine Unterstützung mehr. Im Alter von zweiundachtzig Jahren starb John Dee verarmt und vereinsamt im Winter 1608 inmitten der Reste seiner einstmals riesigen Büchersammlung.

Edward Kelley spielte virtuos auf der Klaviatur der Hoffnungen seiner Gönner, die es ihm ermöglichten, ein großes Haus zu führen und wie ein Herr zu leben, wenn auch weniger lang als Dee. Kelleys Versprechen, mit Hilfe einer alchemistischen Tinktur Gold herstellen zu können, erregte endlich auch das Interesse des sich immer in Geldnot befindenden Rudolfs II., der den Alchemisten 1590 in den Ritterstand erhob. Als die Experimente von Sir Edward auch im folgenden Jahr noch nicht ein einziges Körnchen Gold hervorgebracht hatten, wurde der Kaiser ungeduldig.

Unter der Anklage, einen böhmischen Adeligen beim Duell getötet zu haben, wurde Kelley eingekerkert, später wieder freigelassen und in Amt und Würden eingesetzt, dann erneut ins Gefängnis geworfen, diesmal ohne jede Hoffnung auf baldige Befreiung. Die Situation war verzweifelt für den Magier, dessen goldenes Geheimnis sich als nicht wertvoller erwiesen hatte als andere alchemistische Experimente über die Jahrhunderte. Der Kaiser hatte ihn großzügig finanziert, ihn geadelt und ihm Privilegien gewährt und dafür nichts als den Spott der Höflinge geerntet. Es war naiv, auf seine Milde zu hoffen. 1598 entschloss sich Kelley zu fliehen. Beim Sturz von einer Mauer brach er sich ein Bein und starb kurze Zeit später an den Folgen seiner Verletzung.

Dee und Kelley mögen wie Figuren aus einer anderen Zeit scheinen, aber wenn auch Kelley wohl schlicht ein Scharlatan war, so betrieb Dee seine intellektuellen Entdeckungsreisen ins Unbekannte mit dem größten Ernst, eine Art Don Quijote der Geistesgeschichte, verloren zwischen Epochen und Horizonten. Bei aller Dramatik ist die unstete Struktur ihrer Biographie aber nicht untypisch für eine stetig wachsende Welt von Gelehrten, Künstlern, Juristen und Ingenieuren, die auf der Suche nach Jobs und mächtigen Gönnern, nach guten Gelegenheiten und guten Bibliotheken ganz Europa durchreisten und überall, wo sie hinkamen, neue Schriften und Ideen hinterließen.

Der italienische Philosoph, Theologe und Naturtheoretiker Giordano Bruno (1548–1600) ließ auf seiner improvisierten Route, die ihn von

Mögliche Welten: Giordano Bruno wurde wegen seiner Spekulationen über den Lauf der Natur in Rom als Ketzer verbrannt

Süditalien über den deutschsprachigen Raum, Frankreich und die Niederlande bis nach England führte, kaum einen Ort von intellektueller Bedeutung aus – wohl auch, weil er es sich nie versagen konnte, sich erbarmungslos über intellektuelle Rivalen lustig zu machen, wo auch immer er hinkam. Bruno war sicherlich ein schwieriger Mensch, aber er war auch ein Denker von seltener Kühnheit.

Wenn auch seine theologischen Positionen heute weniger zu uns sprechen; seine kosmologischen Ideen werden unter theoretischen Physikern heute wieder heiß diskutiert: eine Welt, unendlich und ohne Anfang und ohne Ende, die aus unendlich vielen Welten besteht, von denen viele von intelligenten Lebewesen bewohnt sind. In der Unendlichkeit dieses Universums war kein Platz für die Schöpfung oder das Jüngste Gericht, noch überhaupt für die Frage, warum sich ein allmächtiger Gott ausgerechnet für die kleinen Leben der winzigen Organismen auf einem einzigen der zahllosen bewohnten Planeten interessieren sollte. Brunos undiplomatische intellektuelle Kompromisslosigkeit und sein Heimweh brachten ihn schließlich zur Rückkehr nach Italien und 1600 auf den Scheiterhaufen auf dem schönen Campo dei fiori in Rom. Damit der als Ketzer verurteilte Priester nicht noch sterbend zum Volk predigen konnte, wurde ihm vor seiner Verbrennung die Zunge herausgerissen.

Der Leseturm

Gerade gegen Ende des 16. Jahrhunderts war es besonders schwer, zwischen theologischer, okkulter und physischer Wahrheit zu navigieren. Wenn es doch möglich war, zu Einsichten über die Welt und das eigene Leben zu kommen, ohne dass die Inquisition eingeschaltet wurde, dann nur weit weg von großen Städten und religiösen Streitereien, auf einem Landgut, in einem Turm vielleicht, umgeben von einer Bibliothek, die zugleich den Umgang mit den großen Geistern der Vergangenheit und ein Refugium bietet.

Michel de Montaigne (1533–1592), Anwalt, ehemaliger Bürgermeister von Bordeaux und leidenschaftlicher Leser, wählte diesen Rückzug in die sehr private Erkundung seiner Außen- und Innenwelt. Umgeben von Freunden aus verschiedenen Jahrhunderten, deren Stimmen zwischen Buchdeckeln eingefangen waren, schrieb Montaigne hier seine *Essais*, die umfassendste und eingehendste Selbstbetrachtung eines Menschen aus dem 16. Jahrhundert, die uns überliefert ist.

Der Herr von Montaigne kam nicht aus einer alten adeligen Familie. Seine Vorfahren väterlicherseits, die Familie Eyquem, waren wohlhabende Händler, die am wirtschaftlichen Aufschwung von Bordeaux teilgenommen hatten. Anders als im 17. Jahrhundert, als Produktion und Export von Wein die Stadt reich machen sollten, waren Rohrzucker und Sklavenhandel besonders wichtig. Auch auf mütterlicher Seite waren Händler in der Familie. Der Name seiner Mutter war Antoinette de Louppes de Villeneuve, eine linguistische Eingemeindung des spanischen Namens Lopez de Villanueva. Möglicherweise war die in

Toulouse ansässige Familie während der Judenverfolgungen im späten 15. Jahrhundert nach Frankreich geflohen und dort zum Katholizismus konvertiert.

Als Landbesitzer in einem berühmten Weinbaugebiet war Montaigne vertraut mit den gefährlichen Auswirkungen der Kleinen Eiszeit, die sich auch in Bordeaux immer wieder manifestierten. In seinem Essay *Über Knabenerziehung* erwähnt er nicht nur die harten Fröste seiner Zeit, sondern, mit der für ihn und für die Bewunderer von Lukrez charakteristischen skeptischen Brechung, auch die übliche religiöse Auslegung von Naturereignissen:

> Wenn in meinem Dorf die Weinstöcke erfrieren, sieht mein Pfarrer darin einen Beweis für den Zorn Gottes auf die Meinschheit insgesamt, und er folgert, dass die Kannibalen jenseits des Ozeans bestimmt schon den Pips in der Kehle haben. Schreit nicht jeder angesichts unserer Bürgerkriege, das Weltgefüge gerate aus den Fugen und der Jüngste Tag packe uns bereits am Kragen …?[31]

Auch und vielleicht gerade in seinem Turm lebte der Essayist im Bewusstsein, nur ein winziger Teil einer gigantischen, unbekannten und vielgestaltigen Welt zu sein, Teil einer Kultur mit eigenen Gebräuchen und Wahrheiten, die eine kleine Facette einer globalen menschlichen Landschaft der Kulturen darstellten. Montaigne war sich bewusst, dass die Geschichten und Wahrheiten seiner eigenen Gesellschaft nichts als Metaphern waren, die sich über die Naturbetrachtung legten und sie strukturierten, ohne aber aus der Natur zu kommen. Diese menschliche Angewohnheit der Projektion von eigenen Bedürfnissen auf eine Umwelt, der so ein göttlicher Wille zugeschrieben wird, faszinierte ihn ungemein.

Montaigne war gierig nach allem, was das Theater des Menschlichen an Größe und Elend, Erhabenheit und grotesker Dummheit zu bieten hatte. Neben der Lektüre der Klassiker befreite besonders das Reisen seinen Geist und erlaubte ihm, ganz Beobachter zu werden und den Herren von Eyquem, der sich mit armen Bauern und schlechten Ernten herumschlagen musste, für einige Zeit hinter sich zu lassen.

> Diese Gier auf neue und unbekannte Dinge trägt viel dazu bei, in mir die Reiselust zu nähren; freilich wirken viele weitre Umstände hieran mit. Zum Beispiel kehre ich der Führung meines Hauses gern den Rücken ...
> *Hagel schlug zu Fetzen dir des Weinbergs Reben;*
> *Deine Bäume faulen in des Wassers Fluten;*
> *Deine Äcker werden keine Ernten geben,*
> *Weil verdorrt im Frost, zersengt von Sonnengluten.*
> In sechs Monaten schickt Gott kaum einmal eine Witterung, mit denen der Gutsverwalter voll und ganz zufrieden ist, weil er immer fürchten muss, dass sie, wenn sie den Weinstöcken guttut, dem Weideland schadet:
> *Des Himmelslichtes Übermacht schwärzt jäh*
> *Der schon so weithin grünen Fluren Segen,*
> *Und Stürme hinterlassen Wüsten, Schnee*
> *Zerstört die Frucht, und sturzbachart'ger Regen.*[32]

Die hier beschriebenen extremen Wetterkapriolen zwischen hartem Frost und Dürreperioden zitiert Montaigne aus *De rerum natura* von Lukrez, aber er fand auch Gelegenheit genug, sie mit eigenen Augen zu beobachten. Als unermüdlicher Sammler von Reiseberichten, der jeden Fremden treffen wollte, um sein Bild von der Welt zu bereichern, hörte er auch über klimatische Extreme in anderen Ländern: »Und da wir gerade bei der Kälte sind und zudem als Franzosen uns gern kunterbund kleiden ... Will ich noch ein paar Sachen anstückeln. Hauptmann Martin Du Bellay berichtet, er habe auf dem Luxemburger Feldzug so strenge Fröste erlebt, dass der Wein für die Truppenverpflegung mit Beil- und Axtschlägen auseinandergehauen, den Soldaten nach Gewicht zugeteilt und von diesen in Körben weggetragen werden musste.[33]

Harte Winter spielten im Leben der Landbevölkerung immer eine wichtige Rolle. Montaigne aber schien auch zu bemerken, dass sie häufiger wurden und neue Vorkehrungen notwendig machten:

> Alexander sah Ein Volk, bei dem man im Winter die Obstbäume zum Schutz gegen Frost eingrub, und wir werden das vielleicht auch erleben.[34]

Michel de Montaigne erkundete innere Welten und suchte nach natürlichen Erklärungen für den Lauf der Welt

Bald würde man auch in Südfrankreich Obstbäume im Winter vor dem schneidenden Frost schützen müssen, wie man es vor Jahrhunderten im Bergland von Armenien getan hatte. Ob es wirklich so kommen würde, konnte Montaigne nicht mit Sicherheit sagen. Sicherheit war ein Gut, das ihm niemals zur Verfügung stand, und gerade darin liegt seine Größe. Seine Bereitschaft, die Begrenztheit seines eigenen Verständnishorizonts anzuerkennen und zu respektieren, dass Menschen mit anderen Horizonten Teile dieser Landschaft besser sehen und verstehen können, macht Montaigne zu einer wirklich herausragenden Figur in der intellektuellen Landschaft seiner Epoche.

Für die meisten seiner Zeitgenossen (und für weitere zwei Jahrhunderte) war diese Position undenkbar: Das Licht der christlichen Offenbarung strahlte als einzige Wahrheit über die Welt. Für Montaigne enthielt die Bibel keinerlei erhellende Antworten: Er, der Zitierwütige, nutzte nicht ein einziges Zitat aus der Heiligen Schrift, der kirchlichen Überlieferung oder von lebenden Theologen. Seine Gesprächspartner waren die Denker der heidnischen Antike, die es ihm ersparten, in theologischen Disputen Position zu beziehen. Montaignes passionierte und gleichzeitig unparteiische Neugier galt allem, was menschlich ist. Er war ein unermüdlicher Sammler von Reiseberichten und Begegnungen, die immer wieder zeigen, auf welch vielfältige, verschiedene und sonderbare Weisen unterschiedliche Kulturen mit dem immer gleichen Begehren und den gleichen Ängsten umgingen. Montaignes Welt ist faszinierend, opak und schillernd. Nur ein ordnender und vorurteilsloser Verstand – keine Offenbarung – kann einzelne Aspekte davon beleuchten und durchdringen.

Die improvisierende, freie Form des Essays, die er für sich selbst erfand, war das ideale Vehikel für Betrachtungen, die ohne System oder große Thesen den Beobachtungen und individuellen Befindlichkeiten des Autors folgen. Gute Fragen sind ihm wichtiger als gute Antworten. Ihn interessierte letztendlich nur, das eigene Sosein zu ergründen: »Etliche Jahre sind es her, dass ich meinem Denken nur mich selbst als Ziel gesetzt habe, dass ich nichts anderes anvisiere und erforsche als mich.«[35]

Die *Essais* wurden 1580 erstmals publiziert und erlebten schon im 16. Jahrhundert mehrere Auflagen. Es gab also ausreichend viele relativ wohlhabende Käufer – Bücher waren teuer –, die seine Ideen und seine Perspektive auf die Welt schätzten. Bereits 1603 erschien die erste englische Übersetzung. William Shakespeare und Francis Bacon gehörten zu den Lesern.

Montaigne öffnete die Tür zu einer neuen, oder zumindest damals neu scheinenden Art des Menschseins:

> Wenn ich tanze, tanze ich, und wenn ich schlafe, schlafe ich; selbst wenn ich einsam durch einen schönen Park spaziere und meine Gedanken sich eine Zeitlang mit anderweitigen Dingen beschäftigen, lenke ich sie dann eine Zeitlang auf den Spaziergang zurück, auf den Park, auf den Zauber dieser Einsamkeit, auf mich. Die Natur war in müterlicher Fürsorge darauf bedacht, dass alles, was sie uns an lebensnotwendigen Verrichtungen auferlegt hat, uns Lust bereite; und so drängt sie uns nicht allein durch die Vernunft hierzu, sondern auch durch das Verlangen.[36]

Montaignes Essays sind gleichzeitig Erkundungen der Welt und ein Rückzug aus einer prekären Wirklichkeit, eine Ausweichbewegung, die

Stimmen aus vergangenen Jahrhunderten dem aggressiven Kampf der Religionen vorzieht. Nur ein Zeitgenosse zog ihn so sehr in seinen Bann, dass der Schriftsteller in seinem Turm ihm ein eigenes Kapitel widmete: Étienne de la Boëthie, sein intimer Freund, der 1563 im Alter von nur 33 Jahren einer Pestepidemie zum Opfer gefallen war. Der freundschaftliche Eros zwischen den beiden war wohl platonisch, aber er war stark: In dem jüngeren Mann hatte Montaigne seine andere Hälfte gefunden, sie liebten einander »parce-que c'etait lui, parce-que c'etait moi« – weil er es war, weil ich es war.

La Boëthie hinterließ ein einziges Werk, das über fünfhundert Jahre hinweg nichts von seiner Brisanz verloren hat. *La servitude volontaire*, die freiwillige Unterwerfung, untersucht das Wesen der Macht und der Autorität. Macht wird verliehen, nie genommen, schrieb der junge Philosoph und sie wird von Menschen verliehen, nicht von Gott. Niemand könnte Macht ausüben, wenn andere ihm nicht gehorchen würden. Ihr Gehorsam, ihr Glaube ist es, auf dem jede Form von Macht beruht. Wenn der Glaube an die Macht des Mächtigen stirbt, wenn niemand mehr auf das Wort des Königs hört, dann ist seine Macht gebrochen, wie die Flamme eines Feuers, das keinen Brennstoff mehr hat.

Die Gedanken der beiden Freunde trafen sich in einem zentralen Punkt: Unsere politischen Strukturen, unsere Weltsicht und unsere Denkmuster sind nicht von irgendwoher vorgegeben, sie werden von uns in die Welt hineinprojiziert. Was wir als Wahrheit betrachten, kommt aus uns selbst. Montaigne wusste, worüber er sprach. Sein Land war von Religionskriegen zerrissen, in denen beide Seiten – Katholiken und Hugenotten – behaupteten, der eine Gott habe nur ihnen die einzige Wahrheit offenbart und alle anderen müssten, wie schon der Kirchenvater Augustinus gefordert hatte, notfalls mit Zwang auf den rechten Weg geführt werden. Als Unterhändler zwischen den verfeindeten Lagern hatte er den Hass und die Kompromisslosigkeit der christlichen Erzfeinde selbst erlebt.

Nun, in seinem Turm, schrieb Montaigne über das »neue Südfrankreich« – Brasilien, wo französische Entdecker in Kontakt mit indigenen Völkern gekommen waren, die auch Kannibalismus praktizierten. Für viele Zeitgenossen war diese barbarische Eigenschaft ein Beweis dafür, dass die ungetauften Wilden nicht nur zu Höllenqualen verdammt waren, sondern dass ihre Grausamkeit auch zeigte, dass nur eine christliche Zivilisation durch Gottes Gnade im Besitz der Wahrheit war. Montaigne allerdings argumentierte das Gegenteil.

> Nun finde ich, dass … die Eingebornen in jener anderen Welt nichts Barbarisches oder Wildes an sich haben, oder doch nur insofern, als jeder das Barbarei nennt, was bei ihm ungebräuchlich ist – wie wir ja in der Tat offensichtlich keine andere Messlatte für Wahrheit und Vernunft kennen als das Beispiel und Vorbild der Meinungen und Gepflogenheiten des Landes, in dem wir leben: Stets findet sich hier die perfekte Religion, die perfekte Staatsordnung, der perfekteste Gebrauch aller Dinge.[37]

Montaigne selbst traf in Rouen drei indigene Südamerikaner, die auf einem französischen Schiff nach Europa gekommen waren. Obwohl die Verständigung durch einen schlechten Übersetzer erschwert wurde, konnte er doch mit ihnen sprechen. Die Ureinwohner, die auch dem damals zwölfjährigen König Karl IX. vorgestellt worden waren, äußerten sich überrascht, dass so viele »bärtige, gut bewaffnete Männer« einem Kind gehorchten und auch, dass es Männer gab, die »vollgestopft mit allen möglichen Reichtümern waren«, während andere, die ihrem Verständnis nach »anderen Hälften«, an den Türen bettelten, mager und halb verhungert waren und sich trotzdem mit dieser großen Ungleichheit abfanden, anstatt die Reichen »bei der Gurgel zu packen und ihre Häuser zu verbrennen«.[38]

Die *Essais* markieren das Erscheinen einer Geisteshaltung, die sich in Europa erst langsam durchsetzen sollte – oder vielleicht nie wirklich durchsetzen wird. Sie dokumentieren auch einen Rückzug von den Wirren und Bedrohungen der eigenen Zeit. Der Turm war Montaigne ein Refugium, in dem er den seiner Ansicht nach fruchtlosen Disputen seiner Zeit entfliehen konnte, um sich dem einzig wertvollen philosophischen Projekt zu widmen: der Erkundung seiner selbst.

Die Dispute aber gingen weiter. Missernten und Hungersnöte, eisige Winter und verregnete Sommer ließen zahllose Menschen glauben, dass die Natur aus dem Lot geraten war. Brotaufstände, Religionskriege und Hexenverfolgungen schufen ein weit verbreitetes Bewusstsein von Not, von Krisenhaftigkeit und Bedrohung. Die alte Ordnung wankte und ihre Antworten verfingen nicht mehr. Immer mehr Zeitgenossen merkten an, dass das Verbrennen von Hexen die Ernten nicht hatte besser werden lassen, dass Prozessionen weder Hochwasser stoppten, noch Flüsse und Seen vom Eise befreien konnten. Gebildete wandten sich öfter Lukrez und Montaigne zu als Moses oder Luther, um den Lauf der Natur besser zu verstehen. Etwas musste sich ändern. Neue Wege mussten gefunden werden, um der Herausforderung einer scheinbar unnatürlich gewordenen Welt zu begegnen.

DAS EHERNE ZEITALTER

Die Wälder sind entlaubt, die Erde liegt erstarrt, die Flüsse sind vor Kälte ganz gefroren. Und Nebel und Regen, dazu der Überdruss endloser Nächte, haben die Erde ihrer Freuden beraubt.

Matthäus Merian, 1622

Hortus botanicus

Es muss ein bemerkenswerter Anblick gewesen sein: Ein alter, bärtiger Mann in seinem Garten, kaum fähig zu gehen, umgeben von penibel gepflegten Beeten voller seltener und fast unbekannter Pflanzen. Es war nicht irgendein Garten. Der Hortus botanicus der Universität Leiden war eine der wichtigsten lebenden Sammlungen seiner Zeit, gegründet von einem Gelehrten, der am Ende einer langen Karriere stand: Charles de l'Écluse, genannt Carolus Clusius (1526–1609), war wohl der größte botanische Experte seiner Zeit.

Kein Zeitgenosse wusste so viel über Pflanzen wie er. Sein Geburtsort lag nicht weit entfernt: Arras in Flandern, wo er als Sohn eines Ratsherren geboren war. Clusius hatte zuerst Theologie und Philosophie in Löwen studiert, war Protestant geworden und hatte in Wittenberg bei Philipp Melanchthon Philosophie studiert. Der große Humanist hatte ihm geraten, sich auf seine Liebe zu Pflanzen zu konzentrieren, und so war der junge Gelehrte nach Montpellier gereist, um seine Studien an der dortigen berühmten Universität fortzusetzen.

Reisen sollte einen wichtigen Teil seines Lebens ausmachen und über die nächsten Jahrzehnte besuchte er Spanien, Portugal und Großbritannien, wurde Hofarzt und Direktor der kaiserlichen Gärten in Wien, bestieg den Ötscher, untersuchte die Flora der Alpen und sammelte Dutzende von Pilzarten in der ungarischen Steppe, bevor er sich in Frankfurt niederließ. Wo immer er hinkam, suchte er in Geschäften und Bibliotheken rare Bücher, außerdem sammelte er Pflanzen, die er nicht trocknete und presste, sondern sorgfältig als Stecklinge transportierte, um sie in seinem Garten anzupflanzen.

Als Clusius 1593 Professor in Leiden wurde, war er bereits siebenundsechzig Jahre alt. Alte Verletzungen, die er sich auf seinen Expeditionen zugezogen hatte, bereiteten ihm ständig Schmerzen, trotzdem arbeitete er unermüdlich weiter. Wie schon in Wien und Frankfurt baute er einen botanischen Garten auf, korrespondierte in sieben Sprachen mit mehr als 300 Gelehrten in ganz Europa, tauschte Pflanzen mit ihnen aus und beschrieb in der alten Welt bislang kaum bekannte Gewächse, die Seeleute und Entdecker aus Amerika und Asien mitgebracht hatten. Dazu überwachte er die Arbeit der Kupferstecher, korrigierte Druckfahnen, züchtete, experimentierte und forschte. Er verfasste seine Werke in Latein, der internationalen Wissenschaftssprache. Sie waren reich illustriert und trugen, wie damals üblich, ausladende Titel wie: *Rariorum plantarum historia / Fungorum in Pannoniis observatorum brevis historia* (1601) oder *Exoticorum libri decem: quibus animalium, plantarum, aromatum, aliorumque peregrin. fructuum historiae describuntur* (1605). Er wusste, dass ein Gelehrter allein die Vielfalt der Welt nicht mehr erfassen konnte und sich vernetzen musste. »Wer alle Pflanzen kennen will, arbeitet vergebens«, schrieb er. »Diese Wissenschaft muss durch die Arbeit und die Aufmerksamkeit vieler Gelehrter emporgehoben werden. Du trägst etwas bei, ich etwas anderes und andere tun das gleiche und so werden unsere Nachfahren über ein vollkommeneres Wissen über Pfanzen verfügen.«[39]

Viele der Pflanzen, die Clusius entdeckte, zum ersten Mal beschrieb oder von seinem Garten an Freunde und Kollegen in ganz Europa verschickte, haben die Landschaft, die Gärten und den Speiseplan der Europäer nachhaltig geprägt: die Rosskastanie zum Beispiel, die 1576 über den habsburgischen Botschafter in Konstantinopel nach Wien gekommen war, aber auch Blumen wie Kaiserkrone, Iris, Hyazinthe, Anemone, Narzisse und Schwertlilie. Sein besonderes Interesse galt einer kleinen Knolle, die schon seit einigen Jahrzehnten in Europa, aber noch nicht in den Niederlanden bekannt war und die er nach Leiden mitgebracht hatte.

Schon 1562 war ein kleiner Beutel dieser Knollen auf einem Handelsschiff mit Stoffen aus Konstantinopel nach Antwerpen gekommen. Der osmanische Kaufmann hatte sie seinem Kollegen im Norden als Geschenk mitgeschickt. Der flämische Händler hielt sie für türkische Zwiebeln und ließ sich einige davon von seinem Koch zubereiten, aber sie hatten ihm offenbar nicht geschmeckt, denn er ordnete an, die restlichen Zwiebeln auf den Abfall zu werfen.

Im nächsten Frühjahr blühten dort bunte Blumen, die ein anderer Händler bemerkte, ausgrub, und an Clusius schickte. Die Blüten hatten

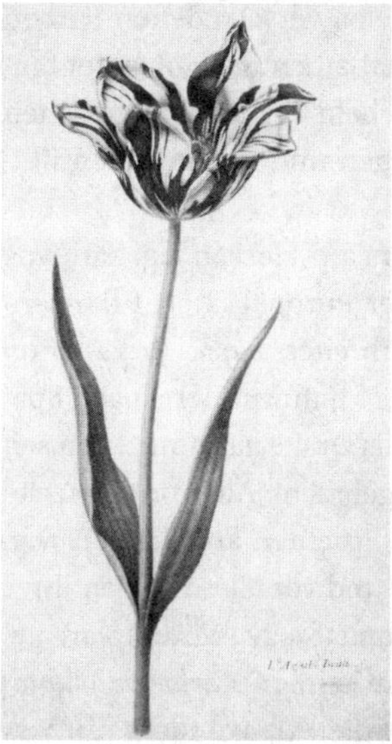

Tulpenwahn: Eine einzige Knolle konnte einen Spekulanten so viel kosten wie ein Landgut

die Form eines Turbans. Clusius hatte sie bereits in Spanien gesehen, jetzt aber konnte er sie selbst anpflanzen und war von ihnen so begeistert, dass er Ghislain de Busbecq, den Botschafter des Habsburger Kaisers in Konstantinopel, bat, ihm weitere Knollen zu schicken. Er hatte sie in Wien angebaut, bevor Kaiser Rudolf II. den dortigen botanischen Garten zerstören ließ, und sie überallhin mitgenommen. 1593, bei seiner Ankunft in Leiden, waren diese Blumen zu einem Hauptinteresse geworden. Nach dem türkischen Namen für die Pflanze nannte er sie *Tulipa*.

Der Winter dieses Jahres war, wie bereits ausgeführt, außergewöhnlich hart. Ein Korrespondent aus Norwegen hatte einen verzweifelten Brief an Clusius geschrieben: »Fast alle Samen sind abgestorben, zu meiner großen Verzweiflung. Petum mas [die Tabakpflanze], die mir letzten Herbst eine Apotheke in Amsterdam geschickt hatte, ist dem Angriff des Winters erlegen.«[40] Auch in Leiden war der Frost streng, die Tulpenzwiebeln aber überlebten und entwickelten sich zu einer kleinen botanischen Sensation. Clusius verschickte sie an andere Gelehrte umsonst, von einfachen Besuchern und Händlern aber verlangte er exorbitante Preise. Er war nicht an der kommerziellen Nutzung, sondern an der Forschung interessiert. Besonders die vielen verschiedenen Farben und deren Vererbung faszinierten ihn. Geschäftstüchtige Holländer fanden eine andere Lösung: Sie stahlen die Zwiebeln aus dem botanischen Garten und bald zierten die widerstandsfähigen und farbenfrohen Blumen viele niederländische Gärten.

Eine andere Pflanze, die Clusius besonders am Herzen lag, kam aus Südamerika und war ebenfalls bereits unter europäischen Pflanzensammlern bekannt, aber noch nicht weit verbreitet. *Papas Peruanorum* war mit den Conquistadores schon Mitte des 16. Jahrhunderts nach Spanien gekommen. Der Weltumsegler Sir Francis Drake hatte auch von seinen Reisen einige Knollen mit nach London gebracht. Allerdings wusste niemand so recht, was mit den unförmigen Früchten anzufangen war. Sie blieben eine botanische Rarität, die auch und vor allem wegen ihrer schönen Blüten geschätzt wurde. Clusius hatte 1588 zwei Exemplare geschenkt bekommen und beschrieb sie 1601 in seinem *Rariorum plantarum historia*. Es sollte Jahrzehnte dauern, bis die Pflanze nicht nur von Botanikern gepflegt und bewundert, sondern auch als Nahrungsmittel angepflanzt wurde. Der unermüdliche Experimentierer Clusius erkannte den Nährwert und die Wetterfestigkeit der Pflanze aus der Neuen Welt und trug maßgeblich zu ihrer Verbreitung bei. Heute nennen wir sie Kartoffel.

Clusius starb 1609 im Alter von dreiundachtzig Jahren in Leiden. Seine Forschung und seine Korrespondenz hatten Europa verändert. Gleichzeitig war er selbst ein Exponent einer Welt, die erst im Entstehen begriffen war: Er hatte sich durch unermüdliche Studien zum Experten gemacht und korrespondierte nicht nur mit Adeligen und wichtigen Gelehrten, sondern auch mit Apothekern und Liebhabern in ganz Europa. Unter seinen Briefpartnern waren auch mehrere Frauen, als Teil einer internationalen Gemeinschaft, die in regem Austausch untereinander stand. Auch sein wissenschaftliches Interesse hatte eine damals neuartige Qualität. Er studierte Pflanzen nicht um ihrer medizinischen Wirkung willen, sondern um sie in ihrer Eigenart und im systematischen Zusammenhang zu verstehen, zu beschreiben und einzuordnen. Er interessierte sich nicht für mythologische Umschreibungen und Legenden und zitierte auch nicht die Autoren der klassischen Antike, um seiner Meinung Nachdruck zu verleihen, lieber verließ er sich auf die empirischen Beschreibungen seiner Kollegen. Er wollte sammeln, systematisieren, publizieren. Er war einer der ersten Wissenschaftler im modernen Sinn des Wortes.

Revolutionäre Orte

So gesehen war es auch kein Zufall, dass Charles de l'Écluse sein Leben in Leiden beendete. Als er 1593 dort eintraf, war die Universität gerade achtzehn Jahre alt und noch im Aufbau begriffen. Sie sollte eine moderne Lehr- und Forschungsstätte sein, nach dem Vorbild von Montpellier, wo Clusius als junger Mann seine Passion für die Botanik entdeckt hatte.

Leiden und Montpellier unterschieden sich von fast allen anderen Universitäten in Europa darin, dass man dort nicht hauptsächlich Theologie und Rechte studieren konnte, sondern naturwissenschaftliche und philologische Disziplinen. Noch wichtiger aber war die Tatsache, dass Studenten und Lehrer an der Universität keinen Eid auf eine bestimmte Konfession ablegen mussten. Um an der Sorbonne oder in Madrid und Bologna zu studieren, musste man katholisch sein. Oxford und Cambridge waren nur Anglikanern offen und die neuen protestantischen Gründungen in Deutschland und der Schweiz waren ebenfalls konfessionsgebunden.

Leiden war von Anfang an offen für alle, mit der Konsequenz, dass sich in der kleinen Stadt, die vor der Gründung der Universität 1575 vor allem für ihren blau gefärbten Wollstoff bekannt gewesen war, bald ein besonders intensives wissenschaftliches und intellektuelles Leben entwickelte. Im 17. Jahrhundert sollten Baruch de Spinoza und René Descartes hier Zuflucht suchen und mit ihnen zahlreiche andere, weniger bekannte religiöse Dissidenten, Freidenker, Theologen, Sektierer, Atheisten und Wissenschaftler. Eine kleine, protestantische Stadt, die von Wollhandel lebte, entwickelte sich innerhalb weniger Jahrzehnte zu einem intellektuellen Zentrum Europas.

Clusius hatte mit seinem Hortus botanicus den Grundstein zu einer der wichtigsten Pflanzensammlungen Europas gelegt, im Theatrum

Erkenntnis mit dem Skalpell. Die Universität Leiden war eines der intellektuellen Zentren Europas

anatomicum wurden öffentlich Leichen seziert (meist hingerichtete Verbrecher oder Betrunkene, die in einer dunklen Nacht in einer der Grachten ertrunken waren), der Jurist Hugo de Groot, besser bekannt als Hugo Grotius, schuf hier die intellektuelle Basis für ein internationales Recht, Orientalisten lehrten Hebräisch, Arabisch und asiatische Sprachen, Buchdrucker und Verlage siedelten sich hier an und exportierten das Wissen und die Debatten von Leidener Gelehrten in die Welt.

Bis in die Mitte des 16. Jahrhunderts hatten die Niederlande kaum mehr zu bieten gehabt als Heringsfischer und Bauern – ein armes Land ohne große Städte, ohne höfische Kultur, ohne mächtige aristokratische Familien. Das kulturelle, wirtschaftliche und politische Zentrum der Region lag in Flandern, in Brügge, Gent und besonders in Antwerpen, das sich in der ersten Hälfte des 16. Jahrhunderts zur Drehscheibe für fast die Hälfte des Welthandels entwickelte.

Im Achtzigjährigen Krieg, in dem die Niederlande gegen die Herrschaft Spaniens kämpften, wurde Antwerpen zum Zentrum des Widerstands. 1576 griffen habsburgische Soldaten, die von König Philipp II. seit Monaten keinen Sold erhalten hatten, die Stadt an und plünderten sie in einer Raserei der religiös verbrämten Grausamkeit. Bis zu zehntausend Bürger wurden abgeschlachtet und achthundert Häuser in der Innenstadt verbrannt.

Für Amsterdam war diese Tragödie eine Chance, die Vorreiterrolle in Nordeuropa zu übernehmen. Der wichtigste Handelszweig war der Import von Getreide aus dem Baltikum. Die immer häufigeren schlechten Ernten in Westeuropa gegen Ende des 16. Jahrhunderts brachten viele Abnehmer und hohe Preise. Auch im Überseehandel ergaben sich neue Möglichkeiten und die kleine Siedlung an der Amstel, die erst 1300 das Stadtrecht bekommen hatte und in der um 1500 etwa 12 000 Menschen lebten, blühte auf. 1620 hatte sich die Einwohnerschaft fast verzehnfacht.

Es ist erstaunlich, wie rasch und zupackend die Niederländer diese historische Chance nutzten. Sogar das traditionelle Problem der Niederlande, dass sie nämlich kaum Land hatten, um sich darauf auszubreiten und neue landwirtschaftliche Flächen zu erschließen, lösten sie jetzt auf sehr pragmatische Weise. Ingenieure und Heerscharen von Arbeitern planten und gruben Netzwerke von Kanälen, die mit Hilfe von Windmühlen leergepumpt wurden, um Sumpfgebiete trockenzulegen. Noch spektakulärer war ihre Art, einfach selbst zu erschaffen, was der Schöpfer nicht erschaffen hatte. Polder, Deiche, Wellenbrecher, Kanäle und Gräben wurden angelegt, um riesige Landflächen zu erschließen, über denen sich die mit Segeltuch bespannten Flügel der Windmühlen Tag und Nacht im Küstenwind drehten. Allein auf dem Beemster Polder im Westen des Landes pumpten dreiundvierzig Mühlen zwischen 1607 und 1612 die Marschen trocken und schufen so mehr als siebzig Quadratkilometer neues Land. Insgesamt wurde zehn Mal so viel Land vom Meer gewonnen – ein Sechstel der Fläche der heutigen Niederlande. Später halfen niederländische Ingenieure, Teile der englischen Ostküste ebenfalls auszuweiten.

Trotz des neu geschaffenen und fruchtbaren Ackerlandes war das Leben für Bauern nicht einfach in den Niederlanden. Das billige Getreide, das jeden Tag im Hafen ausgeladen wurde, setzte die heimische Landwirtschaft unter Druck, zumal Nordeuropa oft mehr unter harten Wintern und verregneten Sommern zu leiden hatte als südlichere Gebiete.

Viele Bauern gaben auf und zogen in die Städte. Andere erkannten, dass sie gegen das billige Korn aus Osteuropa keine Chance hatten und begannen, auf ihren Feldern nicht nur Getreide, sondern auch Rüben und Klee anzubauen, die als Winterfutter für die Viehproduktion verwendet werden konnten und, wie sich herausstellte, den zusätzlichen Vorteil hatten, dass sie die von der Getreidemonokultur ausgelaugten Böden wieder fruchtbarer machten. Viehzucht aber war keine Produktion für den Eigenbedarf. Niederländische Bauern waren unter den ersten, die für einen Markt produzierten und wie Geschäftsleute agierten.

Die Stadt frisst ihre Kinder

Die Landflucht, die mit den Hungersnöten und Teuerungen ab dem späten 16. Jahrhundert im gesamten westlichen Europa einsetzte, führte anders als in Amsterdam nicht überall zu einem sprunghaften Anstieg der urbanen Bevölkerung. Landbewohner waren nicht gut vorbereitet auf das Leben in der großen Stadt und hatten dort auch keinen Rückhalt von Familien und Dorfgemeinschaften. Viele starben oder verelendeten in den ersten Jahren nach ihrer Ankunft, andere fielen Epidemien zum Opfer, die sich in dicht besiedelten Gebieten rascher verbreiten konnten. Diejenigen, die Arbeit bekamen, schufteten oft als Hausdiener oder Tagelöhner und hatten nicht genug Geld, um eine eigene Familie zu gründen – Hausangestellten war es häufig sogar verboten zu heiraten. Neuankömmlinge heirateten später und hatten weniger Kinder als alteingesessene Bürger. So überlebten weniger von ihnen und sie hatten weniger Nachkommen. Die Stadt verschlang ihre Kinder.

Wer in einer urbanen Umgebung erfolgreich sein wollte, brauchte andere Fähigkeiten als auf dem Land, und auch hier waren die Niederländer (wie auch die Briten) Vorreiter in Europa. So wurde es viel einfacher als vorher möglich, durch die Gesellschaft aufzusteigen und sich durch Talent und Arbeit eine neue Stellung zu erobern. Rembrandt van Rijn (1606–1669), um ein berühmtes Beispiel zu nennen, war der Sohn eines Müllers in Leiden und hätte wohl eine Generation früher noch die Mühle

Der impertinente Blick: Der Müllerssohn Rembrandt van Rijn war Teil der aufstrebenden Mittelklasse

seines Vaters übernommen. Stattdessen aber wurde er von seinem Vater auf eine Lateinschule geschickt und wechselte dann auf die Universität, wo er sein Studium abbrach, um bei den Malern Jacob Isaacszoon van Swanenburgh und dann bei Pieter Lastman in Amsterdam in die Lehre zu gehen, bevor er sich in der Großstadt selbstständig machte.

In der dynamischen, rapide wachsenden Stadt fand Rembrandt nicht nur wohlhabende Kunden, sondern auch ein Fenster zur Welt. Er handelte mit Kunst und kaufte exotische Objekte, die Handelsschiffe aus Asien und anderen Weltteilen mitbrachten. Sie dienten nicht nur als Staffage für seine Kunstwerke. Die Mode für das Sammeln von Exotica spiegelte auch ein Bewusstsein einer Welt, die weit über die Grenzen der Niederlande und Europas hinausreichte.

Für Sammler und Gelehrte bot der geschäftige Hafen mit seinen Schiffen, die Waren aus Asien, Südamerika, den Westindischen Inseln und Afrika mitbrachten, eine einmalige Gelegenheit, Pflanzen, Tiere (meist ausgestopft oder getrocknet) und andere Objekte aus der ganzen Welt zu sammeln, zu studieren und ihre Erkenntnisse an Kollegen weiterzugeben und zu publizieren. Nirgendwo sonst war es möglich, so viel über so viele unterschiedliche und weit entfernte Teile der Welt zu lernen. Eine ganze Sammelkultur entstand und wohlhabende Bürger demonstrierten ihren Reichtum und ihre Weltoffenheit, indem sie ihre Repräsentationsräume mit chinesischem Porzellan, persischen Teppichen und anderen exotischen Objekten dekorierten.

Wie viele Mitglieder der bürgerlichen Elite der Stadt war auch Rembrandt fasziniert von allem, was fremd war und dennoch zeigte, dass hinter kulturellen Unterschieden tiefe Gemeinsamkeiten lagen. Er malte sich selbst mehrmals in orientalischen Roben und porträtierte auch Mitglieder der jüdischen Gemeinde, die aus Portugal in die toleranteren Niederlande geflohen waren. Einer von ihnen war der Kaufmann Michael d'Espinoza, dessen Sohn Bento (hebräisch Baruch) uns später noch beschäftigen wird.

Der Motor des Aufstiegs des ehemaligen Fischerdorfs zur Weltstadt war der Handel. Baltisches Getreide war eine verlässliche und risikoarme Ware, die immer Abnehmer fand, der Grundstock des Wohlstands. Der große Reichtum aber lag anderswo. Nicht nur in den Niederlanden entstanden bürgerliche Eliten mit ausreichend Einkommen und großer Weltoffenheit, um sich für Luxusgüter aus Übersee zu interessieren: Zucker, Tabak, Gewürze, Stoffe, Tee, Kaffee und andere Güter strömten nach Europa, ein Großteil von ihnen via London und Amsterdam. Eine einzige Schiffsladung konnte einen Kaufmann über Nacht reich machen, aber der Handel war mit erheblichen Risiken verbunden. Eine Reise zu den Westindischen Inseln, nach Südamerika, Indonesien, China oder Indien dauerte Monate. Stürme, korrupte Hafenbeamte, Seuchen, Skorbut, Piraten, Meutereien und andere Unwägbarkeiten machten die Tour nicht nur für die Seeleute gefährlich. Es war teuer, ein Schiff zu mieten und auszustatten, eine Mannschaft anzuheuern und in Handelswaren zu investieren. Wenn das Schiff nicht zurückkam, konnte der Traum vom Reichtum leicht zu einem ruinösen Albtraum werden.

Die Lösung für dieses Problem kam ursprünglich aus Italien, wurde aber in Amsterdam in weit größerem Maßstab realisiert. Handelshäuser verteilten das Risiko, indem sie Anteile an den erhofften Profiten verkauften. Je nach ihren Möglichkeiten konnten große Finanziers und kleine Leute in Handelsreisen und Güter investieren. Dokumente zeigen, dass diese neue Praxis erstaunlich populär war: Auch eine Witwe konnte einige Gulden darauf wetten, dass die Schiffe der mächtigen,

1602 gegründeten Vereenigde Oostindische Compagnie sicher und mit profitablen Waren beladen zurückkehren würden. Schon im Jahr ihrer Gründung etablierte die Compagnie die erste Börse der Welt, an der Aktien gehandelt wurden. Das Angebot stieß auf enorme Resonanz. 1143 Investoren beteiligten sich und schufen so ein Kapital von 3 679 915 Gulden, was etwa hundert Millionen Euro entspricht.

Investitionen in zukünftige Profite waren so populär, dass auch die geduldige wissenschaftliche Arbeit von Carolus Clusius davon vereinnahmt wurde. Tulpen, die er über den habsburgischen Botschafter in Konstantinopel bekommen und im botanischen Garten von Leiden gepflanzt hatte und denen die letzte Phase seines Lebenswerks galt, wurden nach 1630 zum Auslöser der ersten Spekulationsblase der modernen Geschichte. Tulpenzwiebeln wurden für astronomische Preise gehandelt und weiterverkauft, noch bevor sie ausgetrieben waren. Eine einzige Zwiebel der kostbarsten Art, *Semper Augustus,* konnte so viel kosten wie ein Landgut. Der Tulpenwahn hielt Investoren in Atem, bis die Blase im Februar 1637 platzte und zahllose Spekulanten über Nacht in den Ruin trieb.

Die Magie des Blauschimmels

In den Niederlanden begannen sich die Kulturen einer Lebensweise und einer Weltsicht abzuzeichnen, die wenig mit der Realität der alten, feudalen Gesellschaften Europas gemein hatte – ein oft sehr rapide verlaufender Übergang hin zu einem marktwirtschaftlichen Denken. An vielen Orten aber verlief dieser Prozess mit erheblichen sozialen Verwerfungen und gewaltsamem Widerstand. Besonders in ländlichen Gebieten kam es vermehrt zu Aufständen und Unruhen gegen hohe Getreidepreise und die Einschränkung oder Abschaffung alter Rechte.

Eins dieser alten Rechte, die in ganz Europa, besonders aber in Großbritannien heiß umkämpft waren, waren die Almenden – *Commons* im Englischen. Jedes mittelalterliche Dorf verfügte über eine solche gemeinschaftliche Weide oder einen Anger, auf dem auch die Ärmsten der

Dorfgemeinschaft ihr Vieh grasen lassen und Winterfutter schneiden durften.

Rechtlich hatten die Commons eine ambivalente Stellung: Das Land gehörte dem Grundbesitzer, seine Nutzung aber war durch Gewohnheitsrecht allen Anwohnern möglich. Schon im 15. Jahrhundert hatte das zu Spannungen geführt, da viele Grundbesitzer mehr Profit realisieren wollten und die Commons einzäunten, um sie zu verpachten oder zur Schafzucht zu verwenden. In der zweiten Hälfte des 16. Jahrhunderts nahmen diese Konflikte wesentlich zu, wobei die englische Krone sich oft auf Seiten der Bauern stellte, auch um den sozialen Frieden zu wahren und die Macht des Adels zu begrenzen.

Gegen Anfang des 17. Jahrhunderts verschärften sich diese Auseinandersetzungen. Immer mehr Grundbesitzer wollten die finanziellen Ausfälle durch wetterbedingt schlechte Ernten ausgleichen, indem sie ihre Commons auf Wollproduktion umstellten. Schafe sind genügsam und brauchen kaum Pflege, und gute Wolle erzielte hohe Preise in der aufstrebenden englischen Stoffindustrie, die nach und nach die traditionellen Produktionsländer wie Italien, Spanien und Flandern verdrängten. Die englische Landbevölkerung, die bis dahin nur überlebt hatte, weil sie diese Weiden nutzen konnte, wurde dadurch einer lebenswichtigen Futterquelle beraubt. Wenn die Commons zu Feldern für Getreideanbau umgewidmet wurden, gab es zumindest dort noch Arbeit, aber die Schafzucht auf den Enclosures genannten ehemaligen Commons entzog Zehntausenden die Lebensgrundlage. Schon 1514 hatte Thomas More in seiner *Utopia* diesen zerstörerischen Mechanismus beschrieben:

> »Eure Schafe«, sagte ich, »die so sanft zu sein und so wenig zu fressen pflegten, haben angefangen so gefräßig und zügellos zu werden, dass sie die Menschen selbst auffressen und die Äcker, Häuser, Familienheime verwüsten und entvölkern. Denn in jenen Gegenden des Königreichs, wo feinere, daher teurere Wolle gezüchtet wird, sitzen die Adeligen und Prälaten ... sie lassen dem Ackerbau keinen Boden übrig, legen überall Weideplätze an, reißen die Häuser nieder ...
> So umgibt ein einziger unersättlicher Prasser ... einige tausend zusammenhängende Äcker mit einem einzigen Zaun, die Boden-

bebauer werden hinausgeworfen, entweder gewaltsam unterdrückt oder mit List umgarnt, oder, durch allerlei Unbilden abgehetzt, zum Verkauf getrieben.«[41]

1607 versammelten sich Aufständische in Northamptonshire, Warwickshire und Leicestershire, um gegen die fortschreitende Abschaffung der Commons zu protestieren. Ihr Anführer war ein Kesselflicker aus Northamptonshire, ein gewisser John Reynold, genannt Captain Pouch, der seinen Namen der ledernen Gürteltasche verdankte, die ihm, so behauptete er, magische Kräfte verlieh, denn sie enthielt »genug, um sie gegen jeden Feind zu verteidigen«.[42] Seine Mission sei von Gott und dem König gesegnet, erklärte er der stetig wachsenden Zahl seiner Anhänger und bald waren bis zu achttausend Menschen damit beschäftigt, Hecken einzureißen und Gräben zu füllen und so die Markierungen der Commons zu beseitigen.

Die örtlichen Ordnungshüter waren zuerst ratlos. In Leicester errichtete die Stadtverwaltung vorsorglich einen Galgen als Warnung an alle Aufständischen, aber die Menschenmenge zerstörte ihn. Stadtmilizen verweigerten den Befehl, den Aufstand niederzuwerfen. Erst als die Grundbesitzer, darunter mächtige Adelige, ihre eigenen Bediensteten mobilisierten, gelang es ihnen, die Rebellion blutig niederzuschlagen. Die Anführer der Aufständischen wurden gehängt und gevierteilt, unter ihnen auch der berühmte Captain Pouch, dessen lederne Tasche enorme Neugier weckte. Ein Zeitgenosse berichtete, was sich darin fand: »when hee was apprehended his Powch was seearched and therein was onely a peece of greene cheese.«

Wenn auch John Reynolds Blauschimmel nicht genügend Zauberkräfte besessen hatte, um ihn und andere Aufständische vor dem Galgen zu bewahren – die Unruhen gingen weiter. Sie flackerten nicht nur nach schlechten Ernten auf, sondern immer dann, wenn Gemeingut privatisiert werden sollte, wie beispielsweise auch in den Revolten im Forest of Dean und in Gillingham, 1628 bis 1631.

Auch in anderen Ländern fanden Rebellionen gegen Landbesitzer, Steuerlasten und die Aufhebung alter Gewohnheitsreichte statt: Die Croquants im französischen Perigord 1594, 1624 und 1637 und die Revolte der Va-nu-pieds in der Normandie 1639 waren nur die größten von etwa

450 Rebellionen, die zwischen 1600 und 1715 in Frankreich dokumentiert sind.

In Russland führten harte Winter und schlechte Ernten über die Hungersnot 1601 bis 1603 in die verheerende »Zeit der Wirren«, in der mehrere Aufstände und Bürgerkriege wie der Cholopko-Aufstand und der Aufstand des Ivan Bolotnikow ineinandergriffen. Das damals von Spanien regierte Süditalien wurde von mehreren Aufständen gegen Brotpreise erschüttert und Katalonien wurde zum Schauplatz vieler Rebellionen, die sich ebenfalls gegen Teuerungen und Steuern richteten. Dass Deutschland und die habsburgischen Gebiete in dieser Aufzählung fehlen, ist Resultat des Dreißigjährigen Krieges, der die Bevölkerung völlig überwältigte und einem Drittel bis der Hälfte der Bevölkerung das Leben kostete. Auch innerhalb des Kriegsgeschehens brachen soziale Revolten aus, die allerdings im Rahmen der religiösen Konflikte begründet und ausgefochten wurden.

Die strukturelle Neuordnung der ländlichen Wirtschaft Europas resultierte in der Verelendung und Vertreibung von Hunderttausenden von Kleinbauern, die entweder gewaltsam verdrängt wurden oder aufgrund wiederholter schlechter Ernten ihre Höfe aufgeben mussten. Die derart konsolidierten Ländereien von Großgrundbesitzern wurden besonders in England, Preußen und Zentraleuropa häufig verpachtet oder von Gutsverwaltern bewirtschaftet, deren Aufgabe es war, Profite zu erzielen. Für diese großen Landgüter waren die unsicheren Ernten während der Kleinen Eiszeit weniger problematisch als für Kleinbauern, die auch für das persönliche Überleben unmittelbar auf die Ernten angewiesen waren. Große Güter benötigten das Getreide nicht unmittelbar zur Ernährung. Es war Handelsware, und schlechte Ernten bedeuteten höhere Preise, von denen die Besitzer durch Angebot und Nachfrage häufig finanziell erheblich profitierten.

Die große Transformation

In seiner meisterlichen 1944 erstmals publizierten Analyse *The Great Transformation* beschreibt der Wiener Ökonom und Sozialhistoriker Karl Polanyi, welche Auswirkungen diese Umwandlung besonders auf wirtschaftliche und gesellschaftliche Zusammenhänge hatte. Ausgehend von dem Konflikt um die Commons in England zeigte er, wie sich soziale Paradigmen mit erstaunlicher Geschwindigkeit und Konsequenz änderten, auch wenn die damit einhergehenden Auseinandersetzungen in unterschiedlichen Teilen Europas zu verschiedenen Zeiten stattfanden.

Die anthropologischen und historischen Werke, die Polanyi zitierte, sind inzwischen durch neuere Untersuchungen ersetzt worden, die ihre Erkenntnisse oft relativieren und andere Schwerpunkte setzen. Sein eigentliches Argument aber bleibt gültig.

In feudalen, vormodernen Gesellschaften, so Polanyi, war das Ziel der wirtschaftlichen Aktivität nicht Reichtum und sozialer Aufstieg, sondern Statuserhalt in einer gesellschaftlichen Hierarchie, in der jeder einen von Geburt an mehr oder minder klar definierten Platz einnahm und in der soziales Kapital wichtiger war als wirtschaftliches. Polanyi macht dabei die grundlegende Beobachtung, »dass die wirtschaftliche Tätigkeit des Menschen in der Regel in seine Sozialbeziehungen eingebettet ist. Sein Tun gilt nicht der Sicherung seines individuellen Interesses an materiellem Besitz, sondern der Sicherung seines gesellschaftlichen Rangs, seiner gesellschaftlichen Ansprüche und seiner gesellschaftlichen Wertvorstellungen. Er schätzt materielle Güter nur insoweit, als sie diesem Zweck dienen.«[43] Bauern wurden in ihre Höfe und Dorfgemeinschaften hineingeboren und blieben dort, wenn Kriege, Epidemien und Hungersnöte sie nicht zur Flucht zwangen. Die landwirtschaftlichen Methoden blieben seit der Antike »im größeren Teil West- und Mitteleuropas bis zu Beginn der Neuzeit im wesentlichen unverändert«. Schließlich hatten die Bauern keinerlei Anreiz, mehr und effizienter zu produzieren, weil der gesamte Überschuss ihrer Ernte in Form von Steuern an den Landesherren abgeliefert werden musste. Wenn also der Hunger abgewendet war, war jede weitere Bemühung sinnlos.

Auch in mittelalterlichen Städten waren Märkte und wirtschaftliches Handeln stark in soziale Kontexte eingebettet. Preise unterlagen strikter Regulierung und Wettbewerb war begrenzt. Wer ein Handwerk ausüben wollte, musste Mitglied einer Gilde sein, die nicht nur die Qualität seiner Produkte, sondern auch seine Lebensführung überwachte und mitbestimmte. Über die Zunft und ihre Rituale wie Feste und Zusammenkünfte, religiöse Prozessionen, Messen und gelegentlich sogar besondere Kleidung stiftete die ökonomische Tätigkeit soziale Identität.

Kirche und Adel unterlagen derselben zwingenden Logik. Ihnen allein war der Landbesitz vorbehalten,[44] Bürger und Bauern konnten in mehreren europäischen Ländern zwar Flächen pachten und bewirtschaften – wie im Fall der Wiener Bürger und ihrer Weingärten –, nicht aber besitzen. Land war kein Handelsgut, sondern buchstäblich die Grundlage der feudalen Ordnung und blieb *»extra commercium«*.[45] Auch das Recht auf Landbesitz kam mit Einschränkungen – so durften Adelige in Frankreich zum Beispiel keinen Handel treiben.

Karl Polanyi beschreibt die weitreichende Veränderung dieser ständischen Ordnung im 16. und 17. Jahrhundert, auch wenn er nicht auf die zu seiner Zeit noch kaum erforschte oder diskutierte Kleine Eiszeit eingeht. Wichtig ist, wie er schreibt, dass sie nicht graduell war, sondern »wie die Transformation einer Raupe« in einen Schmetterling. In ständischen Gesellschaften waren soziales Kapital und Ehre entscheidend, nicht finanzieller Gewinn und sozialer Aufstieg: »Gewinn und Profit durch Tausch hatten nie zuvor eine wichtige Rolle in der menschlichen Wirtschaft gespielt. Obwohl die Institution des Markts seit der späten Steinzeit relativ häufig war, war seine Rolle im wirtschaftlichen Leben kaum mehr als nebensächlich.«[46]

In frühmodernen Gesellschaften wurde wirtschaftliches, kaufmännisches Handeln allmählich wichtiger – nicht überall zur gleichen Zeit (das Italien der Renaissance und die Niederlande und Großbritannien um 1600 hatten hier eine Vorreiterrolle), aber doch als Elemente eines länderübergreifenden Prozesses, auch wenn dieser sich in Ländern wie Spanien oder Russland bis ins 19. Jahrhundert ausdehnte. »Ab dem 16. Jahrhundert waren Märkte sowohl zahlreich als auch wichtig«, argumentiert Polanyi. »Im merkantilistischen System wurden sie praktisch ein Hauptanliegen der Regierungstätigkeit, dennoch gab es immer noch kein Anzeichen der künftigen Herrschaft der Märkte über die Gesellschaft.«[47]

Wie im Falle der Enclosure der Commons und dem Einstellen von professionellen Gutsverwaltern, die im Auftrag der Landbesitzer Profit erwirtschaften sollten, oder der Ostindischen Kompagnien in Amsterdam und London, deren Handelsaktivität ausdrücklich der Geldvermehrung diente und die durch eine Börse finanziert wurden, änderte sich nicht nur das wirtschaftliche System, sondern die Mentalität der Gesellschaft selbst. Kaufmännisches, profitorientiertes Handeln verdrängte nach und nach die Priorität des sozialen Zusammenhalts. Polanyi illustriert dies anhand des Fernhandels, der langsam in die strikt regulierten lokalen Märkte eindrang:

> Bei der Regelung der Nahrungsmittelversorgung kamen solche Methoden zur Anwendung, wie die zwangsweise Öffentlichkeit der Transaktionen oder der Ausschluss von Mittelsmännern, zum Zweck der Kontrolle des Handels und zum Schutz gegen hohe Preise. Solche Vorschriften galten jedoch nur für den Handel zwischen der Stadt und dem umliegenden Land. In Bezug auf den Fernhandel war die Lage eine völlig andere. Gewürze, Pökelfisch oder Wein mussten über weite Entfernungen herangeschafft werden und waren somit die Domäne des fremden Kaufmanns und seiner kapitalistischen Großhandelsmethoden. Dieser Handlungstypus entzog sich den örtlichen Vorschriften, und das einzige, was man tun konnte, war, ihn so gut es ging vom lokalen Markt fernzuhalten.[48]

Dieser Fernhandel, der sich nicht nach lokalen Regeln richten musste, wurde durch die katastrophalen Ernten der 1590er Jahre in Westeuropa und die Landflucht der hungernden Bevölkerung wesentlich gestärkt. Große Städte konnten nicht ausschließlich von der Produktion der umliegenden Felder ernährt werden und waren auf Importe angewiesen, und wenn mehrere Ernten nacheinander versagten und die Kornspeicher leer waren, sahen sich sogar norditalienische und spanische Städte gezwungen, Getreide über Amsterdam aus dem Baltikum zu kaufen.

Wenn wir das Klimageschehen der Kleinen Eiszeit mit einbeziehen, lässt sich Polanyis Argument in einem wichtigen Punkt ergänzen: Das soziale und wirtschaftliche System des feudalen Europa basierte ganz auf Landbesitz und lokaler Getreideproduktion. Dies war der zentrale, verwundbare Punkt. Als die Temperaturen weit genug abgesunken waren, um die Getreideproduktion oft und empfindlich zu stören, geriet die wirtschaftliche Grundlage und mit ihr die gesamte Ordnung Europas ins Wanken. Die Europäer waren gezwungen, Alternativen zu einer Lebensweise zu finden, die sich seit mehr als einem Jahrtausend kaum verändert hatte.

Als sich die Effekte der globalen Abkühlung bemerkbar machten, interpretierten sie viele Zeitzeugen als göttliche Strafe, oder schrieben sie der Hexerei zu. Immer wieder wurden Frauen und Männer als Hexen verbrannt, immer wieder versuchten Priester und Mönche in verschiedenen Gegenden Europas – so etwa in der Schweiz, in Frankreich und in Italien – Vulkane, wachsende Gletscher oder Erdbeben mit Weihwasser und Reliquien zu besänftigen und Prozessionen, die um Regen baten oder den Regen zum Aufhören bewegen sollten, waren in manchen Gegenden Südfrankreichs und Spaniens ein häufiger Anblick.

Gleichzeitig, wenn auch oft sehr langsam und in sehr unterschiedlichem Ausmaß, setzten sich neues Wissen, neue Anschauungen und neue Praktiken durch. Auf dem Gebiet der Landwirtschaft, die für die Versorgung der Bevölkerung verantwortlich war, spielten diese Veränderungen eine besonders wichtige Rolle.

Die niederländischen Bauern, die angesichts der Konkurrenz der Amsterdamer Getreidehändler schon gegen Ende des 16. Jahrhunderts begonnen hatten, sich stärker auf Viehzucht zu verlegen und so nicht nur Fleisch, sondern auch Butter, Milch und Käse für den Markt zu produzieren, stellten bald fest, dass diese Umstellung eine unerwartete Folge hatte: Die durch die Getreidemonokultur über Jahrhunderte ausgelaugten Böden erholten sich und konnten zusätzlich mit dem Mist des Viehs gedüngt werden, was wiederum zu erheblich höheren Erträgen beim Getreide führte.

Wissen dieser Art verbreitete sich rasch, sowohl durch die politischen Wirren der Zeit, als auch durch Bücher, Traktate und Briefe, die von Gelehrten geschrieben und in anderen Ländern gelesen und übersetzt wurden. So brachten protestantische Bauern, die gegen Ende des 16. Jahrhunderts vor der spanischen Herrschaft in den Niederlanden flohen, ihr Wissen nach Südengland mit, wo sie bald Nachahmer fanden.

Noch wichtiger aber, wenn auch nicht für alle brauchbar, waren Publikationen, die neue landwirtschaftliche Techniken propagierten. Bücher wie *Rei Rusticae Libri Quatuor* von Conrad Heresbach (1570), Martin Grossers *Kurze Anleitung zu der Landwirtschaft* (1590), Johann Colers *Landwirtschaftlicher Kalendar* (zuerst erschienen 1591) und das dramatisch betitelte *Le Théâtre d'Agriculture* des Franzosen Olivier de Serres (1600) wurden in kurzer Folge mehrfach neu aufgelegt und initiierten nicht nur intensive Diskussionen, sondern auch praktische Veränderungen und höhere Erträge. Während der mittelalterlichen Warmperiode ernteten europäische Bauern selten mehr als vier Körner pro ausgesätem Korn. Gegen Ende des 17. Jahrhunderts hatten Bauern in den Niederlanden, in England und in Teilen Frankreichs sowie Mitteleuropas dieses Verhältnis auf sechs zu eins erhöht.

Ein weiteres wichtiges Element, das es den Bevölkerungen Europas wieder möglich machen sollte, zu wachsen, lag in der »Entdeckung« der Neuen Welt, und zwar in zweierlei Hinsicht. Zum einen schwemmte, wie wir sehen werden, die Ausbeutung der Kolonien den europäischen Eliten ungeahnte Reichtümer in die Kassen. Zum anderen war es das, was der Historiker Alfred W. Crosby den *Columbian Exchange* nannte – den biologischen Austausch zwischen Kontinenten, Kolonialisten und Kolonisierten.

Den Völkern Amerikas brachte das vor allem – abgesehen von Hunden, Pferden und Schweinen – Tuberkulose, Beulenpest, Cholera und Pocken, die die indigenen Bevölkerungen und ihre Kulturen in vielen Fällen fast völlig zerstörten. Die Europäer bekamen nicht nur die Syphilis (von Kirchenmännern enthusiastisch als Geißel moralischer Verfehlungen begrüßt), sondern auch viele der Pflanzen, die Carolus Clusius und andere Gelehrte so sorgfältig in ihren Gärten kultivierten und quer durch Europa untereinander austauschten: Tomaten, Kürbisse, Mais, Tabak und vor allem die Kartoffel.

Gegen Ende des 16. Jahrhunderts wuchsen diese Pflanzen noch hauptsächlich in botanischen Sammlungen und wurden nur sehr vereinzelt als Nahrungsmittel kultiviert, unter anderem im Osten Frankreichs, in Franche-Comté, den Vogesen, Lothringen und dem Elsass. Der Rest des Landes sollte allerdings einige Zeit brauchen, bevor er das neue Nahrungsmittel wirklich lieben lernte.

Erst mehrere Jahrzehnte später begann der kommerzielle Anbau in Mitteleuropa und England. Das erste deutsche Kochbuch, das Rezepte für die Zubereitung der seltsamen Knollen enthielt, stammt aus dem Kloster Seitenstetten in Österreich und trägt das Datum 1621. Möglicherweise hat der Dreißigjährige Krieg zur Verbreitung der Kartoffel beigetragen. Die Armeen hatten nur wenig Nachschub und lebten von der örtlichen Landbevölkerung. Um dem Gegner den Nachschub abzuschneiden, wurden beim Rückzug einer Armee immer wieder Kornfelder verbrannt. Reifes Getreide wurde so völlig vernichtet. Ein Kartoffelacker, dessen Früchte unter der Erde wachsen, war weniger leicht zu zerstören und gab den Menschen zumindest eine Chance, etwas zu essen zu bekommen.

Die Vertreibung der Kleinbauern von Ländereien, die früher gemeinschaftlich bewirtschaftet worden waren und die Konsolidierung und Einhegung von Land in großen Gutshöfen, die von Verwaltern geleitet wurden, führten zu einer neuen Art Landwirtschaft, die für einen Markt produzierte und wesentlich stärker als zuvor auf Profit ausgerichtet war. Das Resultat war, wie Polanyi anhand der Commons in Großbritannien analysierte, »eine Revolution der Reichen gegen die Armen«.[49] Traditionelle Lebensweisen und Praktiken wurden zurückgedrängt. In einem gesellschaftlichen System, das begann, kaufmännisch zu handeln, hatten die Schwachen keinen Ort mehr und wurden aus alten Lebenszusammenhängen vertrieben und gezwungen, Arbeit in den Städten zu suchen.

Das Bild der Welt

Die allmähliche Neuordnung der Landwirtschaft durch Gelehrte, Bücher und Gutsverwalter wie auch der Aufschwung des Handels und die professionalisierte Verwaltung von Ländereien, Steuern und Gütern erzählen noch eine andere Geschichte: Um 1600 lässt sich fast überall in Europa ein wesentlicher Anstieg der Alphabetisierung feststellen. Schulen wurden gegründet, immer mehr Kinder (meistens Jungen) wurden in Lesen, Schreiben, Rechnen und in den Klassikern unterrichtet und so entstand eine wachsende Klasse von Menschen, die imstande waren, eine Revolution des europäischen Wissens in Gang zu bringen.

Jahrhundertelang hatte die Kirche diese Revolution zu verhindern gewusst und die Bildung mehr oder minder erfolgreich den Mitgliedern der eigenen Hierarchie vorbehalten. Die Reformation aber hatte dieses Monopol zerstört. Für die Protestanten war die Lektüre der Bibel ein unverzichtbarer Teil der persönlichen Frömmigkeit und des Gemeinschaftslebens. Schon die Kindererziehung war deshalb ein Schlüssel zum ewigen Leben und so gründeten protestantische Landesherren Schulen und Universitäten, um die religiöse Kultur ihrer Untertanen zu fördern und zu festigen.

Die katholische Kirche sah sich gezwungen, auf diese Entwicklung zu reagieren. Im Rahmen der Gegenreformation, deren Aufgabe es war, den Geist von Luther und Calvin mit allen Mitteln zurückzudrängen, wurden auch katholische Kinder zunehmend in Schulen und mit Hilfe von Katechismen religiös sattelfest gemacht, sodass sie ihren eigenen Glauben kannten und imstande waren, ihn gegen die protestantische Ketzerei zu verteidigen.

Der 1534 geschaffene Jesuitenorden spielte eine besondere Rolle bei dieser Bemühung, die Protestanten mit ihren eigenen Waffen zu schlagen. Ignatius von Loyola, der Gründer des Ordens, war ein Soldat gewesen und so widmete sich die Gemeinschaft von Anfang an als *milites Christi* der Mission. Dies führte Mitglieder schon früh in alle Welt – besonders in China sollten Priester wie Matteo Ricci eine wesentliche Rolle spielen.

In Europa schuf die Gegenreformation einen neuen Kontext und die Jesuiten sahen ihre Rolle schon bald vor allem als Erzieher. 1574 führten sie bereits 125 Schulen, 1608 waren es 306, ein Jahrzehnt später 372. Mitte des 17. Jahrhunderts waren es dann mehr als 500 in Europa und in Übersee. Allein in Frankreich führten sie das Kolleg in La Flèche mit 1200 Schülern und die Universität Douai im Norden des Landes, ein wichtiger Ausbildungsort auch für englische Katholiken, die in ihrem Heimatland verfolgt wurden. Im Spanien Philipps II. waren es achtundneunzig Schulen, im deutschsprachigen Raum gab es wichtige Standorte in Wien, Graz, Klagenfurt, Prag, Köln, Mainz, Augsburg, Köln, Paderborn, Münster, Hildesheim, Ingolstadt, Würzburg und München, wo sie mit der Führung aller Elementarschulen beauftragt wurden. In Polen leisteten sie einen wesentlichen Beitrag zur Rekatholisierung des Landes.

Nicht nur die Zahl der jesuitischen Schulen ist wichtig. Die Ordensbrüder nutzten auch innovative Erziehungsmethoden. Während an anderen höheren Schulen hauptsächlich Grammatik und Klassiker gelehrt wurden und das mechanische Auswendiglernen die wichtigste Lehrmethode war, entwickelten Jesuiten neue pädagogische Methoden und Inhalte, die zum Ziel hatten, Schüler auch emotional anzusprechen und wissenschaftlich auszubilden. Das Theater spielte eine wesentliche Rolle im Unterricht und viele Institutionen verfügten über ausgezeichnete Bibliotheken, die häufig auch den Schülern offen standen.

Nicht nur Jesuiten waren darum bemüht, die Erziehung effektiver auf die Bedürfnisse und intellektuellen Möglichkeiten von Kindern auszurichten. Der protestantische Theologe und Pädagoge Jan Amos Komenský, besser bekannt als Johannes Comenius (1592–1670), war Bischof in Sárospatak im heutigen Ungarn und experimentierte dort mit neuen Möglichkeiten, Kindern Wissen zu vermitteln. Das Resultat seiner Erfahrungen erschien 1658 unter dem Titel *Orbis sensualium pictus* – Die sichtbare Welt in Bildern.

Orbis pictus war ein revolutionäres Buch, weil es sich an den Interessen der Schüler orientierte. Auf Deutsch und Lateinisch und durchgängig mit Holzschnitten illustriert, erklärte es in einfachen Sätzen und kurzen Worten die Welt, in der die Kinder lebten, angefangen von einem kleinen Dialog zwischen Schülern, über Tiere (Das Schaf blöcket – *Ovis*

C.

Inſtrumenta Muſica. Klangſpiele.

Muſica Inſtrumenta ſunt,	Klangſpiele ſind /
quæ edunt Vocem:	die eine Stimme von ſich gebe:
Primò,	Erſtlich /
cùm pulſantur,	wann ſie geſchlagen werden /
ut *Cymbalum* 1	als / die Cymbel 1
piſtillo,	mit dem Schwengel;
Tintinnabulum 2	die Schelle / 2 (Knöpflein;
intus globulo ferreo;	inwendig mit einem eiſernen
Crepitaculum, 3	das Klepperlein / 3
circumverſando;	durch umdrehen;
Crembalum, 4	die Maultrommel/ 4
ori admotum,	an den Mund gehalten /
digito:	mit dem Finger;
Tympanum 5	die Trummel 5
& *Ahenum,* 6	und Pauke/ 6
Clavicula, 7	mit dem Schlegel/ 7

Eine Welt für Kinder: Mit dem Schulbuch *Orbis pictus* lernten Generationen von Kindern lesen, schreiben und die Welt verstehen

balat; das Kind wemmert – *infans ejulat*; die Maus pfipfert – *Mus mintrit*), die natürliche Welt, Handwerke und Berufe, bis hin zur menschlichen Anatomie, zu anderen Religionen (charakteristisch für das vom Osmanischen Reich bedrohte Ungarn war das Kapitel über das Judentum bemerkenswert neutral, während der Islam eher negativ beschrieben wird), zu den Wissenschaften und schließlich, im letzten Kapitel, zum Ausblick auf das Jüngste Gericht – ein umfassendes und großartiges Kompendium der damaligen Welt, dargestellt in einfacher Sprache. Die erste englische Übersetzung des *Orbis pictus* erschien bereits ein Jahr nach dem deutschen Original und wurde bis ins 19. Jahrhundert immer wieder nachgedruckt und in Schulen verwendet. So hat Comenius mehr Schülergenerationen beeinflusst als jeder andere Pädagoge.

Der Schulbesuch oder, in wohlhabenden Familien, der Hausunterricht wurde auch außerhalb des kirchlichen Einflussbereichs zu einer weit verbreiteten Erfahrung in Europa um 1600. Während öffentliche Schulen fast ausschließlich Jungen zugänglich waren, lernten auch immer mehr Mädchen zumindest lesen und schreiben. Aber wie viele, wie lässt sich der Bildungsgrad der Bevölkerung überhaupt messen? Diese Frage wird unter Historikern noch immer kontrovers diskutiert. Die meisten Menschen hinterließen keine persönlichen Dokumente und besaßen keine Bücher. Während früher Unterschriften auf Heiratsverträgen, Gerichtsakten und anderen Dokumenten als Gradmesser der Alphabetisierung herangezogen wurden, hat sich inzwischen die Meinung durchgesetzt, dass auch Menschen, die ihren eigenen Namen schreiben konnten, noch lange nicht imstande gewesen sein müssen, längere Dokumente zu lesen, geschweige denn zu schreiben, zumal Lesen und Schreiben oft als zwei unterschiedliche Fähigkeiten betrachtet und unterrichtet wurden.

Eine andere Schwierigkeit liegt in den großen regionalen, sozialen und konfessionellen Unterschieden zwischen den Bildungsgraden, die sich nur schwer aussagekräftig interpretieren lassen. Stadtbewohner und besser situierte Bürger waren fast durchgehend gebildeter, Nordeuropäer hatten mit größerer Wahrscheinlichkeit eine Schule besucht als Menschen südlich der Alpen, Männer konnten öfter lesen als Frauen, Protestanten waren den Katholiken oft weit voraus (trotz der Jesuitenschulen, die vor allem der Elitebildung dienten) und die Entwicklung der Alphabetisierung verlief unterschiedlich schnell, je nach Land und Landesherren oder Regierung – Fortschritte und Rückschritte wechselten einander ab. Trotzdem lässt sich erkennen, wie stark sich die Bildungslandschaft veränderte – Historiker sprechen von einer Bildungsrevolution, die um 1600 besonders in Großbritannien und den Niederlanden, aber auch in Frankreich und Deutschland stattfand.

Fast überall blieben Bauern und Tagelöhner zu drei Vierteln oder mehr Analphabeten und auch am unteren Ende der sozialen Skala, bei den Adeligen kam die Alphabetisierung eher stockend voran. In der Mitte der Gesellschaft aber zeigt sich eine dynamische Entwicklung. Besonders Kaufleute, Juristen und spezialisierte Berufe wie Goldschmiede und Apotheker und Schiffskapitäne waren nach 1600 fast vollständig alphabetisiert, während um 1550 nur etwa zwei Drittel von ihnen lesen und schreiben konnten. Bei Handwerksgesellen und Arbeitern waren es in Nordeuropa etwa die Hälfte. In demselben Zeitraum stieg der Anteil der Universitätsabsolventen in den Niederlanden von einem Prozent auf fast drei Prozent.

Während es nur schwer oder nur in lokalisierten Einzelfällen möglich ist, Rückschlüsse darauf zu ziehen, wie viele Kinder eine Schule besuchten, was sie dort lernten (oft konnten die Lehrer selbst kaum lesen und schreiben), wie lange sie dort blieben und wie viele von ihnen wirklich flüssig lesen und schreiben konnten, ist wesentlich einfacher zu rekonstruieren, was und wie viel gelesen wurde. Hier zeichnen die Zahlen ein sehr klares Bild. Die Inventare Verstorbener etwa zeigen, dass in der Grafschaft Kent um 1560 nur etwa ein Zehntel der Toten Bücher hinterließen, um 1620 aber fast die Hälfte. In Italien besaßen nur ein Prozent der um 1570 Verstorbenen mehr als hundert Bände, um 1600 waren es fast zehn Prozent.

Private Büchersammlungen aber sind nicht der einzige und vielleicht nicht der beste Indikator. Gelehrte Publikationen waren teuer, oft in Latein verfasst und standen Studenten in Universitätsbibliotheken zur Verfügung. Nur wenige Leser besaßen sie selbst. Gleichzeitig aber bahnte sich auch im Buchdruck eine Revolution an, denn Bücher wurden billiger und gezielter auf die Interessen einer breiten Leserschaft ausgerichtet. Die meisten Menschen lasen christliche Erbauungsliteratur, populäre Romane und Almanache, die neben Wettervorhersagen, Prophezeiungen und Tagesweisheiten auch popularisierte wissenschaftliche Inhalte und kleine Geschichten enthielten.

Ein beliebter Almanach konnte schon in der ersten Hälfte des 17. Jahrhunderts eine Auflage von 80 000 gedruckten Exemplaren erreichen, die dann von ganzen Familien gelesen oder auch vorgelesen wurden. Noch weiter verbreitet aber waren Flugblätter, Pamphlete und »*Broadsheets*«, die oft religiöse oder politische Nachrichten in einfacher Form und mit großen Illustrationen zum Preis von wenigen Pfennigen unter das Volk brachten. Die meisten dieser Publikationen sind verloren gegangen, aber auch die erhaltenen Exemplare sagen nichts darüber aus, in welchen Auflagen sie erschienen und wie weit sie verbreitet waren.

Trotz dieser Einschränkungen ist deutlich, dass das Druckergewerbe um 1600 eine bis dahin ungekannte Blüte erlebte. Während um 1600 nur wenige und meist per Hand kopierte Gazetten in Deutschland zirkulierten, die Nachrichten sammelten (die wichtigste von ihnen, vom Bankhaus Fugger herausgegeben, existierte bereits seit 1568), wurden um 1620 bereits in fünfzehn Städten gedruckte Zeitungen herausgegeben – allein zwei von ihnen in Hamburg –, die um 1640 Auflagen von bis zu 3000 Exemplaren erreichten. Kaufleute brauchten Nachrichten über politische Ereignisse, die Nachfrage war groß und die Exemplare dieser Zeitungen wurden von Hand zu Hand gereicht, was die Leserschaft wesentlich ausweitete. Nicht alle Zeitgenossen begrüßten diese Entwicklung. Der italienische Satiriker Gregorio Leti schrieb wenig später:

> Das einfache Volk liest die Nachrichten, wie sie geschrieben sind, interpretieren sie aber wie sie wünschen und sie machen aus guten Nachrichten öfter schlechte, als aus schlechten gute ... [Früher] hatten Menschen keinen Anlass, ihren Geist mit den Täuschungen und Fantasien zu belasten, die sie in Zeitungen lasen, aber sie waren faul und jeder dachte an seine eigenen Probleme, nicht an die der Herrscher. Aber Täuschen und Fantasieren hat alle Menschen zu Fürsten gemacht, Nichtswisser zu Experten, Dummköpfe zu Weisen, und Gehorsam zu Ungehorsam.[50]

Bildung war gefährlich. Sowohl Kardinal Richelieu in Frankreich als auch der spanische König Philipp IV. versuchten im 17. Jahrhundert, höhere Schulen zu schließen, weil sie in ihnen Brutstätten der Rebellion erblickten, und überall in Europa bemühten sich die Herrscher meist erfolglos, den Strom von Pamphleten und Büchern durch Zensur zu regulieren, was lediglich dazu führte, dass Flugblätter oft illegal gedruckt, verkauft, und so völlig der Kontrolle der Obrigkeit entzogen wurden.

Kriege und politische Unruhen lösten eine wahre Flut von Polemiken, Propaganda und Pamphleten aus. Mitte des 17. Jahrhunderts sind allein aus Frankreich etwa fünftausend *Mazarinades,* Satiren gegen Kardinal Mazarin, überliefert – mehr als 50 000 Druckseiten. Täglich erschienen besonders in Paris neue Flugblätter in Auflagen, die sich zwischen einigen Hundert und mehreren Tausend Exemplaren bewegten. Im politisch turbulenten Katalonien erschienen um 1620 etwa ein Dutzend Pamphlete pro Jahr, eine Generation später waren es mehr als siebzig.

Der Dreißigjährige Krieg wurde von etwa zehntausend Flugblättern und Traktaten kommentiert. Der Englische Bürgerkrieg (1642–1651) verursachte einen explosiven Anstieg gedruckter Propaganda. 1641 produzierten englische Drucker etwa 2000 Werke und drei Zeitungen, im folgenden Jahr waren es doppelt so viele Druckschriften und mehr als sechzig Zeitungen. »In letzter Zeit wurden mehr gute und mehr schlechte Bücher auf Englisch gedruckt und publiziert, als in allen anderen Sprachen Europas«, bemerkte der Schotte Edward Chamberlayne 1657.[51]

Geschwätz und Fabeln

Kehren wir zurück nach Amsterdam, das sich nicht nur zu einem internationalen Handelszentrum, sondern auch zu einem Zentrum des Buchdrucks entwickelte, das bis ins späte 18. Jahrhundert hinein ungeheuer wichtig sein sollte. Was lasen die Menschen dort? Gegen Ende des 16. Jahrhunderts besaßen Privatleute, wenn überhaupt, dann christliche Literatur und Bibeln. Mary Gisbertsdochter zum Beispiel, die Witwe eines Weinsteuereintreibers, hinterließ 1578 zwei Bücher, »eins mit den Legenden, das andere mit den Evangelien«.[52]

Einige Jahrzehnte später aber scheinen populäre Romane so weit verbreitet gewesen zu sein, dass ein Lehrer seine Schüler ermahnte, »witzige und nutzlose Bücher« wegzulegen, »sonst wird Gott sich rächen«.[53] Der Bischof von Antwerpen versuchte 1621 sogar, beliebte Romane wie *Mariken van Nieumeghen, Till Eulenspiegel* und *Floris und Blanchefleur* zu verbieten, während der Dichter und Politiker Jacob Cats sich Sorgen machte, seine Kinder könnten durch die Lektüre der Faust-Geschichte übermäßig erregt werden.

Diese frühmodernen Äquivalente zu Groschenromanen recycelten alte Geschichten: Eulenspiegel, Floris und Blanchefleur, Amadís de Gaula und andere Legenden von Rittern und Burgdamen gingen auf mittelalterliche Vorbilder zurück und boten romantische und heroische Geschichten, das Leben des holländischen Piraten Claes Compaen fand begeisterte Leser, und der Reisebericht des Seefahrers Willem IJsbrantszoon Bontekoe wurde so gut verkauft, dass alle zwei Jahre eine neue Auflage erschien.

Der dämonische Doktor Faustus hatte sich als kleines Horror-Genre etabliert – alles sehr zum Missfallen der gestrengen calvinistischen Pastoren, deren eigene erbauliche Bücher sich gegen diese Konkurrenz kaum durchsetzen konnten. Zwar schafften sie es manchmal, Romanzen und Heldenleben mit moralisierenden Vorworten zu versehen, aber die konnten einfach überblättert werden. Der Unwille der Theologen, die fürchteten, solche Werke könnten den einfachen Leuten den Kopf verdrehen und sie vom Beten abhalten, legt die Vermutung nahe, dass sie weit genug verbreitet waren, um als Problem wahrgenommen zu werden. Die Niederländer lasen – und nicht nur die professionellen Männer und die gehobene Mittelklasse.

Auch Nachrichten waren populär, aber zugleich immer problematisch. Der Abt Wouter Jacobszoon, der 1572 in Amsterdam Zuflucht gefunden hatte, beklagte, dass die Pamphlete mit Neuigkeiten vom Krieg, die um wenige *Stuivers* (Pfennige) verkauft wurden, nichts als »Geschwätz und Fabeln« seien und Lügen über die Spanier verbreiten würden. Deswegen beschloss er, Berichten über Niederlagen keine Aufmerksamkeit zu schenken, denn sie seien nur geschrieben, »um wunderbare Geschichten zu verbreiten und Furcht und Entsetzen in die Herzen guter Katholiken zu säen«.[54]

Schon damals war das Publikum gierig auf sensationelle Neuigkeiten. Während die circa 400 Buchhandlungen, die Mitte des 17. Jahrhunderts die Leselust der Amsterdamer bedienten, hauptsächlich ungebundene Buchblöcke mit reich verzierten Titelseiten verkauften (Liebhaber konnten sich dann entscheiden, wie teuer oder billig sie das Werk einbinden lassen wollten), gab es schon damals Zeitungsjungen, die an den Straßenecken die letzten Nachrichten anboten, wie ein Besucher schrieb: »Sie laufen herum mit Almanachs, Balladen und manchmal mit ›was für ein Wunder! Was für eine Nachricht!‹: Es gibt so viele faule Lumpen, die ihr Geld so verdienen.«[55] Die Flugblätter, die sie verkauften, trugen Titel wie: »Ein schrecklicher Mord in Delft!«, »Schreckliches Feuer in Wilda!« oder »Erstaunliches Gespenst in Brüssel!«, »Kommt und seht, wie drei Studenten in Kloppenburg zwei Mädchen vergewaltigten und vier umbrachten«, »Seht, wie vierundsechzig Zauberer mehr als tausend Menschen und sechstausend Stück Vieh ermordeten!« Die Titelseite dieser letzten »wahrhaftigen Beschreibung« zeigt zwei Männer, die über einem lodernden Feuer erhängt werden.

Zur Warnung und Besserung

Die Angst vor Hexen und Hexern verkaufte nicht nur effekthaschende Pamphlete, sie spiegelte die Unsicherheit ihrer Zeit. 1635–37 wurde Amsterdam von einer Pestepidemie heimgesucht, die 17 000 Menschen, fast einen von sechs Bürgern der Stadt, ins Grab brachte. Bemerkenswert ist, dass der Ausbruch mit dem Höhepunkt des Tulpenwahns zusammenfiel. Vielleicht begünstigte das allgemeine Sterben und die Ungewissheit angesichts des eigenen Überlebens sogar das spekulative Verhalten der Investoren. Die letzte Epidemie, bei der zehn Prozent der Bevölkerung gestorben waren, lag erst ein Jahrzehnt zurück und hatte europaweit etwa einer Million Menschen das Leben gekostet – die höchste Zahl seit dem 14. Jahrhundert.

Die Schwächung der Menschen durch wiederholte schlechte Ernten und Kornpreise, die viele Arme zum Hungern verdammten, trug wesentlich zu den verheerenden Sterbeziffern bei, besonders in den Städten, wo viele Bewohner keine eigenen Gärten oder Felder hatten und ganz auf den Markt angewiesen waren und wo die oft katastrophalen sanitären Bedingungen die Ausbreitung der Erreger begünstigten. Jean Nicolas de Parival, ein Gelehrter, der an der Universität Leiden Französisch unterrichtete und gleichzeitig mit Wein handelte, beschrieb das von Kriegen, Hungersnöten und Epidemien gezeichnete Jahrhundert in Anlehnung an Hesiod und Ovid als »das eherne Zeitalter« (oder wörtlich: das eiserne Jahrhundert), das auf das Goldene und das Silberne Zeitalter folgt:

> Ich nenne als dieses Jahrhundert das eiserne Jahrhundert, weil alle Unglücksfälle und rätselhaften Ereignisse zusammenkommen, die in früheren Jahrhunderten nur vereinzelt auftraten.[56]

Wie viele andere auch las de Parival die Ereignisse um ihn herum als eine verhängnisvolle Mischung von göttlicher Strafe und Verirrung der Natur:

> Es ist also dieses fürchterliche Zeitalter, von der die Schrift so deutlich spricht; es ist das Königreich des Eisens, das alle Dinge bricht und überwältigt. Die sieben Engel haben ihre Füllhörner über der Erde ausgeschüttet, voller Blasphemie, Unglück, Massakern, Ungerechtigkeit, Verrat und anderen, unendlichen Kalamitäten … Wir haben gesehen und sehen noch immer, wie sich Königreich gegen Königreich erhebt, Nation gegen Nation, Pest, Hungersnöte, Erdbeben, schreckliche Fluten und Zeichen auf der Sonne und dem Mond und auf den Sternen; Furcht in allen Ländern wegen den Stürmen und dem Brüllen des Meeres.[57]

Eine Generation vor dem Leidener Professor hatte Renward Cysat (1545–1616), der Stadtschreiber von Luzern, ähnliche Gedanken zu Papier gebracht, als er ein Erdbeben in den Schweizer Alpen beschrieb:

> Der seen macht Wellen, die sich in der Mitte wie ein Berg auftürmen, die Tiere sind beunrihigt. Dessgychen uff dem land, sunderlich aber Unterwalden und anderen gebirgigten allpigen Orten, hat man gesehen und gehört, das Rinder viech in Alpen, weiden und Bergen hin und wider und zesamen lauffen mit jemmerlichem Geschrey, blären und brüllen wider alle natur und gwonheit, glych als wollen sy die Menschen auch zu trauern und klagen erweken.
> Es sind mancherley Urtheilen und Muthmassungen über disen Erdbidem ergangen, ja auch von den gelehrten und erfarnen an Canzeln und sonsten vil davon gredt worden, dass er übernatürlich und zwyffelsone etwas sonderlichs bedüten werde. Der Allmächtig wölle uns gnedig sin und es zum besten wenden.[58]

Cysat war ein außergewöhnlicher Mann, der nicht nur Stadtschreiber und Lokalhistoriker war, sondern auch ein Buch über Japan verfasste und als einer der ersten Autoren in Europa örtliche Sagen und Märchen sammelte. Gleichzeitig war es die Veränderung der Natur, die ihn besonders beschäftigte.

> Es wäre viellicht nit so notwendig geacht, solche ding zuo beschyben oder sich damitt zuo bemüeyen. Wyl aber leider umb unser sünden willen die jargäng jetz ein zytt har ye langer ye strenger und häber sich erzeigent, und ein abnemmen jn den geschöpfften, wo wol menschen, thieren, als ouch den früchten und erdgewäcsen, deßglychen ungewonliche verenrungen an den elementen, gestirn und lüfften gespürt, habend wir ettliche denckwürdige verzeichnet uns und den nachkommenden zuor warnung und besserung.[59]

Tränen ohne Maß und Zahl

Zwischen den Berichten von Cysat und de Parival liegt ein katastrophales Ereignis, das allerdings keinen von beiden direkt betraf, denn sowohl die Schweiz als auch die Niederlande blieben davon fast unberührt, während Zentraleuropa von Schweden bis in die habsburgischen Ländereien verheert wurden: der Dreißigjährige Krieg (1618–1648), der blutigste Konflikt, den Europa bis dahin gesehen hatte und der in manchen Gegenden Deutschlands die Hälfte der Bevölkerung das Leben kostete. Auch so verdiente de Parivals eisernes Jahrhundert seinen Namen.

Obwohl fromme Beobachter sowohl in extremem Wetter, in »gestirn und lüfften«, als auch in Kriegen und Hungersnöten göttliche Strafen erkennen wollten, hängen sie nicht ursächlich miteinander zusammen. Der Klimawandel allein verursachte keine Kriege, wenn auch Hunger und Armut immer wieder zu Revolten führten und das Elend der Bevölkerung zu Kriegszeiten noch verschlimmerten, auch und besonders während des Dreißigjährigen Krieges.

Trotzdem wurden Unwetter und Krieg besonders in der populären Kultur als Zwillingsstrafen Gottes wahrgenommen. Harte Winter stellten eine ständige Herausforderung da. Der Königsberger Professor Simon Dach war einer von zahlreichen Dichtern, die Lieder für evangelische Gemeinden schrieben, in denen es oft um harte Winter geht: »Gerechter Gott, wo wil es hin / Mit diesen kalten Zeiten? / Was Straffe hast du doch im Sinn / Mit uns verkehrten Leuten? / Was wird der stete Reiff und Schnee, / Der Schlossen Fall zu Land und See / Uns Armen noch bedeuten?«[60]

Es war Gottes gerechter Zorn, der nicht nur den Frost, sondern auch brandschatzende Armeen durch Europa ziehen ließ. Der protestantische Geistliche und Dichter Paul Gerhardt (1607–1676), auf dessen direkte und emotionale Lyrik Johann Sebastian Bach für seine Kantaten und Passionen zurückgreifen sollte, schrieb auch ein Kirchenlied, das »bei großer, unzeitiger Nässe« gesungen werden sollte. Darin heißt es:

> Man zankt noch immer fort und fort, / Es bleibet Krieg an allem Ort, / In allen Winkeln Haß und Neid, / In allen Ständen Streitigkeit. // Drum strecken auch all Element / Hier wider uns aus ihre Händ, / Angst kommt uns aus der Tief und See, / Angst kommt uns aus der Luft und Höh. // Drum trauert auch der Freudenquell, / Die Sonn, und scheint uns nicht so hell, / Die Wolken gießen allzumal / Die Tränen ohne Maß und Zahl.[61]

Krieg bestimmte überall das Leben vieler Europäer im 17. Jahrhundert. In Verbindung mit der Sonne, die nicht mehr so hell scheinen wollte, wurde die Kultur der Gewalt aber auch zum Motor einer beschleunigten Transformation des Kontinents. Krieg kostete Geld, viel Geld, und die Erlöse aus der Landwirtschaft reichten nicht länger aus, um in diesem grausamen Wettbewerb der Nationen zu bestehen. Nicht nur das: Eine militärische Revolution war im Gang. Neue Technologien und Taktiken machten die Kriegführung nicht nur wesentlich effektiver, sondern auch um ein Vielfaches kostspieliger. So entstand mitten in der Kleinen Eiszeit ein gewaltiger Innovationsdruck, dem die kriegführenden Nationen begegnen mussten.

Der Schlüssel zu dieser Revolution war die Verbesserung von Musketen und Artillerie. Das schwäbische Nördlingen, wo eine Generation zuvor Rebekka Lemp und andere Frauen als Hexen verbrannt worden waren, illustriert die dramatischen Effekte dieser Entwicklungen. 1634 geriet die wohlhabende protestantische Handelsstadt mit ihren zehntausend

Einwohnern zwischen die Fronten des Dreißigjährigen Krieges. Fünfhundert schwedische Soldaten waren hier stationiert, um eine Besetzung durch die katholische Armee unter Ferdinand III. von Ungarn im stark umkämpften süddeutschen Raum zu verhindern.

Nördlingen war eine wichtige Etappe der katholischen Kampagne, Süddeutschland den Protestanten zu entreißen, und so begann Ferdinands 33 000 Mann starke Armee am 18. August mit der Belagerung der gut befestigten Stadt. Die Angreifer brachten auf den umliegenden Hügeln Belagerungsgeschütze in Stellung, konstruierten Bastionen, gruben Laufgräben und leiteten den Fluss Eger um. Die Städter hatten damit kaum noch Wasser, um Häuser zu löschen, die durch den Beschuss in Brand gerieten, und konnten auch keine Wassermühlen mehr betreiben, die sie mit Mehl versorgten. Zusätzlich nahmen die Belagerer die von Pferden betriebene Rossmühle unter schweren Beschuss.

Schon nach wenigen Tagen forderte der Hunger die ersten Opfer besonders unter den in die Stadt geflüchteten Bauern und Landarbeitern, die sich das überteuerte Mehl nicht leisten konnten. Zuerst starben die Pferde an Futtermangel. Ihre verwesenden Körper wurden von verzweifelten Flüchtlingen gegessen. Dann brachen Seuchen aus. Bald lagen Leichen auf den Straßen, weil nicht alle schnell genug in den notdürftigen Massengräbern beerdigt werden konnten.

Als die beiden protestantischen Heerführer endlich ihre Streitkräfte zusammengezogen hatten, um Ferdinands Armee anzugreifen und die Stadt zu entlasten, hatten sie bereits zu viel wertvolle Zeit verschenkt, was es den katholischen Belagerern möglich machte, sich auf den Angriff vorzubereiten.

Die Schlacht bei Nördlingen fand am 6. September statt und wurde von dem Kupferstecher und Verleger Matthäus Merian mit großer Detailgenauigkeit dargestellt. Die Stadt selbst, rechts oben im Hintergrund, ist von einer mittelalterlichen Mauer umgeben, um die herum sich eine zweite, sternförmig angelegte Verteidigungsanlage spannt. Davor, auf dem Galgenberg, wo Rebekka Lemp in den Flammen starb, liegt das Lager der katholischen Armee, von Erdwällen mit vorspringenden Bastionen gesichert. Von hier aus wird nicht nur die Stadt beschossen, sondern auch die von links heranrückenden protestantischen Regimenter, die in der Ebene bereits in eine offene Feldschlacht verwickelt sind.

Schicksalstag: Die Schlacht bei Nördlingen entschied nicht nur den Lauf des Dreißigjährigen Krieges mit, sie demonstrierte auch die Macht neuer Waffen und Taktiken

Deutlich erkennt man eine katholische Stellung in der Ebene in exakter, dreizackiger Sternformation sowie auf beiden Seiten die Kavallerie in dichten, quadratischen Formationen und neben ihnen Infanterieeinheiten, jede von ihnen überragt von einem Wald aus langen Piken. Auffallend ist, dass die eigentliche Kampfhandlung nicht im Nahkampf stattfindet, sondern durch gegenseitigen Beschuss umgeben von dichtem Pulverdampf.

Die strategische Vorherrschaft der kaiserlichen Armee endete mit einem überwältigenden Sieg für Ferdinand III. Die 25 000 protestantischen Soldaten in der Ebene hatten keine Chance gegen die gegneri-

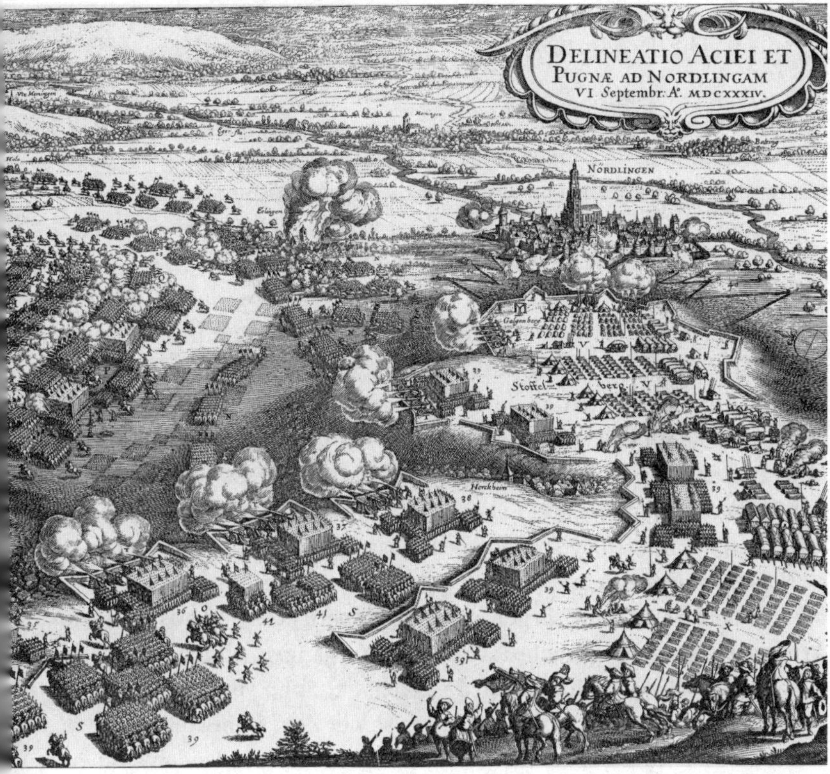

schen Geschütze und die 30 000 Mann starke Armee. Bis zu 10 000 Protestanten kamen ums Leben und 4000 wurden gefangen genommen, während die katholische Seite nur 3500 Tote und Verwundete verzeichnete.

Nicht nur Nördlingen fiel dem Kaiser in die Hände – der katholischen Rückeroberung ganz Süddeutschlands stand jetzt nichts mehr im Wege, die protestantische Armee war entscheidend geschlagen. Die Bürger der belagerten Stadt ergaben sich der kaiserlichen Übermacht. Fast die Hälfte der Bevölkerung war während der Belagerung durch Hunger oder Krankheiten zu Tode gekommen, nur etwa 4000 von ihnen überlebten.

Die Revolution aus dem Lauf der Musketen

Die Schlacht bei Nördlingen markiert nicht nur einen entscheidenden Moment im Dreißigjährigen Krieg, der die Siegesserie der von Schweden angeführten Protestanten beendete. Der Kupferstich von Merian zeigt auch, wie sehr sich das Kriegshandwerk verändert hatte.

Nicht Landsknechte, Schwerter und Hellebarden, sondern Musketen und Kanonen, strategische Gefechtsstellungen und disziplinierte Einheiten entschieden über Erfolg oder Niederlage. Infanterieregimenter stehen in zentraler Formation von Piketieren (Lanzenträgern), umgeben von Musketieren in kleineren Einheiten, die wie Bastionen einer Festung an den Ecken positioniert sind. Kavallerieeinheiten warten auf ihren Einsatz oder greifen das Fußvolk an den Flanken an, Artillerie in geschützten Stellungen beherrschen das gesamte Schlachtfeld.

Noch zwei Generationen früher hatten Söldner mit altmodischen Waffen das Feld beherrscht. Gegen modern ausgerüstete und ausgebildete Armeen waren aber erprobte Taktiken der Vergangenheit machtlos.

Fürst Mauritz von Oranien (1567–1625), der Sohn von Wilhelm dem Schweiger, war der innovativste Taktiker seiner Zeit. Seine militärischen Erfolge waren legendär. Er hatte unter anderem auch in Leiden studiert und war fasziniert vom wissenschaftlichen Zugang zur Kriegführung. Musketen waren wesentlich leichter, schneller zu laden und zielten aufgrund ihrer moderneren Rad- oder Steinschlösser wesentlich akkurater. Sie ließen sich mit enormer Effizienz einsetzen, wenn die Musketiere gut gedrillt waren. Eine Reihe trat vor, schoss und zog sich dann in den Schutz der Piken zurück, um rasch nachzuladen, während eine zweite Reihe eine Salve schoss, um einer dritten Platz zu machen. So ließ sich ein fast kontinuierliches Feuer erzielen, während die langen Spieße einen Angriff von Reitern fast unmöglich machten.

Auch der Feldartillerie kam eine wichtige Bedeutung zu, wenn sie richtig eingesetzt wurde. Um aber über die eigenen Einheiten hinweg auf einen aus der Ebene unsichtbaren Gegner zu schießen, mussten die Flugbahnen der Geschosse akkurat berechnet werden, dann konnten schon relativ wenige Geschütze (in Nördlingen waren es 54 auf der

Anlegen, Laden, Feuern: Standardisierte Handgriffe, die auf Kommando ausgeführt wurden, revolutionierten den Krieg und wurden zur Inspiration für industrielle Prozesse

kaiserlichen Seite und 32 bei den Protestanten) gefechtsentscheidend sein.

Die neue, auf modernen Feuerwaffen beruhende Taktik hatte mehrere Konsequenzen. Soldaten mussten im koordinierten Gebrauch ihrer Waffen ausgebildet werden und dafür brauchten sie nicht nur standardisierte Musketen, sondern mussten auch über lange Zeiträume ausgebildet, kaserniert, ernährt und bezahlt werden. Es wurde also wesentlich teurer, Kriege zu führen. Erfolgreiche Armeen brauchten zusätzlich mehr Organisation, Kasernen und Uniformen, einen besser koordinierten Nachschub, einen strikten Drill, mehr Verwaltung und professionelle Offiziere, die nicht nur die Ausbildung überwachten, sondern auch strategisch ausgebildet waren, um das Zusammenspiel von Infanterie, Kavallerie und Artillerie mit tödlicher Effizienz zu choreographieren.

Gleichzeitig erhöhte sich die Truppenstärke der europäischen Armeen in vielen Ländern um das Fünffache oder mehr. Kurfürst Georg Wilhelm von Preußen (1595–1640) hatte eine Armee von 900 Soldaten. Sein Sohn und Nachfolger Friedrich Wilhelm hatte eine Armee von 80 000 Mann. Auch die Kriegs- und Handelsflotten der seefahrenden Nationen rüsteten erheblich auf: Immer mehr, immer größere Schiffe mit mehr und modernerer Bewaffnung und zahlreicheren Besatzungen mussten gebaut, bemannt und finanziert werden. Die als unbesiegbar geltende spanische Armada verfügte um 1588 über 22 Galeonen und 108 umgerüstete Handelsschiffe; zur gleichen Zeit hatten die Vereinigten Provinzen der Niederlande 25. 1625 aber hatten allein die Holländer 114 wesentlich größere, besser bewaffnete Kriegsschiffe, und in der Mitte des Jahrhunderts produzierten holländische Docks pro Jahr etwa 2000 Kriegs- und Handelsschiffe, auf denen jährlich bis zu 70 000 neue Seeleute anheuerten.

So große Streitkräfte zu unterhalten und auszubilden kostete Zeit und Geld, und Strategen begannen offene Schlachten zu vermeiden, wo immer es möglich war. Der britische Staatsmann Roger Boyle schrieb: »Schlachten entscheiden unsere nationalen Streitigkeiten nicht mehr ... wie früher. Denn wir führen Krieg wie Füchse, nicht wie Löwen; und zwanzig Belagerungen kommen auf eine Schlacht.«[62]

Die Gräben in Sternform, die um das belagerte Nördlingen herum zu erkennen sind, waren eine improvisierte Festung der modernen Schule, eine sogenannte *trace italienne* um die mittelalterlichen Schutzwälle herum. Die alten Stadtmauern waren gegen moderne Artillerie kaum zu verteidigen, weil die hohen und relativ dünnen Strukturen ein ideales Ziel boten.

Die neue, italienische Festungsbauweise setzte auf niedrigere, aus weicherem Material wie Backstein oder Erdwällen konstruierte Bastionen, deren Sternform den Angreifern keine Möglichkeit gab, dem Beschuss aus der Festung heraus zu entkommen. In Verbindung mit wassergefüllten Gräben waren diese Strukturen praktisch uneinnehmbar – ein Grund, warum 500 schwedische Soldaten Nördlingen drei Wochen lang gegen 30 000 Angreifer verteidigen konnten.

Die Belagerung von Nördlingen war insofern eine Ausnahme, als sie nur drei Wochen dauerte, bevor eine offene Feldschlacht die Situation entschied. Oft nahmen Belagerungen Monate oder sogar Jahre in Anspruch, während derer auch die Belagerer ein ausgeklügeltes System von Befestigungen, Laufgräben, Artilleriestellungen, Lagern und Straßen für Nachschub anlegten. Bei der Belagerung von Breda, die im August 1624 begann, konstruierte die 40 000 Mann zählende Armee der Belagerer zwei Verteidigungsringe mit sechsundneunzig Feldschanzen und fünfundvierzig Batterien und blieb neun Monate in Stellung, bis die ausgehungerte Stadt sich endlich nach dem Verlust von 15 000 Menschen ergab. Andere Belagerungen dauerten wesentlich länger. Wie auch der Festungsbau wurden diese riesigen und logistisch hochkomplexen Unternehmungen zunehmend zu einer Aufgabe für spezialisierte Ingenieure und zu einer enormen Belastung der Kriegskasse.

Krieg wurde um ein Vielfaches teurer und verlangte nicht nur nach riesigen Armeen und Flotten, sondern auch nach einem Heer von Experten. Die Kriegsherren mussten also einerseits in die Erziehung und Ausbildung potenzieller Offiziere und Ingenieure investieren und andererseits neue Geldquellen auftun – und das in einer Epoche, in der ihre traditionelle Einnahmequelle, die Landwirtschaft und besonders der Getreideanbau, nicht nur durch die Verwüstungen verschiedener Kriege, sondern auch durch die Abkühlung des Klimas empfindlich getroffen wurde. Vielleicht ist der Krieg wirklich der Vater aller Dinge, mit Sicherheit aber konnte das alte, feudale System den Anforderungen einer neuen, durch Klimawandel gezeichneten Zeit nicht mehr auch nur im Ansatz genügen. »Eine Einkommenskrise der herrschenden Klasse beendet das Mittelalter und eröffnet die moderne Zeit«,[63] schrieb der französische Historiker Marc Bloch.

Diese doppelte Belastung wurde zur tödlichen Bedrohung für viele Europäerinnen und Europäer. »Ein Drittel der Welt ist umgekommen«,[64] notierte die Äbtissin des Klosters Port Royal 1654. Die Habsburger Lande, Frankreich, Flandern und die Niederlande, Deutschland, Russland und Teile von Skandinavien und Italien wurden über Jahrzehnte von einer scheinbar endlosen Serie von Kriegen und Rebellionen heimgesucht, Hunger und Erschöpfung leisteten den immer wieder ausbrechenden Seuchen Vorschub, religiöse und soziale Konflikte prägten den Alltag von unzähligen Menschen. Während die unmittelbaren Antworten auf diese Erschütterungen noch eine Generation zuvor hauptsächlich theologisch argumentierten und sich im täglichen Leben in Form von Prozessionen, Bußpredigten, Hexenverfolgungen und religiösen Pamphleten und populären Endzeitfantasien äußerten, begannen immer mehr Intellektuelle, anders über die Probleme ihrer Zeit nachzudenken. Einige von ihnen argumentierten rein ökonomisch und suchten nach neuen Einkommensquellen für ihre Herrscher. Andere suchten nach philosophischen Antworten auf das düstere und scheinbar unverständliche Wesen einer Zeit, in der althergebrachte Lehrsätze über das Wesen der Natur und das menschliche Leben keinen Sinn mehr schaffen konnten und grundlegend neue Ansätze gefunden werden mussten. Beide Gruppen – die Ökonomen und die Philosophen – katapultierten Europa in eine völlig neue Lebenswirklichkeit.

Sell more to strangers

In einer Welt, in der politische Interessen hauptsächlich mit Waffengewalt durchgesetzt wurden, sah sich jede Staatsmacht, auch jene, die selbst nicht an Feldzügen und Territorialgewinnen interessiert war, potenziellen Angriffen ausgesetzt. Das zwang alle Herrscher, zwecks Abschreckung und Allianzbildung militärische Macht zu projizieren. Die Finanzierung der Kriege war also das vordringlichste Problem jeder Regierung.

Zum ersten Mal dachten Gelehrte und Praktiker im christlichen Europa methodisch über Wirtschaft und Gesellschaft nach und gingen dabei nicht von theologischen oder philosophischen Theorien aus, sondern von realen Bedürfnissen (Geld für den König) und unmittelbaren Verhältnissen wie geographischer Lage, wirtschaftlichen Möglichkeiten, demographischen Gegebenheiten und spezifischen Herausforderungen. Ihre Gedanken und Argumente situieren sich auf faszinierende Weise zwischen Mittelalter und Aufklärung.

Um ein stehendes Heer zu unterhalten, wie die neue Kriegführung es notwendig machte, um in Kanonen, Schiffe, Festungen und Straßennetze zu investieren und die eigene Position gegen Herausforderung von außerhalb und innerhalb der eigenen Grenzen zu verteidigen, brauchen Monarchen Gold, und so war es das Ziel einer erfolgreichen Regierung, ein möglichst großes Einkommen in die Truhen der Herrschenden strömen zu lassen. Das Steueraufkommen aus der Landwirtschaft war unsicher geworden, und obwohl die Steuern der Bauern beispielsweise in

Frankreich und in Osteuropa auf mehr als das Doppelte angehoben wurden, war jede neue Steuer mit dem Risiko von Rebellion und der Möglichkeit von Auswanderung oder Hungersnöten verbunden. Es mussten also andere Einkommensquellen erschlossen werden.

Die Lösung zu diesem Dilemma war einfach und wurde von dem englischen Kaufmann und Direktor der East India Company wie folgt formuliert: »Wir müssen uns an diese Regel halten: jedes Jahr mehr an Fremde zu verkaufen, als wir von ihnen an Wert konsumieren.«[65] Ein Handelsüberschuss sollte garantieren, dass der Staat durch Steuern und Zölle reich und mächtig blieb.

Thomas Mun (1571–1641) stand seit 1615 an der Spitze der East India Company und hatte damit eine politische Schlüsselposition inne. Englands internationaler Handel entwickelte sich schwunghaft, immer in harter Konkurrenz gegen die explodierende See- und Wirtschaftsmacht der Niederländer. Schwer bewaffnete, oft von der Kriegsmarine begleitete Handelsschiffe beäugten misstrauisch jedes fremde Segel am Horizont, Freibeuter und Piraten agierten manchmal mit Billigung einer Macht, um der Flotte der anderen zu schaden – Handel, so viel war deutlich, war die Fortsetzung des Krieges mit anderen Mitteln.

Muns einflussreiches Werk *England's Treasure by Forraign Trade* wurde 1661 veröffentlicht, aber schon dreißig Jahre eher als Verwaltungsdokument geschrieben. Es gab dem einflussreichen Direktor die Möglichkeit, seine Gedanken darüber darzulegen, wie ein erfolgreicher Staat aussieht und was die Rolle des Handels sein soll. Der Erfolg eines Staates, so Mun, drückt sich vor allem in seiner Verteidigungsbereitschaft aus. Ein mächtiger Fürst, schrieb er, findet sich dank seiner Händler in einer beneidenswerten Situation:

> ... seine Ländereien sind groß und vereinigt, seine Untertanen zahlreich und loyal, seine Länder reich durch die Natur und durch Handel, seine Nahrungsvorräte und Kriegsausrüstung reichhaltig und immer bereit, seine Lage macht es ihm einfach, andere anzugreifen und erschwert eine Invasion, seine Häfen sind gut, seine Marine stark, seine Bündnisse schlagkräftig ...[66]

Der Kaufmann und Politiker Mun war sich sicher, dass die Aufgaben des Staates zuallererst militärischer Natur waren. Andere Aspekte kamen erst am Ende einer langen Liste. Sie bestanden darin

> ... Kriegsschiffe herzustellen ... Festungen zu bauen ... Korn zu kaufen und in den Kornspeichern jeder Provinz für ein Jahr im voraus einzulagern ..., Banken zu gründen, die mit ihrem Geld den Handel der Untertanen vermehren, auf ihrer Gehaltsliste disziplinierte Oberste, Hauptmänner, Soldaten, Kapitäne, Matrosen und andere zu haben, und ihre Lagerhäuser mit reichlich Schießpulver, Feuersteinen, Salpeter, Geschossen, Musketen, Schwertern, Piken, Rüstungen, Pferden und vielen anderen Kriegsvorräten zu füllen, die sie in der Fremde gefürchtet und zu Hause geliebt sein lassen, besonders, wenn der Herrscher ... die Manufaktur der eigenen Untertanen fördert, von der die jährliche Last der Steuern getragen wird, denn ein Fürst ist wie der Bauch eines Körpers, der alles verdirbt und sich selbst zerstört, wenn er aufhört zu verdauen und die anderen Glieder zu ernähren.[67]

Die Elite als Bauch der Gesellschaft – dieses Bild hatte Mun von Shakespeare, der es in seinem, von den Brotunruhen in London inspirierten Drama *Coriolanus* gebraucht hatte. Hinter diesem Bild stand eine Frühversion der *Trickle-down Economics*, die im späten 20. Jahrhundert besonders in den USA Karriere machte:

> Der Pomp von Gebäuden, Kleidung und ähnlichem beim Adel und bei anderen Personen von Stand kann das Königreich nicht arm machen, denn wenn er in ausgesuchter und kostspieliger Weise aus unseren Materialien und von unseren eigenen Leuten produziert wird, erhält es die Armen durch die Geldbörse der Reichen, was die beste Verteilung von Wohlstand ist.

Dieser glücklichen Vision stand zunächst einmal der schlechte Charakter der eigenen Untertanen im Wege, die augenscheinlich moralisch nicht imstande waren, mit Wohlstand umzugehen. Denn während die Engländer sich allen Lastern hingaben, zeigte sich der Erzfeind fromm, diszipliniert und fürchterlich effizient:

> Während wir unsere Studien vernachlässigen und unserem Vergnügen nachgehen und uns seit einiger Zeit in Pfeife und Bierkrug verlieben, in viehischer Weise, Rauch einsaugend und einander Gesundheit zutrinkend, bis der Tod vielen ins Gesicht starrt, haben die Holländer diese schweinischen Laster nicht angenommen und unseren Mut geerbt. Das Resultat ist, dass die allgemeine Pest der Pfeifen und Bierkrüge, Feste, Moden und Verschwendung unserer Zeit für Eitelkeit und Vergnügen ... uns körperlich verweiblicht, unser Wissen schwächt, die Schatztruhen leert, und unseren Mut mindert.[68]

Der sehr wohlhabende Textilkaufmann sah Reichtum als eine große Gefahr für schwache Charaktere, und Armut als die beste Therapie: »Während Überfluss und Macht die Bevölkerung lasterhaft und verschwenderisch macht, so machten Armut und Bedürftigkeit die Menschen weise und fleißig.«

Während das Volk nur durch Armut tugendhaft bleiben konnte, war es die Aufgabe des Bürgertums und des Adels, »Bounty and Pomp« zu pflegen, freilich ohne zu übertreiben. Nur ein gesunder Konsum konnte die königlichen Kassen füllen, deren Prallheit jetzt nicht mehr nur von den landwirtschaftlichen Produkten, sondern immer mehr auch vom Handel und der Manufaktur abhing. Für Mun und andere Merkantilisten war der Weg zum Erfolg klar: so viel wie möglich zu Hause produzieren und für bares Geld exportieren, so wenig wie möglich einführen, um kein Gold ans Ausland zu verlieren. Auch in Frankreich, Italien, Spanien, Deutschland und im Russland Peters des Großen dachte man so. Was einer verdient, muss ein anderer verlieren. Im Handel gibt es letztendlich keine Partner, sondern wie auf dem Schlachtfeld nur Sieger und Besiegte.

Muns Gesellschaftsvision hatte neuzeitliche Elemente, weil sie den Handel über alles andere stellte. Karl Polanyis Befürchtung, westliche Gesellschaften könnten irgendwann ihre Staaten als bloße Anhängsel ihrer Wirtschaft betrachten, hat ihren Ursprung hier.

Gleichzeitig beschreibt Polanyi auch sehr plausibel, wie eine auf einen Handelsüberschuss ausgerichtete Wirtschaft auch die Gesellschaft grundlegend verändert. Um die nötige Sicherheit für Investoren und Verträge zu gewähren, müssen klare Gesetze und starke Institutionen, denen sich auch der Monarch unterwirft, das wirtschaftliche und soziale Leben regeln. Gerichte müssen durchsetzen, dass Vereinbarungen eingehalten werden, eine Handelsaufsicht muss Fairness garantieren, eine Polizei muss Diebstahl und Straßenraub bekämpfen und Betrug verfolgen, die Regierung muss für stabile Verhältnisse sorgen, um Investoren anzuziehen – ein moderner Staat entsteht.

Der Mittelklasse kam dabei die Rolle zu, Konsumenten, Akteure und Administratoren dieses Wirtschaftslebens zu sein, das den Monarchen reicher machen sollte. Dieser Teil der merkantilistischen Gesellschaft, der die Freiheit des Marktes und die Wichtigkeit eines stabilen und durch Institutionen gesicherten Staates betonte, markiert eine Art Zeitenwende, die oft mit dem hundert Jahre später auftretenden schottischen Moralphilosophen und Ökonomen Adam Smith identifiziert wird. Stabilität und Wachstum einer nationalen Wirtschaft wurden erstmals als Ziel einer erfolgreichen Gesellschaft definiert. Dieser Erfolg war nicht in Ehre oder göttlicher Gnade zu messen, sondern in Steuereinnahmen, Infrastruktur, Kriegsschiffen und Munitionsdepots.

Die Armen hatten eine wichtige Rolle in diesem gesellschaftlichen Ideal: Ihre billige Arbeit sollte heimische Rohstoffe in teure Exportware verwandeln. Indem die Arbeitgeber ihnen wenig zahlten, trugen sie dazu bei, dass die Steuereinnahmen umso höher waren – so erfüllten sie ihre nationale Pflicht. Dabei machen Mun und andere Autoren auch moralische Argumente geltend. Die Armen waren undiszipliniert und gaben sich nur allzu gerne der Unzucht, dem Alkohol, dem Kartenspiel und der Faulheit hin. Sie mussten durch strenge Arbeit und ein frugales Leben unter Kontrolle gehalten werden, sonst würde ihre Verderbtheit zum Niedergang des gesamten Landes führen.

Nicht nur Mun kämpfte wortgewaltig gegen die Armen, niemals aber gegen die Armut. Eine arme Bevölkerung, die im Wettbewerb um billige Arbeit ein unerschöpfliches Reservoir von Arbeitskräften bot, war auch für andere Wirtschafts- und Gesellschaftstheoretiker seiner Zeit ein Schlüssel zur idealen Gesellschaft. Darin waren sie eigentlich noch ganz mittelalterlich. Obwohl auch sie mit der Zeit ihre eigene Klasse der Kaufleute und Professionen als dynamisch und aufstrebend erlebten, sahen sie die Gesellschaft im Ganzen doch als statisch an. Einerseits musste der erfolgreiche Handel der Macht und dem Ansehen des Königs zugutekommen, andererseits waren die Armen wenig mehr als eine Herde billiger Arbeitskräfte, die zwar kontrolliert werden mussten, deren Armut aber nützlich und nicht schädlich war, solange der Hunger sie nicht so sehr schwächte, dass sie ihre Arbeiten nicht mehr verrichten konnten.

Ein gewisses Maß an erträglichen Lebensstandards war gut fürs Geschäft, aber während Mun darauf bestand, dass zur »ehrbaren Profession« des Händlers nicht nur Mathematik und Recht, sondern auch Kenntnisse der Sprachen, der klassischen Literatur, der zeitgenössischen Politik, der Geschichte Europas und der Geographie der Welt zählten, kam es ihm nicht in den Sinn, eine solche Ausbildung auch für Bauern, Arbeiter oder ihre Kinder zu fordern, um deren Tugend er sich so väterlich sorgte. Auch die feinen Waren, deren Import er noch immer erlauben wollte, solange sie nicht im eigenen Land hergestellt werden konnten, waren der Mittelklasse und den Aristokraten zugedacht, die vermutlich weniger der Dekadenz zuneigten.

Der Staat als Maschine

Auch in Frankreich waren hohe Funktionäre Anhänger der merkantilistischen Staatstheorie. Hier arbeitete eine ganze Reihe von Intellektuellen direkt oder indirekt für die Regierung: Jean Bodin, Barthélemy de Laffemas, der Dramatiker und Ökonom Antoine de Montchrestien und Maximilien de Béthune, Duc de Sully (1559–1641), der ungeheuer einflussreiche Finanzminister von Heinrich IV.

In Béthunes Biographie laufen einige thematische Stränge der Zeit zusammen. Als zweiter Sohn einer wenig vermögenden protestantischen Adelsfamilie besuchte er eine hervorragende Schule in Paris, musste sich aber selbst seinen Lebensunterhalt verdienen. Als Vertrauter und Freund des ebenfalls protestantischen Prinzen Heinrich von Navarra trat er in die Armee ein und zeichnete sich in mehreren Schlachten aus.

Sein Handwerk als Artillerieoffizier lernte er, während er für einige

Jahre in der protestantischen Armee der Niederlande kämpfte, die unter Mauritz von Oranien gerade eine neue Art der Kriegführung erfand. Béthune kam also mit den neuesten Ideen einer wissenschaftlichen Kriegführung und einer rationalen Wirtschaftspolitik zurück nach Frankreich, wo er dank einer günstigen Eheschließung, vor allem aber als hoher Offizier, Unterhändler, Kriegsspekulant und königliches Ratsmitglied bald eine große Karriere machte und zu Reichtum kam.

Obwohl er selbst sein Leben lang ein strenger Protestant blieb, riet er seinem Freund und König Heinrich von Navarra, der Krone wegen zum Katholizismus zu konvertieren. »Paris ist eine Messe wert«, seufzte der Monarch und folgte dem Rat. Bald wurde Heinrich als Heinrich IV. gekrönt, 1598 machte er seinen treuen Ratgeber zum Superintendenten der Finanzen, im Jahr darauf zum Großmeister der Artillerie, zum *Grand voyeur de France* (enttäuschenderweise zu übersetzen als »Großstraßenbauer Frankreichs«) und wenig später zum Superintendenten der Festungen.

Béthune war in einer einmaligen Position, Frankreichs militärische und wirtschaftliche Macht zu konsolidieren und auszubauen. Nur ein starkes Frankreich war ein sicheres Land, wusste der kampferprobte Offizier. Er ließ entlang der Grenze moderne Festungen errichten, baute das Straßennetz aus und bekämpfte die in den Jahren der Kriegswirren entstandenen Räuberbanden, ließ Kanäle anlegen, erleichterte die Steuerlast der Bauern und trieb landwirtschaftliche Reformen voran. Um die Produktion der französischen Bauern zu steigern, ließ er Sümpfe trockenlegen, um auf größeren Ackerflächen Getreide für den Export anzubauen. Er dachte in die Zukunft: Entlang der nach seinen Anweisungen neu gepflasterten und begradigten Straßen wurden Ulmen gepflanzt, die irgendwann als Schiffsmasten für die ebenfalls wachsende Marine dienen sollten.

In seinem reformatorischen Eifer kannte der königliche Minister keine Rücksichtnahme. Er schaffte Binnenzölle ab, beschnitt die Steuerprivilegien der Provinzen und tat alles, um unnötige Staatsausgaben zu senken. Er reformierte die Bürokratie und strich zahlreiche, gut bezahlte Stellungen, die der Staatskasse zur Last fielen. So machte er sich viele Feinde, aber durch das Vertrauen des Königs war er unangreifbar. Einmal entkam er trotzdem nur knapp einem Mordattentat.

Der 1606 zum Herzog von Sully ernannte Ratgeber des Königs hatte den hochverschuldeten Staat zu einer effektiven Maschine gemacht, die jedes Jahr Millionen einnahm, obwohl viele Steuern gesenkt worden waren. Er hatte den Export forciert und die französische Seidenproduktion begründet, inklusive der Pflanzung von Tausenden von Maulbeerbäumen. Als aber 1610 Heinrich IV. ermordet wurde, konnte sich Sully als ehemaliger Ratgeber des Königs nicht länger halten und zog sich aus dem öffentlichen Leben zurück.

Mun und Sully sind nur zwei von vielen Gelehrten, Kaufleuten und Staatsmännern, die merkantilistische Theorien vertraten und umsetzten. Eine positive Handelsbilanz war oberstes Ziel. Um Exporte zu begünstigen, wurden überall in Europa Importe beschränkt, verboten oder mit hohen Schutzzöllen belegt. Eine hohe Produktivität bei niedrigen Löhnen verlangte nach einer großen Bevölkerung und einer starken Konkurrenz um Arbeitsplätze. Besonders das durch den Dreißigjährigen Krieg verwüstete und wirtschaftlich zurückgeworfene Preußen verfolgte eine sehr aktive Bevölkerungspolitik. Die Einwanderung qualifizierter Arbeiter wurde durch Steuerprivilegien begünstigt und so kamen Tausende von hugenottischen Protestanten aus Frankreich und brachten unter anderem auch französische Expertise in der Seidenverarbeitung mit.

Überall in Europa bemühte man sich um Bevölkerungswachstum, auch wenn es lange dauern sollte, bis sich Erfolge zeigten. Schon um 1600 wollten die Merkantilisten das Wachstum von Bevölkerung und Wirtschaft in Schwung bringen, Konsumgüter für andere Märkte produzieren, einen Exportüberschuss erzielen und sich im Wettbewerb der Mächte zur Not auch militärisch durchsetzen.

Diese wirtschaftliche Revolution erwies sich für viele Herrscher als sehr erfolgreich und wurde auf dem Rücken der Armen ausgetragen, die keinen Anteil an dem neu entstandenen Wohlstand hatten oder bekommen sollten. Immer mehr von ihnen befanden sich in einer akuten Notsituation. Vielerorts hatten Kriege die Bevölkerung dezimiert oder die Bestellung der Felder unmöglich gemacht. Die häufigen harten Winter und kurzen, verregneten Sommer bereiteten den Bauern oft Schwierigkeiten, im Frühjahr noch ausreichend Getreide zur Aussaat zu haben. Die Konsolidierung von Landgütern und die Abschaffung von

Almenden machten zahllose Familien heimatlos, die Städte verschluckten Einwanderer in Elendsquartieren und auf Armenfriedhöfen. Gleichzeitig wuchs auch eine Masse von landlosen Arbeitssuchenden, die in den Manufakturen, in der Armee oder der Marine zu winzigen, anonymen und austauschbaren Teilen der neu konstruierten Staatsmaschine wurden.

Nicht nur arme Europäer wurden ausgebeutet, um das stetige Wachstum der staatlichen Finanzen und den notwendigen Konsum der Mittelklasse zu ermöglichen. Für seefahrende Nationen wie Großbritannien, die Niederlande, Frankreich, Spanien und Portugal waren die eigenen Kolonien und abhängigen Territorien nicht nur wichtige Absatzmärkte, sondern Glieder einer enorm lukrativen internationalen Handelskette, die enorme Reichtümer in Europas Häfen und Schatzkammern spülte.

Ein profitabler Handel

Europas führende Wirtschaftsdenker sahen Handel als eine Form des Kriegs und behandelten folgerichtig unterworfene Gebiete als subalterne Handelspartner, die im Tausch für Güter von geringem Wert wesentlich wertvollere Rohstoffe liefern sollten, besonders Edelmetalle und Luxusgüter wie Seide, Porzellan, exotische Hölzer und seltene Gewürze. Ein weiterer wichtiger Rohstoff waren Sklaven, die als billige Arbeitskräfte auf Plantagen in Südamerika oder den Westindischen Inseln und den britischen Kolonien in Nordamerika eingesetzt werden konnten. Die Produkte dieser Plantagen – Zucker, Tee, Tabak, Kaffee, Indigo – waren in Europa hochbegehrt.

So entstand der Dreieckshandel zwischen Europa, Westafrika und den Amerikas, der dann im 18. und 19. Jahrhundert noch wesentlich ausgeweitet wurde: Billige Konsumgüter und Waffen gingen nach Afrika, wo die Profite in Sklaven für den Transport über den Atlantik investiert wurden. Bei diesen Überfahrten wurden die von afrikanischen Sklavenhändlern im Inland gefangenen und an die Europäer verkauften Menschen Körper an Körper unter Deck festgehalten. Hunger, Krankheiten

An jedem Sack klebt Menschenblut: Sklaven in der Karibik produzieren Rohrzucker für den europäischen Markt

und Gewalt führten zu einer durchschnittlichen Todesrate von zwanzig Prozent während der Passage.

Für die Händler in Bordeaux und Nantes, in London und Plymouth, Amsterdam und Antwerpen, Porto und Neapel war die Handelsbilanz trotzdem glänzend, denn die Produkte aus der Neuen Welt, die sie mit dem Erlös aus dem Verkauf der Sklaven erwarben und die auch von Sklaven produziert worden waren, konnten in Europa mit riesigen Profiten verkauft werden. Die Städte waren hungrig und entwickelten einen besonderen Heißhunger auf exotische Genussmittel wie Zucker, Tee, Kaffee und Tabak sowie auf Baumwolle, Gewürze und Rohstoffe.

Wie viele afrikanische, südamerikanische und asiatische Sklaven schufteten auf Plantagen und in Bergwerken in den Kolonien des 17. Jahrhunderts für die europäische Wirtschaft? Nicht so viele wie in den beiden folgenden Jahrhunderten, aber doch Zehn- oder Hunderttausende, obwohl eine exakte Anzahl nicht dokumentiert ist. Obwohl europäische Händler ihre Transaktionen gut dokumentierten, sind die meisten Quellen verloren gegangen oder zerstört worden. In den Kolonien selbst war

Gott mit uns: Im Namen des Herrn und des Profits verbreitete Jan Pieterszoon Coen Angst und Tod

die Dokumentation ohnehin lückenhaft. Einige Beispiele vermitteln aber einen guten Eindruck von Ausmaß und Wachstum der Sklaverei im 17. Jahrhundert.

1619 wurden die ersten afrikanischen Sklaven in Jamestown, Virginia, von einem holländischen Handelsschiff getrieben und an den Besitzer einer Tabakplantage verkauft. Bereits 1700 arbeiteten allein in den britischen Kolonien in Nordamerika etwa 28 000 versklavte Afrikaner. Auf den karibischen Inseln weckte die Einführung des Zuckerrohrs in der Mitte des Jahrhunderts einen riesigen Bedarf an billigen Arbeitskräften. Ein Sklave kostete um 1650 etwa sechs britische Pfund und noch einmal so viel in Verpflegung bei einer Lebenserwartung von fünf Jahren, konnte aber ein Vielfaches an Zuckerrohr ernten. Um 1650 waren zwanzig Prozent der Einwohner Sklaven, 1678 waren es bereits mehr als die Hälfte und um 1700 waren achtzig Prozent Sklaven. Tausende von versklavten Afrikanern arbeiteten übrigens auch in Südeuropa, besonders in Sizilien und Neapel und in spanischen Besitzungen.

Wie eng Europas wirtschaftlicher Erfolg in den Kolonien mit dem Einsatz von militärischer Gewalt und von Sklaven zusammenhing, zeigt auch die Geschichte des Jan Pieterszoon Coen (1587–1629), der als Direktor der VOC (der Vereinigten Ostindischen Compagnie der Niederlande) eine enorm lukrative Schreckensherrschaft in Indonesien auf- und ausbaute.

Coen, ein strenger Calvinist, der seine Gottesfurcht fast in jedem Satz seiner Berichte an die Handelsherren in Amsterdam betonte, war als Kaufmann in den Dienst der VOC getreten und hatte sich rasch emporgearbeitet. 1607, im Alter von zwanzig Jahren, war er zum ersten Mal als Unterkaufmann auf einem Schiff der Compagnie nach Asien gereist und hatte die Aufmerksamkeit seiner Arbeitgeber auf sich gezogen, indem er ihnen einen detaillierten Bericht mit Vorschlägen unterbreitete, wie die niederländische Handelsdominanz in Südostasien, die auch von Briten und Portugiesen beansprucht wurde, ausgebaut werden konnte. Schon 1612 konnte der zum Oberkaufmann beförderte Coen seine Ideen auf einer zweiten Reise in die Tat umsetzen. Seine Chefs waren hochzufrieden mit ihm: 1613 wurde er zum Generaldirektor der VOC in Asien ernannt.

»In Indien können wir nach meiner Meinung nicht ohne Autorität und Macht bestehen ... Wir müssen mit Waffen Zwang ausüben, oder wir können durch die Finger pfeifen«,[69] notierte der ehrgeizige Coen und verfolgte erbarmungslos die merkantilistische Theorie des Handels als Krieg mit anderen Mitteln. Im Wettbewerb mit Portugal und Großbritannien brauchte der niederländische Handel militarisierte Stützpunkte und dafür war die Sultanstadt Jakarta an der Nordküste ideal gelegen. Nach unbefriedigenden Verhandlungen mit der örtlichen Elite griff seine etwa tausend Mann zählende Armee 1619 die Stadt an und brannte sie bis auf die Grundmauern nieder. Hunderte von Einwohnern wurden bei dem auf die Einnahme der Stadt folgenden Massaker getötet, aber nur ein Soldat der VOC verlor das Leben. Auf den Ruinen errichtete der inzwischen zum Generalgouverneur beförderte Coen die Festung Batavia, wie er in einem Brief an das Direktorium schrieb, in dem er betonte, »wie der Allmächtige für uns gekämpft und uns gesegnet hat«.[70]

Zwei Jahre führte Coen als Befehlshaber der VOC eine Strafexpedition auf den Banda-Inseln an, die für ihre Muskatnüsse berühmt waren. Die örtlichen Händler hatten ihre Ware immer wieder auch an englische und portugiesische Schiffe verkauft, obwohl sie (unter erheblichem Druck) einen Vertrag mit der VOC unterzeichnet hatten. Als Vergeltung und um ein Exempel zu statuieren ließ Coen alle Kaufleute öffentlich hinrichten und vertrieb die örtliche Bevölkerung ins bergige Binnenland, wo er sie jagen und verhungern ließ. Bis zu 15 000 Einheimische kamen ums Leben, um den Machtanspruch der VOC zu unterstreichen. Viele Männer wurden sofort getötet, weitere wurden als Sklaven von der Compagnie selbst übernommen, Frauen und Kinder wurden auf örtlichen Sklavenmärkten verkauft oder auf Plantagen zur Arbeit eingesetzt.

Jan Coen schaffte es, das Monopol der Niederlande auf den Handel mit Indonesien durchzusetzen und realisierte große Profite für die VOC. Die Niederlande etablierten sich als Kolonialherren des Inselreiches und auch spätere Gouverneure praktizierten einen drakonischen Regierungsstil, um den Handel weiter stark und völlig einseitig zu betreiben. Die menschlichen Kosten dieses Reichtums lassen sich hinter den fragmentarischen Zahlen von Eroberungen, Massakern, Hinrichtungen und häufiger Versklavung nur erahnen.

Das Verhängnis des Silbers

Die merkantilistische Theorie verlangte nach Staatskassen voller Gold und Silber, um europäische Kriege und europäische Expansionsgelüste zu finanzieren. Tatsächlich wurde im 17. Jahrhundert besonders Silber aus den Kolonien nach Europa eingeführt, zumeist über Spanien, dessen peruanische Bergwerke scheinbar unendliche Mengen an Edelmetallen lieferten, selbstverständlich gefördert von Sklaven.

Trotz dieser enormen Gewinne aber gelang es mit Ausnahme von Sully kaum einem europäischen Finanzminister der Zeit, den Staatshaushalt unter Kontrolle zu bekommen, denn nicht nur der Krieg wurde teurer, auch in Friedenszeiten stiegen die Preise ständig. Der große französische Historiker Fernand Braudel beschreibt eine urbane Welt, die uns seltsam vertraut scheint. Die Reichen wurden reicher, die Armen ärmer, die Lebenshaltungskosten in den Städten stiegen ständig an, Inflation wurde zu einem Dauerproblem.[71]

Der Mechanismus dieser Inflation, die wesentlich zum allgemeinen Gefühl der Not in Europa beitrug, war einfach: Immer mehr Staaten finanzierten sich nicht durch Abgaben in Naturalien, sondern durch Steuern, Zölle und andere Finanzabgaben. Gerade auf dem Getreidemarkt, der sich inzwischen von lokalen Zentren losgelöst hatte und von Spekulanten in Amsterdam, London und Venedig beherrscht wurde, ließ die ungeheure Nachfrage der Armeen nach Proviant die Preise immer wieder und besonders nach schlechten Ernten in Westeuropa stark steigen, was natürlich auch die Zivilbevölkerung zu spüren bekam. Die Landwirtschaft wurde Teil einer Geldwirtschaft und je mehr Silber nach Europa strömte, umso teurer wurde das Leben für die Bevölkerung.

Das Ziel, durch Monopolbildung und eine positive Handelsbilanz Kriege zu finanzieren, machte den Handel von vornherein antagonistisch, weil Monopolansprüche und Importverbote immer wieder zu bewaffneten Auseinandersetzungen führten. Gleichzeitig führte die Geldschwemme zu einer Teuerung von Gütern des täglichen Lebens, die eine Stimmung dauernder Unsicherheit hervorbrachte.

Den reichen Spaniern wurde das Silber aus den Kolonien zum Verhängnis. Stärker noch als in anderen Ländern war die Macht der Aristokratie hier von einem rigiden Standesethos geprägt, der Adeligen jede kommerzielle Tätigkeit verbot. Die Provinzen der einzelnen Landesfürsten erhoben hohe Zölle und es war fast unmöglich, ein nationales Handelsnetzwerk aufzubauen. Wollproduzenten in Kastilien konnten ihre Wolle nicht in Katalonien absetzen, wo die Webereien angesiedelt waren. Auch das Aufkommen einer Mittelklasse war unter diesen Bedingungen wesentlich erschwert. Schon unter Philipp III. wurden Kollegien geschlossen, um der Ketzerei vorzubeugen.

1609 ließ der streng katholische König die Moriscos ausweisen, die letzten, zwangsweise zum Christentum konvertierten und ehemals moslemischen Bewohner Spaniens, die mit ihren exzellenten Verbindungen zu Handelszentren in islamischen Ländern eine Schlüsselrolle im mediterranen Handel spielten. Man warf ihnen Kollaboration mit Piraten, heimlich praktizierte islamische Rituale und Sympathien mit den Türken vor. Noch wichtiger aber war, dass der Erzbischof von Valencia sie als gottlose Häretiker betrachtete und eigentlich vorhatte, ihren Besitz zu konfiszieren und die Männer als Galeerensklaven einzusetzen.

Für die Ausweisung wurden italienische Armeeeinheiten eingesetzt. Innerhalb von drei Jahren wurden bis zu 300 000 Menschen deportiert, die meisten von ihnen nach Nordafrika. Nicht nur für sie selbst war das eine Katastrophe. Ein Drittel der Einwohner von Valencia waren Moriscos gewesen sowie ein Fünftel der Bevölkerung von Aragon, Zehntausende in Andalusien. Mit ihnen entledigte sich Spanien auch einer gebildeten, weltgewandten Handelsklasse.

Die fatale Schwächung von Handel und Gewerbe in Spanien wurde lange durch den Geldreichtum aus den Kolonien kaschiert, denn peruanisches Silber erlaubte nicht nur den Import von ausländischen, feineren Wollstoffen und anderen Produkten, sondern auch eine Reihe von europäischen und kolonialen Kriegen – oder schienen es zu erlauben, denn trotz der jährlichen Lieferungen von Schiffen voller Silberbarren war der spanische König bei verschiedenen Geldgebern hoch verschuldet und unfähig, der Inflation im eigenen Land Herr zu werden, die den Wert des Silbers auffraß.

1607 ging das Königshaus trotz der regelmäßig eintreffenden Schiffe voller Edelmetalle bankrott, zum vierten Mal seit Mitte des 16. Jahrhunderts. Die größte Katastrophe kam aber 1628, als der niederländische Admiral Piet Pieterszoon Hein im Bündnis mit dem niederländisch-sephardisch-jüdischen Piratenkapitän Moses Cohen Henriques die halbe spanische Schatzflotte aufbrachte und damit nicht nur sich selbst und seinen Anteilseignern ein Vermögen erbeutete, sondern der Regierung mehr als elf Millionen Gulden übergeben konnte, was die gesamte niederländische Armee für acht Monate finanzierte.

Die Beherrscher der Wirtschaft bauten ihren Reichtum und den ihrer Monarchen auf der Ausbeutung der eigenen Armen und der Unterdrückung von Kolonialvölkern auf. Diese äußerst erfolgreiche Praxis begründeten sie mit den Argumenten des Merkantilismus: Verkaufe mehr an Fremde, als du von ihnen kaufst. Im Kielwasser dieser Theorie entstanden Institutionen, die moderne Staaten kennzeichnen: Gerichte, Handelsaufsicht, eine geordnete Staatsgewalt. Die neuen Mächtigen in der Gesellschaft hatten eine andere Sicht auf die Welt, die sie ihrerseits durchsetzen wollten, und auch sie hatten Denker, die ihre sozialen Interessen auf eine neue theoretische Grundlage stellten.

Philosophen reflektierten die gesellschaftlichen Veränderungen und den Aufstieg der Mittelklasse, den sie möglich machten. Ihre Ideen hatten ihrerseits einen profunden Einfluss auf die Gesellschaft und ihre denkerischen Möglichkeiten. Es ist faszinierend, diese Wechselwirkung zu beobachten, wenn man die wichtigsten philosophischen Neuerungen der Zeit in den biographischen und sozialen Kontext einbettet, aus dem heraus sie formuliert wurden. Immer wieder zeigen sich intensive Beziehungen zwischen dem modernen Krieg, der Welt des Merkantilismus und grundlegenden Gedanken über Wissen und Wissenschaft, Natur und Staat, Moral und Menschenrechte.

Offizier im Ruhestand

Gegen Mitte des 17. Jahrhunderts hatte die Kleine Eiszeit Europa fest im Griff. In Schweden lagen die Wintertemperaturen mehr als zwei Grad unter denen des 20. Jahrhunderts, sieben der zehn kältesten Jahre der letzten fünf Jahrhunderte fallen in die Zeit zwischen 1569 (sieben Grad unter dem Durchschnitt) und 1614 (fünf Grad). Vielleicht kosteten diese mörderischen Winter Europa einen seiner größten Denker.

Im Herbst 1649 nahm ein Privatgelehrter und ehemaliger Artillerieoffizier im niederländischen Santpoort mit Tränen in den Augen Abschied von seinen Freunden und bestieg eine Kutsche, um eine neue Stellung in Stockholm anzutreten. René Descartes war einer jener neuen Männer, deren Debatten von Monarchen und Kirchenfürsten mit großem Misstrauen verfolgt wurden, weil sie drohten, die bestehende, gottgewollte Ordnung anzutasten. Descartes hatte zwanzig Jahre in den liberalen Niederlanden im Exil gelebt und hoffte jetzt, als Mentor der intellektuellen und faszinierenden jungen Königin Christina von Schweden, dem Star am Firmament der protestantischen Monarchen, eine sichere und einflussreiche Position zu erlangen, die auch seine eigene Philosophie in ganz Europa etablieren könnte.

1596 als drittes Kind eines Juristen aus dem provinziellen Kleinadel geboren, hatte René Descartes von den neuen schulischen Möglichkeiten der europäischen Bildungsrevolution profitiert und war im Jesuitenkolleg La Flèche in Nordfrankreich zur Schule gegangen. Nach seinem Jurastudium war er allerdings nicht Anwalt geworden, sondern auf der Suche nach Abenteuer und Karriere in die Niederlande gereist und in die Armee von Mauritz von Nassau eingetreten. Das Armeeleben bot nicht nur ideale Aufstiegsmöglichkeiten. Descartes konnte dort auch seine große Leidenschaft zur Grundlage seines Berufs machen: die Mathematik. Der Bau von Befestigungen und die Berechnung der Flugbahnen von Artilleriegeschossen waren unverzichtbare Voraussetzungen für jeden militärischen Erfolg und die hohen Offiziere, die meist aus großen, adeligen Familien kamen, überließen oft genug die eigentlichen Entscheidungen auf dem Schlachtfeld ihren professionell ausgebildeten Untergebenen.

Unter Mauritz von Nassau lernte der junge Offizier die moderne Kriegführung kennen, ein Spiel, in dem Berechnung, Logistik, Aufklärung und Spionage ungleich viel wichtiger waren als körperlicher Mut und Geschicklichkeit zu Pferd. Dieser theoretische Zugang zu einem sehr praktischen Handwerk kam ihm nicht nur entgegen, das Leben in der Armee ließ ihm auch genug Zeit, um seiner Leidenschaft für wissenschaftliche Argumente nachzugehen. Im niederländischen Breda begegnete er dem Gelehrten Isaac Beeckman und schrieb sein erstes eigenes Werk, *Musicae compendium* (1618), das einen jungen Gelehrten auf der Suche nach einer intellektuellen Herausforderung und einer rigorosen Methode der Erkenntnis zeigt.

Drei Jahre nach seiner Erfahrung in den Niederlanden wechselte der Offizier die Seite und trat dem katholischen, kaiserlichen Heer von Maximilian von Bayern bei und besuchte in Regensburg das Observatorium von Johannes Kepler – es ist sogar möglich, dass er ihn persönlich kennenlernte. Danach zog er mit der kaiserlichen Eroberungsarmee in Prag ein, wo er das Studio von Tycho Brahe besichtigte. Den klirrend kalten Winter 1620, währenddessen die kaiserliche Armee über die gefrorene Donau reiten konnte, verbrachte er in Süddeutschland. In Neuburg an der Donau war es schon im November so unerträglich kalt, dass Descartes sich in einen von einem großen Kachelofen beheizten Raum zurückzog und drei Tage lang dort blieb. Einem frühen Biographen zufolge hatte er dort drei Visionen, in denen ein göttlicher Bote ihm die Umrisse einer wahren Philosophie zeigte.

Vielleicht sind die Visionen nichts als biographische Ausschmückung, die einem Genie nachträglich zugeschrieben wurden. Sicher ist nur, dass der inzwischen vierundzwanzigjährige Descartes seine Offizierskarriere an den Nagel hängte. Im Frühjahr 1620 besiegelte er seinen Entschluss, sich ganz der Philosophie und der Wissenschaft mit einer sehr konventionellen Geste zu widmen: Er unternahm eine Pilgerreise ins italienische Loreto.

Die folgenden Jahre verbrachte Descartes damit, durch Europa zu reisen, einerseits, um die wichtigsten Gelehrten seiner Zeit aufzusuchen, andererseits vielleicht auch, um seine eigene Aufgabe zu verstehen und zu finden. Erst 1625 beendete er seine unstete Existenz, zog nach Paris und begann, sich unter den Intellektuellen der Stadt einen Ruf als scharfsinniger Diskutant und ausgezeichneter Mathematiker zu erwerben. Allerdings war er alles andere als ein weltfremder Philosoph. Es ist belegt, dass er in dieser Zeit ein Duell gewann.

Descartes' philosophischer Ehrgeiz trieb ihn weiter. In Paris war das intellektuelle Leben (wie auch im 18. Jahrhundert) auf wenige, aristokratische Salons beschränkt, in denen die Gäste ohne Furcht vor Zensoren und Spionen diskutieren konnten, was in der Öffentlichkeit unmöglich war. An der Sorbonne wurden hauptsächlich Jura, alte Sprachen und Theologie gelehrt und die Zensur für Druckwerke war streng. In den Niederlanden aber winkte eine viel größere intellektuelle Freiheit.

Friesland war die erste Station in der neuen Heimat des Philosophen, bald von Leiden gefolgt, wo Descartes an der Universität seine mathematischen Kenntnisse vertiefte und seinen astronomischen Interessen folgte. Danach wohnte er in Amsterdam, wo er gemeinsam mit seiner Hausmagd Helena Jans van der Strom eine Tochter hatte, Francine, die fünfjährig starb. Der Vater war untröstlich, wie aus mehreren Briefen deutlich wird. Der Verlust seiner kleinen Tochter markiert auch einen Wendepunkt in seinem Werk. Während er vor Francines Tod sehr allgemein forschte und sich besonders für Astronomie, Medizin und Mathematik interessierte, widmete er sich nach 1640 stärker philosophischen Grundsatzfragen.

Schon im folgenden Jahr publizierte Descartes sein Hauptwerk *Meditationen über die erste Philosophie*, in dem er Themen des *Diskurs über die Methode* von 1637 aufnahm und erweiterte. In diesen beiden Texten zeigt sich sein ganzer prometheischer Ehrgeiz.

In den *Meditationen* versucht Descartes nichts weniger, als die Möglichkeit des Wissens auf eine völlig neue Grundlage zu stellen. Wie können wir überhaupt irgendetwas mit Sicherheit wissen? Wissen kommt von den Sinnen, schrieb Aristoteles, aber was, wenn wir träumen und nur glauben, die Welt um uns herum sei real? Was, wenn ein boshafter Dämon und kein gütiger Gott uns eine Welt vorgaukelt, die gar nicht besteht? Gibt es einen Kern des Wissens, der jenseits aller Zweifel steht und so einen sicheren Ausgangspunkt für alles Denken bietet?

Bekanntlich fand Descartes diesen Archimedischen Punkt mit seinem einfachen Satz *cogito ergo sum*, »Ich denke, also bin ich«, den er wenig später formulierte. Zwar kann und muss ich alles anzweifeln, alle Sinneseindrücke und Erinnerungen, alles, was ich zu wissen glaube, aber ich kann in diesem Moment nicht leugnen oder anzweifeln, dass es da etwas gibt, das denkt, ein denkendes Ding, das seiner selbst bewusst ist. Aus radikalem Zweifel entsteht unerschütterliche Sicherheit. Dies ist der Fels, auf dem alles Wissen gebaut werden muss.

Daraus ergibt sich gleich ein Problem, das den Angelpunkt alles weiteren Denkens darstellt: Zwar kann ich mir sicher sein, dass es mich gibt und dass ich denke, dass ich wahrnehme oder wahrzunehmen scheine – aber wie kann ich das eine vom anderen unterscheiden? Der denkende Geist hat zwar bewiesen, dass es ihn gibt, aber er ist keinen Schritt weitergekommen, um zu beweisen, dass er etwas über die Welt wissen und erkennen kann, dass nicht alles nur Traum und Täuschung ist. Es ist das berühmte Problem von dem Mann, der aus einem Traum erwacht, in dem er ein Schmetterling war – oder ist es ein Schmetterling, der gerade träumt, dass er ein Mann ist?

Descartes wusste, dass sein ganzes erkenntnistheoretisches Werk und vielleicht die gesamte Philosophie seiner Epoche – er war kein wirklich bescheidener Mensch – von diesem argumentativen Schritt abhing. Wie konnte er beweisen, dass der sich seiner selbst bewusste Geist wirkliches Wissen über die Welt erlangen konnte? Wie konnte er widerlegen, dass ein böser Geist oder ein göttlicher Betrüger uns eine falsche Welt vorspiegelt?

Der Jesuitenschüler Descartes, der es sich zur Aufgabe gemacht hatte, ohne jede Voreingenommenheit alles anzuzweifeln und sich nur auf die wissenschaftlich-mathematische Methode zu verlassen, fiel auf die Theologie zurück – wie er es übrigens auch mit seinem berühmten Cogito getan hatte, das sehr ähnlich bereits von Augustinus formuliert worden war. Wie also können wir sicher sein, dass es eine Welt um uns herum gibt und dass wir die Welt so erkennen können, wie sie wirklich ist, dass wir die Wahrheit sehen können? Wie ist es möglich, den einen, schlagenden Beweis zu finden, nach dem Philosophen Jahrtausende gesucht hatten?

In wenigen Sätzen breitet Descartes seinen Beweis aus. Unser Geist kann sich Dinge vorstellen, und unter all den Träumen, Täuschungen und Illusionen, unter allen Sirenen, Chimären und Fabelgestalten, die wir vor unserem geistigen Auge sehen können, die aber in der Welt außerhalb unseres Geistes nicht existieren, ist eine Idee anders als alle anderen: die eines vollkommenen Wesens. Wenn man nämlich Vollkommenheit als Eigenschaft postuliert, dann muss dieses Wesen auch existieren, denn nichts, was nicht existiert, kann vollkommen sein. Ein vollkommenes Wesen existiert also. In seiner Vollkommenheit ist es nicht durch Zeit und Raum begrenzt, es ist also ewig und allgegenwärtig, die Ursache allen Seins, der Schöpfer der zeitlichen, materiellen Welt. Gleichzeitig bedeutet seine Vollkommenheit, dass es wahrhaftig ist, denn ein vollkommenes Wesen könnte nicht lügen oder täuschen, weil der Wille zu täuschen von Bosheit und Schwäche zeugen würde, also nicht göttlich sein kann.

Aus dieser eleganten Argumentation leitete Descartes ab, dass der gute Schöpfergott nicht nur notwendig existiert, sondern dass er die Welt in seiner Weisheit geschaffen hat und seinen Kreaturen wahrhaftig offenbart, weil alle Täuschung ihm fremd ist. Das ursprüngliche und einsame Cogito hatte ein Heim in der Welt gefunden, die Sicherheit, dass es zu wahrer Erkenntnis über die Dinge der Wahrnehmung kommen kann. Damit glaubte Descartes eines der ältesten Probleme der Philosophie mit einem Schlag gelöst und nicht nur die Existenz des Geistes, sondern auch die Existenz Gottes und die Sicherheit der Erkenntnis mit einem Schlag und mit logischer Notwendigkeit bewiesen zu haben.

Hier stellt sich eine faszinierende Frage. Der Gottesbeweis, den Descartes hier angewendet hatte und der die Existenz des Schöpfers aus der Idee der Vollkommenheit herleitet, war schon im alten Griechenland bekannt und hatte besonders im 13. Jahrhundert durch das Werk des Scholastikers Anselm von Canterbury unter der Bezeichnung ontologischer

Gottesbeweis Karriere gemacht. Er wurde allerdings schon von einem Zeitgenossen Anselms widerlegt. Die vielleicht schönste und einfachste Version dieser Widerlegung kam von Gaunilo von Marmoutiers, einem Mönch, der vorlaut fragte, ob eine vollkommene Insel im Ozean, die er sich immerhin vorstellen konnte, auch deswegen notwendig im Ozean existieren müsse. Er wies damit auf das hin, was eigentlich offensichtlich ist, nämlich dass »Vollkommenheit« als Attribut einer Idee eben nur in der Sprache existiert, nicht aber außerhalb, sonst hätte Descartes zwar nicht an die reale Existenz von Sirenen, wohl aber von »vollkommenen Sirenen« glauben müssen.

Ziemlich sicher kannte Descartes nicht nur die Geschichte dieses alten Beweises, der im College de la Flèche schon mit den Schülern in allen Details durchexerziert wurde, sondern auch seine Widerlegung. Er benutzte also am Angelpunkt seiner Philosophie altes, längst als morsch erkanntes Holz. Warum? Wohl kaum war er so arrogant zu glauben, seine gelehrten Leser, von denen viele die gleiche Ausbildung genossen hatten wie er, würden ihm nicht auf die Schliche kommen. Unterlief er also sein eigenes Argument, um seine Leser rhetorisch zu verführen und sie dann zu der bestürzenden Einsicht zu bringen, dass sich der Solipsismus – die Idee, dass es nichts in der Welt gibt, als einen träumenden Geist – eben doch nicht widerlegen lässt, dass alle Erkenntnis unsicher und Gott zumindest auf diesem Wege unbeweisbar ist?

In Descartes' Korrespondenz findet sich keinerlei Hinweis darauf, dass er sich mit atheistischen Gedanken trug. Gleichzeitig aber war er ein vorsichtiger Mann, der, obwohl er in den liberalen Niederlanden lebte, das Buch, das er selbst als sein Meisterwerk betrachtete, zurückhielt und nie vollendete, nachdem Galilei in Rom verurteilt worden war. Autoren, die durch ihre Schriften in Konflikt mit Zensoren, Kirche und Gönnern geraten konnten, und das waren die meisten, benutzten damals wie selbstverständlich Strategien des Verbergens, Verleugnens, der Allegorie und des Umschreibens, um der Verfolgung zu entgehen. Dabei kam dem Leser eine sehr aktive Rolle dabei zu, die rhetorischen und logischen Kunstgriffe eines Autors zu durchschauen und zwischen den Zeilen zu lesen, um so etwas wie ein verborgenes Argument zu rekonstruieren, auch wenn der Text gerade dieses Argument anzugreifen schien. War ihm der Widerspruch in seinem eigenen Argument vielleicht nicht

Philosophie am eisigen Wintermorgen: Descartes und Königin Christina von Schweden

bewusst? Das ist wenig wahrscheinlich, aber auch darüber können wir kein sicheres Wissen erlangen.

Wenn Descartes das Problem der subjektiven Erkenntnis trotz seines wissenschaftlichen Anspruchs nur lösen konnte, indem er im penibel gejäteten Garten der scholastischen Theologie wilderte, so finden sich in seinem Denken auch andere Echos der kirchlichen Lehre. Besonders einflussreich war seine Analyse von Geist und Materie, ein altes Problem der Philosophie, das im Zuge der wissenschaftlichen Kultur und der damals wieder aufflammenden Debatten um den Ursprung des Lebens wieder an Dringlichkeit gewonnen hatte. Descartes erklärte kategorisch, dass Geist und Materie zwei völlig unterschiedliche Substanzen seien, die auf mysteriöse Weise zusammenwirkten. Nur Menschen besitzen eine unsterbliche Seele. Tiere sind seelenlose Maschinen.

Zwei solcher seelenlosen Maschinen waren vor die Kutsche gespannt, die René Descartes im September 1649 bestieg. Seine Ideen hatten unter den frommen holländischen Calvinisten, die überall das Sagen hatten, einen Skandal ausgelöst, und Descartes begann wieder einmal um seine Sicherheit zu fürchten. Die Einladung nach Schweden stellte ihn nicht nur unter den Schutz einer mächtigen Monarchin, sie eröffnete ihm auch ganz neue Möglichkeiten.

Nach einer wochenlangen Reise in ungeheizten Kutschen kam Descartes endlich in Stockholm an. Die junge Königin brannte darauf, ihn kennenzulernen. Sie war philosophisch und wissenschaftlich interessiert und galt als ein intellektuelles Wunderkind. Bald aber musste er erfahren, wie schwer es sein konnte, zum Hofstaat einer exzentrischen Monarchin zu gehören. Sie verlangte von ihm, das Libretto für ein Ballett zu schreiben und ließ ihn immer wieder warten. Descartes langweilte sich in der eisigen schwedischen Provinz: »Es scheint mir, dass die Gedanken der Menschen hier im Winter genauso gefrieren, wie das Wasser«,[72] schrieb er in einem Brief an einen Freund in wärmeren Gefilden.

Bald aber bekam er mehr Aufmerksamkeit von Christina, als ihm lieb war. Sie befahl ihm, ihr in ihrer Bibliothek jeden Morgen Privatunterricht zu geben. Christina war jung und robust, ihr neuer Tutor und Schützling war dreiundfünfzig Jahre alt, kränkelte und war es gewöhnt, den Vormittag im Bett seines überheizten Zimmers zu verbringen. Während der Unterhaltungen, die um fünf Uhr morgens in der auch mitten im Winter ungeheizten Bibliothek stattfanden, musste er barhäuptig vor der Monarchin stehen und zog sich eine Lungenentzündung zu. Am 11. Februar 1650 starb er in Stockholm.

*

Vielleicht musste der heroische Versuch von Descartes, alles Denken und alles Wissen logisch zwingend zu begründen, genauso scheitern, wie alle vorherigen oder späteren Versuche. Trotzdem markierte er eine Zeitenwende, denn er etablierte den absoluten Anspruch der Vernunft, der empirischen Erkenntnis und der logischen Argumentation, Wissen zu begründen. In der Frühzeit der wissenschaftlichen Revolution, die sich gerade in Europa ausbreitete, war diese Position der Ausgangspunkt für weitere Debatten und für die Entwicklung einer Methode, die von allen Teilnehmern an wissenschaftlichen Debatten akzeptiert und angewendet wird. Wo Philosophen früher Bibelstellen oder Zitate aus der Antike als Beweise herangezogen hatten, ließen die Verfechter des neuen Denkens nur rationale Kriterien gelten.

Es sollte noch viele Jahrzehnte dauern, bis sich dieser Anspruch allgemein durchsetzen würde, und es ist wichtig zu betonen, dass gerade im 17. Jahrhundert die verschiedenen Zweige der Naturforschung und der philosophischen Debatten nicht auf einen Schlag rational und empirisch wurden, im Gegenteil: Nie war die intellektuelle Landschaft Europas reicher an Okkultisten und Alchemisten, Magiern und Wahrsagern, Astrologen und Geistersehern als zu dieser Zeit, die so stark erschüttert war und deswegen besonders nach Erklärung verlangte. Es war ein Universum von schillernden Figuren, peripatetischen Genies, unsteten Propheten und nach heutigen Begriffen abenteuerlichen intellektuellen Überschneidungen und Weltentwürfen.

Die subversive Republik der Lettern

Im Zentrum eines ganzen Netzwerks von Gelehrten stand ein Schulfreund von Descartes aus den Tagen am Jesuitenkolleg von La Flèche, Marin Mersenne (1588–1648), der von Paris aus mit führenden Denkern und Forschern seiner Zeit korrespondierte. Als Intellektueller war Mersenne ein typisches Kind seiner Zeit, ein Übergangsmensch. Er war Priester und bekämpfte die Kabbalisten, Rosenkreuzer und anderen Mystiker seiner Zeit als Theologe mit größter Entschiedenheit und setzte sich gleichzeitig für eine rein rationale Betrachtung der Welt ein. Er korrespondierte und unterhielt Freundschaften mit skeptischen Philosophen wie Descartes, Thomas Hobbes und Pierre Gassendi, mit Mathematikern wie Fermat und Wissenschaftlern wie Constantijn Huygens und Galileo Galilei, unternahm fünfzehn Reisen nach Italien, begrüßte aber gleichzeitig die Verurteilung von Lucilio Vanini, der als Gotteslästerer und Atheist 1619 in Toulouse qualvoll hingerichtet wurde.

Vaninis Schicksal macht die Gefahren deutlich, mit denen Freigeister an der Wende zum 17. Jahrhundert leben mussten. 1585 bei Lecce geboren, hatte der begabte Sohn eines wohlhabenden Kaufmanns in Neapel studiert und war in den Karmeliterorden eingetreten, wo er sich Fra Gabriele nannte. Nach dem Tod seines Vaters finanziell unabhängig,

Das Internet des 17. Jahrhunderts: Marin Mersenne korrespondierte mit zahlreichen Gelehrten und verbreitete ihre Ideen

setzte er seine theologischen Studien in Padua fort. Während seiner Studienzeit wurde er in einen politischen Disput hineingezogen und floh nach England, wo er inkognito im Palast des Erzbischofs von Canterbury wohnte. 1612 schwor er der katholischen Kirche ab und wurde Anglikaner. Schon im Jahr darauf aber plagten ihn theologische Zweifel und er rief den Papst persönlich an, um ihm eine Rückkehr in die Kirche zu gewähren. Der Pontifex gab seine Zustimmung, was wiederum seine strikt antikatholischen, anglikanischen Gastgeber erheblich verstimmte. Nach einer Gefangennahme auf Befehl des Erzbischofs von Canterbury konnten Vanini und ein Freund mit Hilfe des venezianischen Botschafters in London fliehen und kamen 1614 endlich in Frankreich an.

Nach seinem interkonfessionellen Abenteuer wusste Vanini, wie wichtig es war, das Vertrauen der Kirche wiederzuerlangen. Er reiste nach Rom, um sich zu rechtfertigen, floh aber nach Frankreich, als sein Freund und Reisegefährte in Genua von der Inquisition festgenommen wurde. 1615 publizierte Vanini in Lyon ein Werk gegen Atheismus und Skeptizismus, um seinen Namen reinzuwaschen. Ein weiteres Werk folgte ein Jahr später mit ausdrücklicher Zustimmung der Sorbonne, der Wächterin über religiöse Orthodoxie.

Leider hatten die Doktoren in Paris das Werk mit dem schönen Titel *De Admirandis Naturae Reginae Deaeque Mortalium Arcanis*, »Über die wunderbaren Geheimnisse der Natur, Königin und Göttin der Sterblichen«, nicht mit der erforderlichen Aufmerksamkeit gelesen, denn hinter dem Lob der göttlichen Schöpfung verbarg sich ein gefährlicher Skeptizismus, der nur notdürftig und mit ironischen Gesten verleugnet wurde. Mehr noch: Die erbaulichen Dialoge zwischen dem Autor und einem jungen Mann namens Alessandro konnten so gelesen werden, dass das gesamte Universum als eine materielle Einheit und die Unsterblichkeit der Seele rundheraus geleugnet wurde.

Vanini verstand es, seine Argumente mit großem Geschick in das Gespräch einzufädeln, und er zeigte dabei große Fantasie. Wer hatte schon vor ihm einen Dialog über das Kitzeln geschrieben? Auch die anderen Dialoge griffen scheinbar einfache Fragen auf und versuchten sie zuallererst wissenschaftlich zu erklären, wenn auch immer mit einem dünnen und rissigen theologischen Firnis versehen: über Kometen und Blitze, Schnee und Regen, die Kraft von Pfeilen, die aus einer Armbrust geschossen werden, den Ursprung von Bergen und Inseln, über Erdbeben und Magnetismus, über Sperma und Reproduktion, über Sinnesorgane und Illusionen, über heidnische Bildnisse, Wunderheilungen, Hexerei und Träume unterhielten sich die beiden Stimmen und nicht eines der von ihnen diskutierten Themen wollte sich in das herkömmliche Schema der Theologie einordnen lassen. Der Himmel ist genauso materiell wie die Erde und eigentlich rund und wird von den ihm innewohnenden Gesetzen, nicht von Gott und den Engeln bewegt, argumentiert Vaninis Alter Ego Julius und er geht weiter: »Wäre ich nicht in der Schule der Christen unterrichtet worden, so würde ich behaupten, dass der Himmel als ein Tier, welches von seiner eigenen Form, welche eine Seele ist, bewegt wird, bewegt würde. Die Himmelsmasse wird, wie die Elemente, von ihrer eigenen Form im Kreise bewegt.«[73]

Ein gottloses Universum, das sich nach eigenen Gesetzen um sich selbst dreht? Der Schüler Alexander traut seinen Ohren nicht. Als er seinen Lehrer um Erklärungen bedrängt, fügt dieser hinzu: »Alles Endliche kann untergehen. Der Himmel ist etwas Endliches, also wird er untergehen.«[74] Immer wieder nutzt Vanini dieselbe Strategie, nämlich Atheisten und anderen Philosophen, die scheinbar widerlegt werden, überzeugende Argumente und Beobachtungen in den Mund zu legen, während die Einwände deutlich dagegen abfallen. Über den Ursprung der Tiere befragt, erwähnt Julius die damals verbreitete Theorie, der zufolge alles Leben aus feuchtem Schlamm entsteht, und wendet sich dann der Entstehung des Menschen zu:

> Andere träumten, dass aus faulgewordenen Affen, Schweinen und Fröschen der erste Mensch entstanden wäre, weil der Mensch dem Fleisch und Betragen nach diesen Tieren ähnlich wäre! Einige aber gelinder denkende Atheisten sagen, dass bloß die Aethiopier aus dem Samen und durch die Erzeugung der Affen entstanden wären, denn man treffe bei beiden Wärme an.[75]

Julius führt diesen Gedanken weiter aus, um ihn besser widerlegen zu können: »Die Atheisten geben vor, dass die ersten Menschen, wie die vierfüßigen Tiere, auf den Vieren gegangen wären«. Überhaupt beschäftigt Vanini der Gedanke der Vererbung. Sein eigener Vater, schreibt Julius, sei schon alt gewesen und »teilte also nur mit mäßigen Kräften und sehr langsam der Mutter seinen Samen mit«. Deshalb, so fährt er fort,

> erhielt ich wenig Kraft und Stärke. Habe ich gleich eine großmütige Denkart, eine gefallende Gestalt und einen wenigen Schwachheiten unterworfenen Leib, so kommt dieses daher, dass mein Vater, wenn er gleich alt, doch munter und fröhlich war, und weil seine junge Frau seine alten und frostigen Glieder erwärmte. Er übernahm über dieses, durch mäßigen Weingenuss vorbereitet, in derjenigen angenehmsten Jahreszeit, wo sich alle Naturkräfte verjüngen, das Begattungsgeschäfte.[76]

Alles, vom Wesen des Universums bis zur Entstehung des Individuums, kann durch natürliche Gesetze erklärt werden. Tugend und Laster? Nichts als die Wechselwirkungen zwischen »Samen und Einbildungskraft«, dem Einfluss der Gestirne und den Zutaten der Nahrung. Gute Ernährung führt zu tugendhaftem Verhalten. »Die Empfindung ist ein

Werkzeug des Verstandes und jedes handelnde Ding wirkt der Natur des Werkzeugs gemäß. Deshalb sind bei geringen Menschen, z. B. Schiffern, Fuhrleuten, Küfern, Tagelöhnern u. s. w. allenthalben die gottlosesten Menschen. Sie sind wild, nicht gastfrei, furchtlos, sie haben keine Ehrfurcht gegen die Religion, denn sie genießen grobe und schlechte Kost, welche dickes Blut und dichte und unruhige Geister bewirkt.«

Gleich danach kommt die rettende Wende, auch wenn sie mit einem verdächtigen Maß an Ironie formuliert ist: »Doch ich will diese Torheiten fahren lassen. Ich will diesen gottlosen Menschen auch nicht anraten, dass sie sich die pontischen Wurzeln und andere Heilmittel, welche die melancholischen und gallenartigen Säfte wegnehmen, anschaffen mögen, sondern ich ermahne sie, die christlichen Sakramente fleißig zu gebrauchen, welche die apostolische Kirche rechtmäßig verwaltet.«[77]

Im letzten der fünfzig Dialoge kann Vanini seine satirische Ader und seinen Spaß an sophistischen Argumentationsfallen kaum noch bezähmen. Gott als Endzweck der menschlichen Existenz? »Unsinn!«, ruft Julius aus, dann wäre der Mensch ja wichtiger als sein Gott. »Ist also alles zwecklos?«, fragt der Student ängstlich. »Bewahre der Himmel vor dem Epikureismus!«, fährt der Lehrer auf und zieht sich auf das Dogma zurück. »Aber was ist dann mit all dem Leiden auf der Welt? Ist das nicht Gottes Prüfung?«, fragt Alexander und bekräftigt seinen Glauben an die Unsterblichkeit. »Recht so«, kommentiert Julius trocken. »Alle Tiere haben ein Verlangen nach Fortdauer, sie wollen in ihren Nachkommen fortwähren und in Ehren bleiben.«[78]

Julius geht noch weiter in seinen Betrachtungen über die Religion. In der Antike glaubten die weisesten Männer, dass man nur der dogmenlosen Religion folgen solle, welche die Natur allen Menschen von der Natur mitgeteilt hat.

> Die übrigen Gesetze, sagten sie, wären nichts als Erdichtungen und Täuschungen, welche nicht etwa der Teufel (denn diese Art der Geister heißt bei den Philosophen fabelhaft) eingeführt habe, sondern welche die Fürsten, um ihre Untertanen desto leichter zu leiten, ausgedacht, und von den Priestern, um dadurch Geld und Ehre zu gewinnen, nicht durch Wunder, sondern durch Schriften, wovon man nirgends mehr das Original antrifft, bestätigt haben. … Dadurch –

> nämlich durch die Furcht vor das höchste, alles bemerkende und alles mit ewigen Strafen und Belohnungen vergeltende Wesen, wird der rohe Volkshaufen (rusticana plebecula) untertänig und dienstbar erhalten.[79]

Kein Wunder, dass die Zensoren der Sorbonne ihren Irrtum bald bemerkten. Vaninis Werk wurde von der Inquisition verdammt und dem Henker zur öffentlichen Verbrennung auf dem Place de Grève übergeben. Der Autor fand einmal mehr, dass er rasch verschwinden musste. Da er weder nach Italien noch nach England zurückkehren konnte, versteckte er sich in einem Kloster in der Bretagne, um sich neu zu erfinden.

Einige Monate später machte ein rätselhafter Italiener mit Namen Pompeo oder Pomponio Uciglio in Südfrankreich von sich reden. Der als freisinnig und nicht besonders sittenstreng bekannte Herzog Henri II. de Montmorency, der geliebte Patensohn des Königs, nahm den Unbekannten in seinen Schutz. Eine Anstellung wurde bald gekündigt, weil Uciglio von Gerüchten verfolgt wurde. Inzwischen vierunddreißig Jahre alt, zeigte sich der ketzerische und deshalb verfolgte Philosoph ausgesprochen lebenshungrig. Er war, wie man damals sagte, ein *libertin*, der die bürgerliche Moral verachtete und sich sagenhaften, zügellosen Orgien hingab. Auch sein neuer Dienstgeber, der Comte de Caraman, war bekannt als ein Mensch ohne Moral.

Warum wurde Vanini, der versucht hatte, sich durch ein Pseudonym zu schützen, 1618 in Toulouse von der Inquisition festgenommen, zumal sein Inkognito noch gar nicht gelüftet war? Wir wissen nur wenige Details über seine Biographie. Sein Verhalten hatte augenscheinlich einen der gestrengen Ratsherren erzürnt. Die Annalen des Hôtel de Ville de Toulouse dokumentieren das, was folgte:

> Am Donnerstag, den zweiten Tag des Monats August ... wurde im Haus der Erben des verstorbenen Monhalles, im capitoulat von Daurade, von den Herren Olivier und Virazel ein Gefangener gemacht und ins Rathaus gebracht, ein junger Mann, der angab, vierunddreißig Jahre alt zu sein, gebürtig aus Neapel, in Italien, der sich Pomponio Uciglio nennt und beschuldigt wird, den Atheismus unterrichtet zu haben und der schon seit mehr als einem Monat gesucht wurde.[80]

Diesmal gab es kein Entkommen. Der noch immer unerkannte Vanini wurde dem weltlichen Gericht übergeben und wegen Atheismus, der Moral wider die Natur und Verführung der Jugend dazu verurteilt, dass ihm auf dem Place du Salin in Toulouse zuerst die Zunge herausgerissen und er dann erdrosselt und anschließend verbrannt werden sollte. Das Urteil wurde am 9. Februar 1618 vollstreckt. Zeugen sagten, dass sie die Schreie des Verurteilten nicht mehr vergessen konnten.

*

Der Mathematiker Marin Mersenne war hocherfreut über die Hinrichtung des Gotteslästerers, der so viele Ideen mit ihm geteilt hatte. »Die Libertins verbreiten sich in Frankreich«, schrieb er. »Sie haben nicht genug über das Beispiel Giordano Brunos nachgedacht, aber sie haben Vanini zu ihrem Anführer gewählt und proklamiert.«[81]

Obwohl Mersenne der Autor mehrerer furioser Werke gegen den Atheismus war, verschloss er sich ihren Gedanken nicht vollkommen. Zu seinen regelmäßigen Briefpartnern gehörte auch Pierre Gassendi (1592–1655), der nicht nur Priester war, sondern auch der wichtigste materialistische Denker seiner Generation. Die Gemeinde der Kathedrale von Digne, einer kleinen Stadt am Fuße der französischen Alpen, kannte ihren Priester als einen Mann, der trotz seiner Gelehrtheit und seiner offensichtlichen Frömmigkeit nie Karriere gemacht hatte. Er war ein Exzentriker, ständig in Korrespondenzen verstrickt und mit wissenschaftlichen Experimenten und Beobachtungen beschäftigt. Tatsächlich aber hatte der kleine Kanon von Digne ein zweites Leben als Freund von führenden Wissenschaftlern, Fürsprecher oder Gegner der intellektuellen Riesen seiner Zeit und als Philosoph, der in seinen Schriften einen Gegenentwurf zum aristotelischen Weltbild entwarf.

In seiner Jugend war Gassendi zuerst nach Paris und dann weiter nach Flandern gereist, wo er, wie auch der junge Artillerist Descartes, dem berühmten Wissenschaftler Isaac Beeckman begegnete. Auch den Philosophen Thomas Hobbes, damals ein politischer Flüchtling in Paris, lernte Gassendi dort kennen und lebenslang bewundern.

Um der provinziellen Enge seiner Heimatstadt Digne zu entfliehen, reiste Gassendi immer wieder nach Paris, um nicht nur Mersenne zu besuchen und an seinen gelehrten Akademien teilzunehmen, sondern auch um einen weiteren Freundeskreis zu pflegen, die *libertins érudits*, zu dem auch die Dichter Cyrano de Bergerac und der junge Molière gehörten. Hier war der Priester Teil einer ganz anderen Welt, denn hinter verschlossenen Türen wurde hier bei Wein und gutem Essen über buchstäblich alles gesprochen. Die *libertins* waren Rationalisten, Skeptiker, Hedonisten, Epikureer, Materialisten – mit einigen wenigen Deisten, damit die Debatte nicht langweilig wurde. Die meisten von ihnen waren zu klug und vielleicht zu zynisch, ihre Gedanken zu veröffentlichen. Das Schicksal Vaninis war allen noch deutlich in Erinnerung.

Mersenne versorgte den von ihm hochgeschätzten Gassendi mit einem niemals endenden Strom an neuen Abhandlungen und Aufsätzen, Ideen, philosophischen Debatten und Neuigkeiten über Gelehrtenfehden. Wenn sein Interesse geweckt war, konnte er lange schwelende Debatten mit einem einzigen, meisterhaft argumentierten Machtwort zum Verstummen bringen. Gassendi war so etwas wie eine Geheimwaffe, die Mersenne nur gegen die mächtigsten Gegner einsetzte.

Einer dieser Fälle waren die *Meditationes* von Descartes, die mit ihrem offen ausgesprochenen Anspruch, die Philosophie auf eine völlig neue Grundlage zu stellen, für große Aufmerksamkeit gesorgt hatten. Gassendi nahm sich die Argumentation seines berühmten Kollegen vor und zerlegte sie in kleine Stücke. Tatsächlich hatte er sich selbst intensiv mit der Frage beschäftigt, was wir wissen können und ob wir jemals Sicherheit erlangen, die Wahrheit sehen zu können. Mit seinem ontologischen Gottesbeweis – ein perfektes Wesen ist denkbar, muss daher existieren und kann uns nur die Wahrheit zeigen – glaubte Descartes, die Frage ein für alle Mal beantwortet zu haben.

Gassendi dekonstruierte Descartes auf allen Ebenen. Der Gottesbeweis ist nicht nur logisch falsch, demonstrierte er, er kann auch nicht gültig sein, weil alles Wissen von den Sinnen kommt und nichts, was nicht durch die Sinne zu uns gekommen ist, Wissen genannt werden kann. Diese bestechend einfache Idee hatte furchterregende Konsequenzen: Wenn alles Wissen aus den Sinnen kommt – was, wenn unsere Sinne uns betrügen? Möglich, gab Gassendi zu, aber durch wiederholte Beobachtung und mehrere Beobachter kann man trotzdem eine hohe praktische Konsistenz von Beschreibungen bekommen: Zwar ist es unmöglich zu wissen, ob zwei Menschen die Hitze einer Flamme an der

Eine Welt aus Atomen beschrieb der Philosoph und Priester Pierre Gassendi, dem Logik wichtiger war als das Dogma seiner Kirche

sie sich verbrennen, auf exakt dieselbe Weise als schmerzhaft empfinden, doch schon das Wissen um den Schmerz, der von allen gefühlt wird, reicht, um selbst anders zu handeln.

Wenn aber alles Wissen aus den Sinnen kommt, was ist dann mit dem Wissen um Dinge, die sich unseren Sinnen nicht offenbaren? Es ist unmöglich, urteilt Gassendi. Nichts kann gewusst werden, ohne sinnlich erfahrbar zu sein. Auch Gott nicht. Gerade Gott nicht. Descartes' Versuch, ein übersinnliches Wesen durch ein nichtsinnliches Argument (Vollkommenheit bedingt Existenz) zu beweisen, muss nach Gassendis Verständnis scheitern, weil außerhalb der sinnlichen Erfahrbarkeit überhaupt kein Wissen möglich ist. Mit anderen Worten: Man kann glauben, was man will, wissen kann man aber nur, was erfahrbar ist.

Gedanken wie diese waren von den Skeptikern und Epikureern der Antike beeinflusst, die Gassendi immer wieder zitierte. Auch in einer anderen Hinsicht begriff er sich ganz als Nachfolger von Epikur und besonders Lukrez. Die Welt, schrieb er wieder und wieder, besteht aus Atomen, aus winzigen, materiellen Teilchen, die sich auf unendlich viele verschiedene Weisen miteinander verbinden und aufeinander reagieren. Es gibt nichts außerhalb dieser materiellen Welt – oder fast nichts, schob der Priester Gassendi fast schuldbewusst nach und konstruierte eilig einen philosophischen Annex zu seinem System, in dem der Himmel untergebracht war.

Der Widerspruch zwischen der Annahme eines materialistischen Universums, über das wir nur wissen können, was unsere Sinne uns erlauben wahrzunehmen, und der katholischen Vision eines von Engeln bevölkerten Himmels, einer Heerschar von bestechlichen Heiligen und einem Gott, der in die Geschichte eingriff, war offensichtlich, aber Gassendi fand einen Weg, um diese beiden Aspekte seines Denkens miteinander zu verbinden oder sie zumindest koexistieren zu lassen, wenn auch nicht auf besonders überzeugende Weise. Er konnte sich von der Kirche nicht lossagen und betonte immer wieder die göttliche Inspiration der Bibel, die Wichtigkeit der Sakramente und des Gehorsams, verteidigte aber gleichzeitig seinen gelehrten Freund Galileo Galilei, nachdem dieser von der Inquisition verurteilt worden war.

Gassendi war selbst ein enthusiastischer Astronom, der Sonnenfinsternisse und andere ungewöhnliche Himmelsereignisse beobachtete und protokollierte, wahrscheinlich mit einem Teleskop, dessen Linsen ihm Galileo geschickt hatte. Dennoch respektierte er in seinen wissenschaftlichen Arbeiten gewisse Grenzen: Das heliozentrische Weltbild von Kopernikus lehnte er ab, weil es sich nicht mit der Bibel vereinbaren ließ – auch wenn er gleichzeitig selbst an der Berechnung von Planetenbahnen arbeitete und in anderen Experimenten Galileos Theorien zur Schwerkraft überprüfte.

Wenn auch das Dogma seiner Kirche es Gassendi unmöglich machte, jeden Weg zu beschreiten, den seine Vernunft ihn entdecken ließ, so wehrte er sich trotzdem gegen jede Form von Mystizismus. In einer Debatte mit dem britischen Arzt und Okkultisten Robert Fludd (1574–1637), die wieder auf Mersennes Betreiben zustande gekommen war, wehrten sich gleich zwei Autoren namens Gassendi gegen die mystischen Ideen des Engländers – ein Theologe und ein Wissenschaftler –, diesmal aber bekam der Theologe Vorrang.

Fludd war, höflich formuliert, ein Eklektiker, der sich die appetitlichsten Bissen aus verschiedenen spirituellen und mystischen Traditionen zusammengesucht hatte, um daraus ein eigenes Weltbild zu zimmern: Ein wenig Kabbala nach der einzigen, mehr als ein Jahrhundert von Johannes Reuchlin angefertigten Übersetzung einiger hebräischer Texte, die Mysterien der Rosenkreuzer und die Lehren des Paracelsus (alias Theophrastus Bombastus von Hohenheim), dem Begründer der modernen Homöopathie, waren die wichtigsten Zutaten zu einem Weltbild, das davon ausging, ein Weltgeist, der in der Sonne wohne, habe das Licht und die Erde geschaffen. In späteren Jahren scheint er Patienten in seiner Londoner Praxis nicht mehr mit Pillen und Tinkturen, sondern nur noch durch Inkantationen und Gebete behandelt zu haben, was angesichts der bekannten Medikamente (Opium, das einzig effektive schmerzstillende Medikament der Zeit, war erst 1527 nach Europa eingeführt worden, ironischerweise von Paracelsus selbst) wahrscheinlich nicht weniger erfolgreich war.

Gassendi wehrte sich nachdrücklich gegen die Idee, dass andere religiöse und mystische Traditionen dem Christentum ebenbürtig seien, sprach Fludd jegliche theologische Kompetenz ab und verwies gleichzeitig darauf, dass empirische Beweise zu gültigen Erkenntnissen führen. Fludds Werke hatten trotzdem einen gewissen Einfluss. Der Gedanke, verschiedene Kulturen nicht in der Gewissheit, die einzige Wahrheit zu besitzen, sondern als gleichberechtigt und an sich interessant zu betrachten, übte eine starke Anziehungskraft auf kommende Generationen von Denkern aus.

Gassendi war einer von vielen hervorragenden Köpfen, die versuchten, Religion und Wissenschaft miteinander zu vereinen. Descartes mochte seiner Ansicht nach mit seinem Versuch gescheitert sein, aber auch der Astronom Johannes Kepler schrieb neben einem Aufsatz über die Sechseckigkeit der Schneekristalle auch theologische Abhandlungen, Isaac Newton widmete die späten Jahre seines Arbeitslebens fast ausschließlich zahlenmystischen Spekulationen über Bibelverse und in Rom versuchte der Jesuit Athanasius Kircher, das Wesen der Welt nicht nur wissenschaftlich zu analysieren, sondern seine Entdeckungen auch aus den Evangelien zu begründen.

Germanus incredibilus

Kirchers Leben hat etwas Beeindruckendes, Episches an sich. 1601 oder 1602 als neuntes Kind einer einfachen Familie geboren – er selbst wusste nicht, in welchem Jahr –, besuchte er das Jesuitenkolleg in Fulda, nahm nebenher Hebräischunterricht bei einem Rabbiner und studierte dann Philosophie und Theologie in Paderborn. 1622 war er gezwungen, vor der heranrückenden protestantischen Armee nach Köln zu fliehen und wäre dabei fast ertrunken, als er den gefrorenen Rhein zu Fuß überquerte und dabei im Eis einbrach. Kircher blieb zwar noch zehn weitere Jahre im kriegszerrütteten Deutschland, bemühte sich aber schon bald um eine Stellung im Ausland und wurde schließlich 1633 auf einen Posten in Rom berufen, der es ihm erlaubte, seine Forschungen in Ruhe und Sicherheit weiterzubetreiben.

Die intellektuelle Welt des *Germanus incredibilus* Athanasius Kircher gleicht einem ungeheuer komplexen Kaleidoskop, das immer neue Kombinationen und Kaskaden aus Formen und Farben aller Wissensgebiete der damaligen Zeit bildet: Er versuchte, ägyptische Hieroglyphen zu entziffern und ein Perpetuum mobile zu bauen; er erforschte Vulkane und ließ sich 1638 in den Krater des Vesuv abseilen, um ins Erdinnere zu sehen; er unterrichtete Mathematik, Physik und orientalische Sprachen, schrieb über Musiktheorie und studierte Blutströpfchen unter einem Mikroskop, um dem Mechanismus der Verbreitung von Seuchen auf die Spur zu kommen; er suchte das untergegangene Atlantis und spekulierte, Adam und Eva hätten Altägyptisch gesprochen; er schrieb ein gewichtiges Werk über China und seine Kultur und kalkulierte, wie groß Noahs Arche gewesen sein musste, um allen bekannten Tieren inklusive Futter für vierzig Tage Platz zu bieten; er schrieb ein gewichtiges Werk, *Mundus Subterraneus*, in dem er einen Mechanismus für die Gezeiten der Meere vorschlug, postulierte, das Erdinnere sei voller Feuer, und versuchte, die Existenz von Fossilien mit dem Schöpfungsbericht zu vereinbaren.

Kein Problem war Kircher zu gewaltig, keine Idee zu trivial: In einem seiner Werke beschrieb er sogar ein neues Musikinstrument, eine Katzenorgel, in der Katzen nach Stimmlage in einer Reihe angeordnet zum Mi-

Ein Blick ins Innere der Erde: Kein Mysterium war zu gewaltig
für den Jesuiten Athanasius Kircher

auen gebracht werden, indem der Spieler mit den Tasten seines Klaviers auf ihre Schwänze drückt. In seinem Museum Kircherianum im Vatikan konnten Besucher aus aller Welt seine berühmte Sammlung inspizieren, in der von ägyptischen und griechischen Kunstwerken bis hin zu getrockneten Tieren und Pflanzen aus der Neuen Welt und einer ausgezeichneten Bibliothek alles Wissen der Zeit versammelt zu sein schien.

Kirchers brillanter Intellekt war legendär, aber bereits kurz nach seinem Tod galt sein Werk als durchsetzt von Irrtümern und haltlosen Spekulationen, der Nachlass eines Exzentrikers im Wissensrausch. Sein Vorschlag für die Entzifferung der Hieroglyphen war ebenso falsch wie seine Ideen über unterirdische Meere oder Feuerkorridore im Erdinneren, die von ihm beschworene Empirie brach immer wieder unter dem Gewicht fantastischer Theorien ein, seine synkretistischen Ideen über das alte Ägypten und die wahren Identitäten von Adam und Eva, Moses und dem »ägyptischen Oedipus« beunruhigten nicht nur die kirchliche Hierarchie, sondern regten auch rationalistische Leser zum Spott an. Es ist nicht schwer sich vorzustellen, wie Gassendi auf eine systematische Darstellung dieser abenteuerlichen Ideen reagiert hatte und tatsächlich korrespondierten die beiden Männer über astronomische Themen, wenn auch Gassendi sich mit ihm nie auf eine öffentliche Debatte über philosophische Themen einließ.

Die Gelehrtenrepublik war in der Mitte des 17. Jahrhunderts vollauf damit beschäftigt, sich auf die Eckpfeiler einer wissenschaftlichen Debatte zu einigen. Wo früher Aristoteles und seine Schüler in jeder theoretischen Auseinandersetzung als letzte Quelle der Wahrheit gegolten hatten, setzte sich langsam die Macht der empirischen Beobachtung und der logischen Deduktion durch – langsam, aber nicht gleichmäßig. Tatsächlich gab es kaum jemals ein Argument oder eine Diskussion unter den Wissenschaftlern der Zeit, in der nicht irgendwann Gott oder die Autoritäten der Antike bemüht wurden und sogar der Erzrationalist Descartes hatte seinen radikalen Zweifel zum Ausgangspunkt für einen Gottesbeweis genommen.

Nicht nur die geographische und soziale Verbreitung des Wissens änderte sich, auch die Art des Wissens, die Beschaffenheit dessen, was als Wissen anerkannt wurde und der Methoden, mit denen man zu sicherem Wissen gelangte, wurden ebenfalls langsam transformiert. Für viele Menschen war es eine schwierige Verwandlung, vor allem, weil die Widersprüche der einzelnen damals respektierten Theorien so eklatant waren und nach einem so riesigen Aufwand an komplizierten Rechtfertigungen und Umdeutungen verlangten.

Gassendi mochte die Wichtigkeit der Evangelien betonen, einem aufmerksamen Leser aber entging nicht sein Argument, dass wir nur durch unsere Sinne zu Wissen gelangen können und dass unsere Sinne uns täuschen und manipulieren können, dass also kein sicheres Wissen über die Welt der Sinne möglich ist und dass jenseits des sinnlich Erfahrbaren überhaupt keine sinnvolle Aussage möglich ist. Das heißt: Nichts ist sicher, wir haben keinen Zugang zu einer transzendenten Wahrheit, wir sind allein. Der Priester konnte über den wahren Glauben schreiben, so lang er wollte, seine philosophischen Argumente sprachen ihre eigene Sprache.

Ein neuer Ton war durch die neuen Gelehrten in die europäische Debatte gekommen, ein Ton, der Zensoren und Glaubenshüter alarmierte.

Aber nicht nur die Debatte veränderte sich, auch diejenigen, die sie führten, gehörten nicht mehr den alten Eliten an. Bauernsöhne wie Mersenne, Kircher und Gassendi, Kaufmannskinder wie Vanini, Provinzadelige und Berufsoffiziere wie Descartes waren jetzt die intellektuellen Wortführer in Europa. Edward Hyde, der erste Earl of Clarendon und ein Politiker und Historiker in königlichen Diensten (und selbst der Sohn eines Anwalts) beklagte diese verheerende Entwicklung in seiner *History of the Rebellion and Civil Wars in England: Begun in the Year 1641*. »Dirty people of no name«, schmutzige Leute ohne Namen, maßten sich an, ein Urteil über die Welt zu formulieren.

Diese schmutzigen Namenlosen, Angehörige der aufsteigenden Mittelklasse, veränderten die Welt mit einer erstaunlichen und oft beängstigenden Energie. Auch sie selbst fühlten den Verlust der alten Sicherheiten. Das Leben in der Stadt gehorchte anderen Gesetzen als das Landleben. In den großen Metropolen – in London, Paris und Amsterdam, in Neapel, Wien und Prag – drängten täglich Neuankömmlinge in die Armenviertel, während sich Flüchtlinge und eingesessene Bürger verschiedener Sprachen, Religionen und Überzeugungen gezwungen sahen, miteinander zu leben. Besonders Hafen- und Handelsstädte boten ihren Bürgern neue Perspektiven auf ferne Länder und Kulturen, neue Luxusgüter, neue Bücher, Pamphlete, Zeitungen und Flugblätter und ein Modekarussell, das schon damals in ständiger Bewegung war und ein Heer von Schneidern, Perückenmachern und Parfümeurs beschäftigte.

Die Welt der großen Städte war in ständiger Verwandlung begriffen und machte alle Bewohner notwendig zu Konsumenten, die ihre Nahrung, Wohnung, Kleidung und Gebrauchsgegenstände nicht mehr selbst produzierten oder durch Tausch erwarben, sondern kaufen mussten. Während die Landbewohner nur in einem sehr eingeschränkten Maß Teil der Geldwirtschaft waren und nur wenige Güter für harte Münze auf dem Markt einkauften, waren Städter ganz davon abhängig. Überleben hieß Geld verdienen. Wer nicht wenigstens einige Groschen pro Tag auftreiben konnte, musste entweder die demütigenden, gefängnisgleichen Bedingungen eines Armenhauses ertragen, oder auf der Straße verhungern.

Tugend und die Ertränkungszelle

Nirgendwo war diese Dynamik stärker und mitleidloser als in Amsterdam, einer Stadt, die im Goldenen Zeitalter der niederländischen See- und Handelsmacht vor Menschen und Geld, Selbstbewusstsein, Karrieremöglichkeiten und Erfindungsgeist aus allen Nähten platzte.

Amsterdam war durch den Getreidehandel mit dem Baltikum reich geworden. Inzwischen aber war der Anteil des Überseehandels und der Finanzgeschäfte am Wohlstand der Stadt deutlich gestiegen. Hinter dem anschwellenden Reichtum der Stadt steckte die neue Strategie des Merkantilismus: Wirtschaftswachstum, das auf Ausbeutung beruht. Der baltische Getreidehandel war nur deshalb so profitabel, weil das Getreide von Leibeigenen angebaut wurde; in Indonesien, Guyana und Surinam waren es indigene Arbeiter und Gefangene sowie Sklaven aus Afrika, die Pfeffer, Muskatnüsse, Indigo und andere Luxusgüter produzierten, auf den Zuckerplantagen der westindischen Inseln waren es fast ausschließlich versklavte Afrikaner, wobei der Handel mit Sklaven selbst eine äußerst lukrative Geldquelle war. Überall wurden Leibeigene, Sklaven und Indigene oder landlose Arbeiter ausgebeutet, um jenen Gewinn zu erwirtschaften, der in Europas (und bald auch Nordamerikas) Städten und Kriegen realisiert und investiert wurde.

Für die Bürger von Amsterdam, die direkt oder indirekt von diesem auf dem Rücken der Rechtlosen erwirtschafteten Reichtum profitierten, war das Leben trotzdem alles andere als einfach. Die Preise in der Stadt stiegen immer weiter. Wer nicht zur Kaufmannselite gehörte, musste sich sein Überleben jeden Tag teuer erarbeiten.

Für alle, die nicht arbeiten wollten, hatte die Stadt einen eigenen Ort, das Rasphuis, dessen Geschichte viel über die Mentalität aussagt, die sich im Zuge der Erfindung einer städtischen Welt und ihrer Lebensweisen entwickelte. Das Rasphuis war ein besonderes Gefängnis, eine Reformanstalt, in der arbeitsunwillige junge Männer den Wert von ehrlicher Arbeit erfahren sollten. In der eigenen Werkstätte wurde tropisches Holz zu Pulver gemahlen, um als Pigment zum Färben von Stoffen zu dienen. Die Insassen wurden nach Arbeitsleistung bezahlt, mussten sich

Zucht und Ordnung: Zur kapitalistischen Dynamik der protestantischen Weltstadt Amsterdam gehörten auch die Kontrolle und Bestrafung von »Arbeitsunwilligen«

aber einem Regime unterwerfen, das nicht nur körperliche Züchtigung für Übertretungen vorsah, sondern es auch Besuchern erlaubte, sie gegen einen kleinen Eintrittspreis wie Tiere zu bestaunen.

Mehrere Besucher des Rasphuis berichteten von einer Besonderheit des Hauses, die allerdings sonst nicht dokumentiert ist: einer Wasserzelle im Keller, in der diejenigen, die alle Arbeit verweigerten, eingesperrt wurden. Die Zelle lief langsam mit Wasser voll und der Gefangene hatte eine Pumpe. Nur wenn er arbeitete, konnte er sich vor dem Ertrinken retten.

Arbeit ist Gott gefällig, hatte schon Calvin gelehrt und nirgendwo hatte er so viele und so überzeugte Jünger gefunden wie in den Niederlanden. Im Umgang mit den Armen prägte auch seine Prädestinationslehre die Politik des Stadtrates. Wenn ein armer Sünder Gott zur Vergebung zwingen könnte, indem er moralisch lebt, so hatte der Schweizer Theologe argumentiert, dann wäre das eine Begrenzung der göttlichen

Handlungsfreiheit und seiner Allmacht. Gott erlöst die Seele nur aus freien Stücken und das bedeutet, dass er darüber entscheidet, bevor der Mensch noch geboren ist. Um aber sein Wohlgefallen zu zeigen, gibt er denen, die er erwählt hat, Wohlstand. Reichtum war somit ein Zeichen des Erwähltseins und der göttlichen Gnade. Wer zu Geld kam, zeigte, dass der Herr ihm wohlgesonnen war. Wer arm war, hatte damit selbst Schuld an seinem Schicksal, Gott hatte ihn nicht für würdig erachtet, erwählt zu werden.

Wenn aber die Erwählten reich waren und die Wohlhabenden die gesellschaftliche Macht unter sich verteilten, dann war die Macht in den Händen von Gottes Auserwählten und was sie taten, hatte seinen Segen. Diese Argumentation, die sich aus Calvins Gnadenlehre ergab, war eine wirksame Rechtfertigung sowohl für die alten Handelsdynastien als auch für die, die zu neuem Reichtum gekommen waren und die der große Theaterautor Molière mit so großem Vergnügen aufs Korn nehmen sollte. Interessant ist, wie stark sie der Rechtfertigung von feudaler Macht entspricht und wo sich beide unterscheiden. Die mittelalterliche Gesellschaft hatte ihre statische Struktur mit Gottes Willen begründet, die Position des Adels und der Monarchen direkt von ihm hergeleitet, sie waren Herrscher von Gottes Gnaden. Calvin (und im katholischen Kontext Cornelius Jansen) hatte mit einer theologischen Argumentation auch den Aufsteigern ermöglicht, ihre Ambition zu rechtfertigen: Gott hatte sie erwählt, gleichgültig, in welcher Wiege sie gelegen hatten.

Die neuen Mächtigen von Gottes Gnaden imitierten oft genug den Geschmack der Aristokratie – eine Ausnahme, wie so oft, waren die Niederlande, wo sich schon im 17. Jahrhundert eine bürgerliche Ästhetik durchsetzte, die sich nicht nur in der nüchternen Architektur, sondern auch in einer graphischen Kultur ausdrückte, in denen Kaufleute, die sich porträtieren ließen, stolz auf ihre Bürgerlichkeit und ihren Status als Händler hinwiesen und in denen Landschaften, Stadtszenen und Stillleben häufig frei von mythologischen Anspielungen oder aristokratischen Allegorien waren, sich dafür aber theologisch stark verorteten.

Die calvinistischen Kaufleute von Amsterdam sahen sogar häufig auf den Adel herab, den sie als eine Klasse von Schmarotzern beschrieben, die (wie die Ärmsten, die im Rasphuis landeten, um dort Mores zu lernen) nicht gottgefällig und durch ehrliche Arbeit lebten. Immer wieder erschienen hinter den theologischen Argumenten die Interessen unterschiedlicher sozialer Gruppen, die Macht ausbauen oder erringen wollten. Jede Konfession, jede Bibelauslegung und jede theologische Schule war mehr oder weniger stark mit einer bestimmten sozialen Gruppe assoziiert und vertrat deren Interessen auf der Kanzel und durch das Zitieren von Bibelversen.

Reichtum und Armut bildeten ein moralisches Universum. Gottes, von Theologen und Armeen heiß umkämpfter, Wille war noch immer der am häufigsten angelegte Maßstab des gesellschaftlichen Handelns und der Interpretation von Naturereignissen. Ein wichtiger Unterschied bestand allerdings zu vorangegangenen Jahrhunderten. Jahrzehnte des interkonfessionellen Streits hatten auch andere Stimmen befreit, die mehr oder minder im Verborgenen und zögerlich begannen, an der allgemeinen Debatte teilzunehmen – Stimmen, die sich der Natur sui generis näherten, als ein faszinierendes Phänomen in sich selbst, nicht als Allegorie oder Ausdruck eines höheren Willens. Diese Stimmen gehörten Naturforschern und Philosophen, aber auch anonymen Pamphletisten und auch höher gebildeten Kaufleuten und Bürgern. Aufgrund der ungewöhnlich hohen Alphabetisierungsrate in den Niederlanden konnten sich diese Stimmen immer mehr Gehör verschaffen.

Leviathan

Für religiöse Beobachter bot die durch den globalen Temperatursturz aus dem Lot geratene Natur reichlich Gelegenheit, außergewöhnliche Ereignisse als Vorzeichen und Botschaft zu verstehen. So strandeten zwischen 1570 und 1650 etwa vierzig Pottwale an der Küste der Niederlande, die möglicherweise aufgrund der kühleren Meerestemperaturen ihren Beutefischen aus den Gewässern der Arktis nach Süden gefolgt waren und in der seichten Küstenregion die Orientierung verloren hatten.

Zeitgenössische Graphiken und Flugblätter belegen, was für eine Sensation die verendeten Meeressäuger am Strand verursachten. Am 3. Februar 1598 hatte ein zwanzig Meter langer Bulle sogar den berühmten

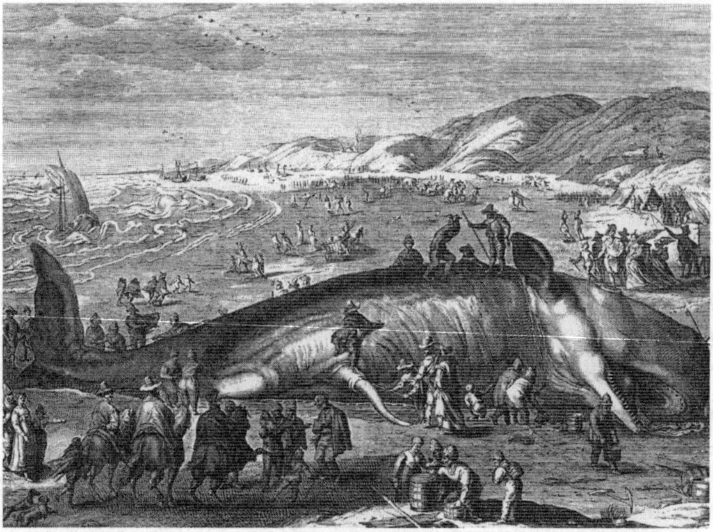

Göttliches Zeichen oder Naturereignis? Zeitgenossen debattierten heftig über die steigende Zahl gestrandeter Wale an der niederländischen Küste

Maler Hendrick Goltzius dazu veranlasst, den kolossalen Leichnam vor Ort zu zeichnen und in einer Zeichnung festzuhalten. Auf einem von dessen Schüler Jacob Matham angefertigten Stich sieht man die kleinen Gestalten von Männern auf dem gigantischen Tier herumklettern, wie Sieger nach einer Schlacht. Einer vermisst den gigantischen Penis mit einem Maßstab, andere beginnen bereits damit, den Körper mit Axt und Hacke aufzubrechen und das Fett in Eimern wegzutragen.

Der damals in Leiden studierende Philosoph Hugo Grotius erinnerte sich später an den spektakulären Fund und bemerkte auch, dass sich die Reaktionen darauf danach unterschieden, wie gebildet die Zuschauer waren. Das Ereignis war »selten, aber nicht wunderbar, denn es gibt keine echten Wunder«, schrieb er:

> Ein Fisch von der Art der Wale ... siebzig Fuß lang bedeckte mit seinem großen Körper den gesamten leeren Platz zwischen dem Meer und den Deichen ... Und eine große Menge war herbeigelaufen, um diese Neuheit zu sehen, ohne Furcht vor dem schlechten Geruch, der

> aus den zerrissenen Eingeweiden dieses Fisches strömte, sodass die Luft infiziert wurde, was die Krankheit und den Tod einiger Personen verursachte. Trotzdem ist es sicher, dass diejenigen, die auch nur ein mittelmäßiges Urteil hatten, es nicht als ein Wunder betrachteten, dass dieser Fisch, der sich in nichts von den unendlich vielen anderen unterscheidet, die sich in der enormen Weite des Ozeans verstecken, von den Wellen auf den Sand geworfen wurde ... Aber unter den kleinen Leuten [parmy le vulgaire] ... sagten die einen, dass das Schicksal dieses außergewöhnlichen Tieres einen großen Sieg über die Feinde mit reichem Plündergut voraussagte, während die anderen im Gegenteil behaupteten, dass diese Abenteuer alles mögliche Unglück für diejenigen bedeutete, die das Ungeheuer heimsuchte. Und sie waren so überzeugt von ihren Meinungen, dass sie sogar als Schriften veröffentlicht wurden: Aber die Eitelkeit all dieser Argumente wurde durch den Rest des Jahres bloßgelegt, das im Vergleich zu den vorhergegangenen träge gewesen ist.[82]

Die trockene Reaktion des berühmten Rechtsphilosophen zeigt eine wachsende kulturelle Unterscheidung: Wo die einfachen Leute Wunder sahen, nahmen diejenigen, »die auch nur ein mittelmäßiges Urteil hatten«, die also ein wenig gebildet und belesen waren, das Stranden des Wals als Teil des normalen Laufs der Natur wahr.

Der Leviathan hatte eine außerordentliche Bedeutung für die Niederländer. Die Geschichte des Propheten Jonah, der von einem Wal verschluckt wird, weil er sich weigert, das Wort des Herrn zu predigen, fand enormen Widerhall in Zeiten der Konfessionskriege, besonders in einem Land, das einen nicht unbeträchtlichen Teil seiner Oberfläche dem Meer abgetrotzt und damit die Ordnung der Schöpfung selbst verändert hatte. Die Beziehung der Niederländer zur Nordsee war und ist stark ambivalent: Über die Wellen kam Reichtum in Gestalt von Handelsschiffen und Heringsfängen, aber die Macht der Wellen, die von einem Sturm ans Land geworfen wurden, konnte Deiche brechen und ganze Landstriche unter Wasser setzen und die Küste brachte nicht nur Wohlstand, sondern stellte durch Stürme und feindliche Flotten auch eine dauernde Bedrohung für die junge und noch immer schwer umkämpfte Republik dar.

Reichtum und Armut, Meisterschaft über die Natur und die Gefahr der Zerstörung, eigene Leistungen und die dunkle Macht des Schicksals oder, je nach Einstellung, der göttlichen Vorsehung, durchdrangen sich im Leben der Städter, nicht nur in den Niederlanden. Auch das Leben der Bürger von Amsterdam war eng verwoben mit dieser allegorischen Dimension. Sie waren innerhalb kurzer Zeit reich und mächtig geworden. Während aber aristokratische Gesellschaften ihre Macht nach dem Vorbild von Ludwig XIV. pompös in Szene setzten, verlangte die nüchterne, protestantische Kultur der Niederlande nach einer weniger demonstrativen Art, den eigenen Erfolg zu feiern.

Inventar der Moral

Musik und Theater waren höfische Künste, die in einem sozialen, zumeist aristokratischen Rahmen zelebriert wurden. Die calvinistischen Niederländer konnten ihr Misstrauen gegen so viel öffentlichen Exzess nicht überwinden. Ihre Kunstform war die Malerei, und ihr Geschmack richtete sich auf subtilere Symbole als in der triumphalen katholischen Kultur des Barock. Landschaften (darunter die eingangs beschriebenen Winterszenen), expressive, oft in Dunkel verhüllte Porträts und Stillleben waren das bevorzugte Mittel der Bürger niederländischer Städte, dem eigenen Reichtum Ausdruck zu geben und ihm eine moralische Dimension zu verleihen. Scheinbar zufällig zusammengestellte Szenen fügten sich zu einem allegorischen Sinn zusammen, so wie für viele Menschen die Zufälligkeiten der Welt, ein gestrandeter Wal zum Beispiel, als Fingerzeige und Omen gedeutet wurden.

Ein typisches Stillleben der Zeit, gemalt 1668, zeigt einen grauen Marmortisch mit leicht beschädigtem Rand, darauf Gegenstände, die das tägliche Leben im 17. Jahrhundert reflektieren: ein Blumenstrauß, eine Karaffe mit Aqua vita, Briefe, ein Rechnungsbuch und andere Bücher, einen Himmelsglobus, eine Sanduhr, einen Ingwertopf, der als Tintenfass genutzt wird, zwei Bücher, eine Geldbörse und einen Totenkopf. Der Hinweis, den der zahnlose Schädel dem Betrachter gibt, wäre eigentlich nicht nötig gewesen: Hier geht es um Vergänglichkeit.

Maria van Oosterwijck, *Vanitas-Stillleben*

Die fein gemalten Blumen, unter ihnen eine prächtige, weiß-rote Tulpe, werden bald verwelken. Schon jetzt wirkt die Komposition so, als würden sie aus dem Schädel herauswachsen. Links unten im Bild, bei der Kornähre, dem Symbol des Reichtums der Handelsstadt Amsterdam, ist eine Maus, die das Korn bald vernichten wird und direkt daneben ist eine Klapper, wie Pestkranke sie benutzen mussten, wenn sie auf die Straße gingen. Die Flöte wird durch menschlichen Atem zum Singen gebracht, aber der muss bald wieder verhauchen. Der Mais (ein Gewächs, das aus Südamerika importiert worden war) ist halb gegessen und der Ingwertopf aus chinesischem Steingut, aus dem ausgewählten Gästen kandierter Ingwer aus Übersee serviert wurde, muss jetzt einen weniger süßen Dienst leisten.

Das kaufmännische Thema findet seine Fortsetzung im Rechnungsbuch, auch wenn man bereits ahnt, dass es hier nicht um die Buchführung eines Exportkaufmanns geht, sondern um ein Sündenregister. Das Buch daneben, von einem Lesezeichen als *Self-Stryd* identifiziert, ist ein populäres Werk mit moralisierenden Versen, das 1620 zum ersten Mal gedruckt wurde und zahlreiche Auflagen erlebte. Der Himmelsglobus,

Detailbild »Karaffe« aus: Maria van Oosterwijck, *Vanitas-Stillleben*

der aus dem Schatten heraus über diesen Gegenständen thront, steht einerseits für die ewige Schöpfung, offenbart andererseits aber auch das Interesse an Kartographie, Vermessung und wissenschaftlicher Erfassung der Welt, die langsam begann sich durchzusetzen.

Die Karaffe links im Bild ist mit einer blutroten Flüssigkeit gefüllt. Was also ist diese Aqua vita, das Elixier des Lebens, das darin aufbewahrt wird? Ist es einfach ein Likör, oder birgt das Glas, zerbrechlich wie ein menschlicher Körper, eine kostbarere Flüssigkeit? Der ganze Raum spiegelt sich auf der glatten Oberfläche des Gefäßes, ist mit diskreter Virtuosität auf kleinstem Raum gemalt: die großen Fenster mit ihren Sprossen und den Bäumen draußen, eine sonnenbeschienene Mauer und in der Mitte, für einen flüchtigen Betrachter kaum zu erkennen, eine Palette mit Farben, die in einer Reihe angeordnet sind, und darüber das Gesicht einer Frau, Maria van Oosterwijck.

Maria van Oosterwijck (1630–1693) war eine der wenigen erfolgreichen Malerinnen ihrer Zeit, die ihre allegorischen Stillleben in ganz Europa verkaufte und sich nicht mit der Rolle einer Frau und Mutter abfinden wollte. Sie heiratete nie. Als tief religiöse Künstlerin nutzte sie das gesamte visuelle Repertoire der protestantischen Theologie mit ihrer

Emphase auf Vergänglichkeit, gleichzeitig aber zeigt sich in ihren Gemälden eine Welt, in der exotische Gegenstände längst zum Alltagsleben gehörten, eine städtische Welt, in der geschrieben und gerechnet wurde und in der Ingenieure dem Meer Land abtrotzten (der Autor von *Self-Stryd*, Jacob Cats, hatte die durch den Krieg beschädigten Deiche wiederherstellen lassen), die aber zugleich ihrer selbst unsicher geworden war.

Auch die stille Signatur der Malerin ist da: ein Schmetterling, ein Roter Admiral, der wie Christus selbst vom Tode zu einem neuen Leben fand, dessen deutlich gezeichnete, zitternde Flügel aber bald ebenso vergehen werden, wie die Blumen. Er sitzt nur einen Moment lang auf dem Buch, das Rechenschaft ablegen wird über die Menschen. Im nächsten Moment ist er schon wieder fort.

ÜBER KOMETEN UND ANDERE HIMMELSLICHTER

»... Kometen, Zeit- und Staatenwechsel kündend,
Schwingt die krystall'nen Zöpf' am Firmament
Und geißelt die empörten bösen Sterne,
Die eingestimmt zu König Heinrichs Tod,
Heinrich des Fünften, zu groß, lang' zu leben!
England verlor so würd'gen König nie.

Brandish your crystal tresses in the sky,
And with them scourge the bad revolting stars
That have consented unto Henry's death!
King Henry the Fifth, too famous to live long!
England ne'er lost a king of so much worth.«

– Shakespeare, *Henry VI, Part One* /
König Heinrich VI., Erster Teil

Der Wahn des Pöbels

Am 14. November 1680 und dann wieder am 24. Dezember zeigte sich ein Komet über Europa. Kometen galten von altersher als himmlische Zeichen und viele Menschen blickten voller Furcht in den nächtlichen Himmel. Einer von ihnen schrieb:

> Ich zittere, wenn ich mich an die schreckliche Erscheinung erinnere, die am Samstag Abend im klaren Himmel von allen mit unaussprechlichem Erstaunen beobachtet wurde. Es schien, als würde der Himmel brennen, oder ob die Luft selbst Feuer gefangen hätte ... Von diesem kleinen Stern streckte sich ein so unglaublich langer Schweif, dass sogar ein intellektueller Mann vom Zittern überkommen wurde; das Haar stand einem zu Berge, als dieser seltsame, fürchterliche und unbeschreibliche Schweif sichtbar wurde ... O wunderbarer und allmächtiger Gott! Der Himmel zeigt Deine Macht und die Erde Deine Schöpfung![83]

Der anonyme Augenzeuge hatte nicht übertrieben. Der Winter 1680 war sehr kalt, mit klaren, frostklirrenden Nächten, der Höhepunkt der Kleinen Eiszeit in Europa.

Der Komet, der 1680 erschien, war teilweise auch während des Tages zu sehen und hatte auf dem Höhepunkt seiner Umlaufbahn, gegen Ende Dezember, einen Schweif, der sich über den ganzen Himmel zu erstrecken schien. Auch der deutsche Theologe Johannes Bödiker hatte das Phänomen beobachtet und brachte schon im folgenden Jahr sein Buch *Christlicher Bericht von Cometen* heraus, in dem er seine Leser warnte:

> Weil der grosse Wunder-Gott itzt abermal den Himmel beweget hat, und einen neuen Cometen auffgestecket; so ward auch auff unterschiedene Weise, die Erde Beweget, und haben die Menschen dabey

Ein feuriger Bote? Der Komet von 1680 versetzte viele Menschen in Angst und Schrecken

nicht einerley Sinne: Ja, ob wol solches Wunder alle vor Augen gesehen; so findet sich doch nicht bey allen gleiche Wirckung. Denn etliche gehen zu weit, und forschen aus Vorwitz, oder verkündigen aus Vermessenheit, was der Comet bringen werde; Etliche thun der Sachen zu wenig, und verachten dis neue Wunder spöttisch, als käme es gar in keine Betrachtung. Etliche sind zu sehr erschrocken; Etliche gar ohn alle Furcht, nicht allein der Göttlichen Zeichen; sondern auch Gottes.[84]

Der Presbyterier Robert Law beobachtete das Himmelsschauspiel in Schottland:

10. Dezember, ein Freitag, 1680, nach Sonnenuntergang, erschien im Westen ein Komet, von dem ein großer und breiter Schweif ausging. Niemand hatte etwas Ähnliches gesehen oder darüber gelesen und es ging so weiter bis zum 16. oder 17. Tag des Januar, wurde kleiner und kleiner zum Ende hin; und es war sicherlich ein Vorzeichen von traurigen Dingen, wie solche Erscheinungen es meistens sind, wie der Komet, der über Jerusalem in der Form eines Schwertes gesehen wurde, bevor die Stadt zerstört und ihr Volk zerstreut wurde.[85]

Von den europäischen Kolonien Nordeuropas, wo der Komet als Bote schrecklicher Strafen gesehen wurde, bis in die Philippinen und nach China versetzte der Komet Menschen in Schrecken. In Europas Städten verursachte er eine Sensation, die sich, wie alle guten Sensationen, zum Teil aus blanker Panik und zum Teil aus der Lust am Neuen und Ungewöhnlichen speisten. Der Astronom Christiaan Huygens wurde in seinem Observatorium in Paris förmlich von Neugierigen überrannt. »Es ist schön heute«, schrieb er seinem Vater Constantijn in elegantem, wenn auch nicht fehlerfreiem Französisch, »und das bringt unendlich viele Leute zur Sternwarte, denn die Leute meinen, dass die Astronomen dieses Phänomen erklären und sogar interpretieren könnten. Mich selbst hat man schon zwei oder drei Mal konsultiert.«[86]

Huygens war Wissenschaftler und hatte nicht die Absicht, sich als Sterndeuter missbrauchen zu lassen. Sein Interesse galt dem Kometen als physisches Phänomen, das auch von Newton und Halley in Großbritannien erforscht wurde. An Ammenmärchen und Prophezeiungen, wie sie an jeder Straßenecke feilgeboten wurden, hatte er kein Interesse.

Auch ein weiterer Gelehrter bemerkte mit Befremden, dass der Komet üblicherweise vernünftige Menschen außer Rand und Band zu bringen schien, worauf sie ausgerechnet ihn um Rat und Hilfe baten:

> Da ich öffentlicher Lehrer der Weltweisheit zu Sedan war, so wurde ich bei Gelegenheit desjenigen Kometen, der im Monat Dezember des 1680. Jahres erschien, von vielen neugierigen oder bestürzten Personen beständig mit hundert Fragen geplagt. Ich suchte, soviel möglich, denjenigen Mut zuzusprechen, die sich über dieses sogenannte Unglückszeichen ängstigten, allein durch alle meine philosophischen Schlüsse gewann ich sehr wenig bei ihnen. Man antwortete mir allezeit: Gott zeigte uns diese großen Luftzeichen, um den Sündern Raum zu geben, dasjenige Unglück abzuwenden, was über ihrem Haupt schwebte.[87]

Der Philosophieprofessor im lothringischen Sedan war gerade dreiunddreißig Jahre alt geworden, als der Komet den Nachthimmel erhellte und die Gemüter aufwühlte. Sein Name war Pierre Bayle (1647–1706).

Bayle war als Sohn eines hugenottischen Predigers in den Pyrenäen

Laune der Natur: Pierre Bayle argumentierte, dass ein Komet kein göttliches Zeichen sein könne

aufgewachsen. Da seine Familic mittellos war, besuchte er nur kurz eine Schule und wurde danach zu Hause unterrichtet. Erst nachdem sein älterer Bruder die Schule beendete, konnte auch Pierre im Alter von neunzehn Jahren seine Ausbildung fortsetzen, zusammen mit zwölfjährigen Kindern. Zu Hause hatte er Okzitanisch gesprochen, jetzt lernte er Französisch.

Mit einundzwanzig bekehrte sich der junge Pierre zum Katholizismus und bekam ein Stipendium nach Toulouse, wo er das Jesuitenkolleg besuchte. Seine spirituelle Suche dauerte an. Knapp zwei Jahre nach seiner Konversion kehrte er zum Protestantismus zurück und floh, als rückfällig gewordener Häretiker, der in Frankreich mit schweren Strafen zu rechnen hatte, nach Genf, wo er sich als Hauslehrer seinen Lebensunterhalt verdiente.

Erst vier Jahre später wagte es Bayle, nach Frankreich zurückzukehren. Der brillante Gelehrte wurde zum Professor für Philosophie an der protestantischen Akademie in Sedan ernannt, aber ihm schien das Erscheinen des Kometen tatsächlich ein Unglück vorherzusagen. 1681 musste die Akademie in Sedan auf Druck der katholischen Obrigkeit schließen. Bayle entschloss sich, in die Niederlande ins Exil zu gehen, um dort an einer Schule für hugenottische Flüchtlinge zu arbeiten, um endlich ruhig und ohne Drohungen arbeiten zu können. In seinem Gepäck hatte er ein Manuskript mit einem rätselhaften Titel: *Lettre à M. L. A. D. C., Docteur de Sorbonne, ou il es prouvé que les cometes ne sont point le presage d'aucun Malheur.*

Bayle ließ sich in Rotterdam nieder und sollte die Stadt nicht mehr verlassen. Sein Manuskript wurde 1682 publiziert. Die zweite Ausgabe trug einen veränderten Titel, unter dem das Werk noch heute bekannt ist: *Pensées diverses, écrites à un docteur de Sorbonne, à l'occasion de la comète qui parut au mois de décembre 1680.*

Bayles »Verschiedene Gedanken« ist ein fintenreiches Buch, wie der Autor selbst im Vorwort der zweiten Ausgabe zugibt. Ursprünglich hatte er vorgehabt, sein Werk in Frankreich herauszubringen. Um der strikten Zensur zu entgehen, musste er vorgeben, ein Katholik zu sein und katholische Positionen zu unterstützen. In den Niederlanden war diese Vorsicht nicht mehr notwendig, aber anstatt den Text ganz umzuändern, erklärte er seinen Lesern lieber, warum er ihn so verklausuliert verfasst hatte – eine sehr übliche Strategie zur damaligen Zeit.

Der Text besteht aus einer Reihe von fiktiven Briefen an einen Doktor der Sorbonne, also einen religiösen Dogmatiker der konservativsten Sorte. An diesem Herren lässt Bayle auf seine sehr höfliche Art kein gutes Haar:

> Ich höre alle Tage viele Leute von der Beschaffenheit der Kometen sprechen ... Soviel aber muß ich Ihnen, mein Herr, gestehen, daß mir darin nichts begründet vorkommt, als was sie dem irrigen Wahn des Pöbels entgegensetzen, der mit Gewalt haben will, daß die Kometen der Welt unzähliges Unglück androhen sollen. Ich kann es daher gar nicht zusammenreimen, wie ein so großer Doktor, als Sie sind, sich vom Strome hat hinreißen lassen, und wie Sie sich, ohne auf die Gründe zu sehen, die der kleine Haufe rechtschaffener Gelehrter für sich hat, mit dem gemeinen Mann einbilden können, daß die Kometen gleichsam Herolde sind, die dem menschlichen Geschlecht im

> Namen der Gottheit den Krieg ankündigen; da Sie doch die Wiedererscheinung unseres Kometen so richtig vorhergesagt und nur dieser Ursache wegen wissen sollten, daß es Körper sind, die sich nach den ordentlichen Gesetzen der Natur richten, keineswegs aber Wunderzeichen, die ohne Regeln erfolgen.[88]

Kometen als göttliche Boten? Dafür hatte Bayle nur Spott übrig. Die Gelehrten oder die Dichter, die überall Zeichen sehen, leiden einfach an hoffnungsloser Selbstüberschätzung:

> Denn man muß sich von einem Menschen, der sich vorgenommen hat, ein Gedicht zu verfertigen, schon einbilden, daß er sich zu gleicher Zeit der ganzen Natur bemächtigt habe. Himmel und Erde bewegen sich nun nicht mehr, weil er es haben will. Es geschehen Sonnen- und Mondfinsternisse oder Schiffbrüche, nur nach seinem Gefallen. Alle Elemente kommen in Bewegung, nachdem er es für gut befindet. In der Luft schweben Armeen, auf Erden wüten Ungeheuer, so viel, wie er haben will. Gute und böse Engel erscheinen, sooft er es befiehlt. Die Götter selbst sitzen auf Maschinen und warten nur, bis er ihre Hilfe nötig hat. Und da er vor allen Dingen Kometen haben muß, weil man schon hinsichtlich ihrer eingenommen ist, so nimmt er auch bei Gelegenheit, soviel er deren in der Historie findet.[89]

Während Dichter aber kaum glaubwürdige Zeugen abgeben, steht es um die Historiker eher schlimmer: »Die meisten lassen doch so viel Belieben an der Erzählung aller der Wunder und Erscheinungen, die die Leichtgläubigkeit der Heiden in Schwang gebracht hat, blicken, daß man gegen die Klugheit verstoßen würde, wenn man ihnen alles glauben wollte, was sie uns in diesem Stück vorschwatzen.«

Nach dieser Eröffnungssalve macht sich Bayle daran, den Kometenglauben methodisch auseinanderzunehmen. Es gibt viele Gründe, Himmelskörper als rein physische Erscheinungen zu betrachten und davon auszugehen, dass sie nichts auf der Erde verändern können: Sie sind zu klein, zu weit entfernt, sie leuchten ganz harmlos, sie ziehen keine giftigen Gase nach sich. Wenn sie aber tatsächlich eine Wirkung hätten, argumentiert Bayle, dann könne es ebenso gut eine positive sein: »Es gibt Unglücksfälle ohne Kometen und Kometen ohne Unglücksfälle.«

Was bleibt, ist seiner Ansicht nach das schwächste Argument von allen:

> Da alles, was von den Vorbedeutungen der Kometen vorgegeben wird, auf die erdichteten Sätze der Astrologie hinausläuft, so kann es nicht anders als sehr lächerlich herauskommen. Denn nichts ist abgeschmackter, nichts ist einem Hirngespinst ähnlicher als die Sterndeuterkunst, nichts ist menschlicher Natur schimpflicher als dieselbe. Den Menschen zur Schande muß man es in alle Ewigkeit nachsagen, daß es solche Betrüger gegeben hat, die andere unter dem Vorwand, sie verstünden sich auf himmlische Sachen, schändlich hintergingen, und daß es allemal Narren gegeben hat, die auf jene ein so großes Vertrauen gesetzt, daß sie die Astrologie als eine Ehrenstelle zu vergeben angefangen haben und sich nicht getraut haben, ein neues Kleid anzulegen oder einen Baum zu pflanzen, wenn es der Herr Sterngucker nicht für gut befunden.[90]

Bayle befindet es für unter seiner Würde, sich weiter mit solch abstrusen Theorien auseinanderzusetzen. Ihnen argumentativ zu begegnen hieße, »kleine Vögel mit des Herkules Pfeilen totschießen«. Und auch wenn es wahr wäre, dass oft schreckliche Ereignisse auf Kometensichtungen folgen – wer könnte beweisen, dass beide kausal verbunden sind? Ist das nicht einfach die selektive Wahrnehmung der abergläubischen Menge, die nach Zeichen und Orakeln sucht? Ein Philosoph darf nicht dem Prinzip *»vox populi – vox Dei«* (Die Stimme des Volkes ist die Stimme Gottes) folgen, im Gegenteil: »Man muss die Stimmen nicht zählen, man muss sie abwägen.«[91]

Die Natur bewegt sich unbeirrbar in den geregelten Bahnen, die Gott für sie entworfen hat. Er selbst hat die Gesetze geschaffen, denen er jetzt unbeirrbar folgt. Es würde keinen Sinn ergeben, etwas anderes anzunehmen. Warum sollte der Herr selbst in seiner Güte, statt Licht aus der Dunkelheit zu schaffen, die Dunkelheit der menschlichen Verbrechen durch mehr Dunkelheit, böse Omen und weitere Verbrechen und Katastrophen weiter verschlimmern? Es ist dieser Aberglaube, der heidnisch und sogar des Teufels ist, denn so versucht der ewige Widersacher, die Menschen von der Wahrheit Gottes abzulenken. Außerdem ist er nützlich für die Mächtigen: »Die Politik hat zuweilen auch Sorge getragen, die Vorbedeutungen im Ansehen zu unterhalten, damit sie Grund hätte, die Untertanen entweder schüchtern zu machen oder ihnen ein gutes Vertrauen beizubringen.«[92]

Das Heidentum und heidnische Bräuche, die sich immer wieder in christliche Praktiken und Glaubensinhalte einschleichen, sind die eigentliche Domäne des Widersachers, schreibt Bayle, um dann eine überraschende *volte face* zu machen: »Dieses vorausgesetzt, erlauben Sie, daß ich einen Gedanken sagen darf, der mir einfällt. Es scheint, als ob der Teufel seine Rechnung besser in der Abgötterei als in der Gottesleugnung finde, und daß er folglich mehr Kunstgriffe anwenden werde, die Menschen in den Götzendienst als in die Atheisterei zu stürzen.«[93] Atheisten glauben weder an Gott noch an den Teufel und sind ihm so keine Hilfe, ihre irrige Meinung ist damit sicherlich nicht gefährlicher, als die von Menschen, die an die Götter der Antike glaubten, oder die Kometen als Himmelszeichen sehen und damit Gottes Allmacht anzweifeln. Die Abgötterei, nicht der Atheismus, ist der wahre Feind des Glaubens.

Von der Betrachtung eines Naturphänomens, das Menschen Angst einjagt, ist Bayle mit leisen Schritten bis ins Herz der mächtigsten Kontroverse seiner Zeit gegangen: dem erbitterten Streit zwischen Dogma und rationalem, wissenschaftlichen Denken. Bayle gibt vor, diesen Disput aus der Perspektive eines besorgten Kirchenmannes zu beschreiben und zu bewerten. Wer an ein ewiges Leben glaubt, schreibt er, wird dazu angehalten, moralisch zu handeln:

> Der Mensch ist seiner Natur nach vernünftig, er liebt niemals ohne vorhergegangene Erkenntnis, er ist notwendigerweise geneigt, seine Glückseligkeit zu lieben und sein Unglück zu hassen und denjenigen Gegenständen, welche ihm die besten zu sein scheinen, den Vorzug zu geben. Wenn er nun überzeugt ist, daß es eine Vorsehung gibt, welche die Welt regiert, vor der sich nichts verbergen kann, welche die Liebhaber der Tugend mit einer unendlichen Glückseligkeit belohnt und diejenigen ewig bestraft, welche sich dem Laster ergeben,

> so kann es nicht fehlen, er muß der Tugend nachstreben und das Laster fliehen und den Lüsten des Leibes absagen, weil er sehr wohl weiß, daß sie ungeachtet der wenigen vergnügten Augenblicke, die damit verknüpft sind, solche Schmerzen nach sich ziehen, welche nimmermehr aufhören, da hingegen auf die Beraubung dieser vergänglichen Vergnügungen eine ewige Glückseligkeit folgt.[94]

Wer aber keine Vorsehung anerkennt, der wird »das verlachen, was andere Tugend und Ehrbarkeit nennen, und nur den Bewegungen seiner Lüste nachgehen ... so ist kein Verbrechen, das man alsdann nicht von ihm erwarten sollte«.[95] Hier weiß Bayle seinen imaginären Brieffreund ganz auf seiner Seite, aber diese Eintracht ist nicht von Dauer: »Alles dieses ist herrlich und gut gesprochen«, schreibt er weiter, »das Schlimmste aber ist, dass es nicht mit der Erfahrung übereinkommt.« Wenn Christen nur darum moralisch leben, weil sie Strafe vermeiden und Belohnung bekommen wollen – ist das dann überhaupt moralisches Handeln? Ist es nicht vielmehr das Verhalten eines Glücksspielers, der auf seinen eigenen Vorteil aus ist?

Die meisten Christen, schreibt Bayle, leben nicht nach den Gesetzen Gottes, im Gegenteil. Im täglichen Leben urteilen Menschen von Fall zu Fall, nicht nach ewigen Prinzipien und »nach der herrschenden Neigung seines Herzens, nach seinem Temperament, nach der Stärke der angenommenen Gewohnheiten und nach dem Geschmack oder nach der Empfindlichkeit, die man bei gewissen Gegenständen verspürt«.[96] Christen leben nicht moralischer, als andere Menschen auch. Langsam holt Bayle zum großen Schlag aus. Eine Gesellschaft, die aus Atheisten besteht, wäre nicht notwendigerweise weniger tugendhaft:

> Es ist wahr, für die Verbrecher würde man darin sehr scharfe Gesetze haben und sie zur Bestrafung derselben streng beobachten müssen. Allein, ist das nicht durchgängig nötig? Und würden wir es wohl wagen, aus unseren Häusern zu gehen, wenn der Diebstahl, der Totschlag und andere Gewalttätigkeiten durch königliche Gesetze erlaubt würden? Ist es nicht einzig und allein die neue Kraft, welche der König den Gesetzen verliehen, um die Verwegenheit der Spitzbuben zu unterdrücken, welche uns den Tag und die Nacht über auf den Gas-

> sen zu Paris vor ihren Überfällen sichert? ... Man kann, ohne einen prahlerischen Redner abzugeben, behaupten, daß die menschliche Gerechtigkeit die Tugend bei dem größten Teil der Welt verursacht, denn sobald sie einer Sünde den Zügel schießen läßt, so sind wenig Leute, die sich davor in acht nehmen sollten.[97]

Es sind menschliche, nicht göttliche Gesetze, die uns tugendhaft handeln lassen. Gottgefällig zu leben heißt für die meisten Menschen nichts anderes, als sich voller Stolz den Sünden abzuschwören, die sie gar nicht begehen wollen, während sie gleichzeitig unkeusch, verlogen, geizig und gierig sind. Damit ist Bayle bei seinem entscheidenden Argument angekommen:

> Man sieht nunmehr die Wahrscheinlichkeit ein, daß eine Gesellschaft von Gottesleugnern die bürgerlichen und sittlichen Handlungen ebensowohl wie alle anderen Gesellschaften ausüben würde, sofern sie nur die Verbrechen ernstlich bestrafte und mit gewissen Dingen entweder Schimpf oder Schande verknüpfte.[98]

Wer die Existenz Gottes nicht anerkennt, kann trotzdem redlich und wohltätig sein und seine Begierden im Zaum halten, weil es nicht die Furcht vor ewiger Verdammnis, sondern die Furcht vor irdischen Strafen und der Respekt der anderen sind, die seine Handlungen lenken. Können Gottesleugner moralisch sein? Bayle pariert diese Frage gelassen: »Es ist nicht wundersamer, daß ein Atheist tugendhaft lebt, als daß ein Christ alle Arten der Verbrechen ausübt. Wenn wir diese letzte Art von Ungeheuern alle Tage zu sehen bekommen, warum wollen wir glauben, daß jene Art unmöglich sei?«[99]

Sogar notorische Ketzer sind nicht ausgenommen von dieser Regel: »Der schändliche Vanini, der zu Toulouse seiner Atheisterei wegen im Jahre 1619 verbrannt worden ist, war in seinen Sitten allemal ordentlich gewesen.« Es ist offensichtlich, dass Bayle große Bewunderung für den »schändlichen« Vanini hegt. Er hatte ehrenhaft gehandelt und trotz der schrecklichen Todesqualen, die ihn erwarteten, seinen Prinzipien nicht abgeschworen. Ehrbarkeit unter Atheisten ist nicht unwahrscheinlicher als Niedertracht unter Gläubigen.

Nach diesem gefährlichen Exkurs zu Glaubensfragen kehrt Bayle rasch zurück zur Betrachtung von Kometen, Naturgesetzen und den Ungereimtheiten des Aberglaubens. Er hat seinen Schlag geführt. Wer nur aus Furcht vor Strafe und Hoffnung auf Belohnung handelt, ist ein kühler Rechner, kein moralischer Mensch. Moralisch ist eine Handlung nur dann, wenn sie – wie in Vaninis Fall – den eigenen unmittelbaren Interessen zuwiderläuft, um ein Prinzip zu bewahren, aus dem man selbst keinen Nutzen zieht. Das können Atheisten ebenso gut wie die Frömmsten.

Tatsächlich war 1685 für Bayle ein persönliches Katastrophenjahr. Ludwig XIV. widerrief das sogenannte Edikt von Nantes, in dem Heinrich IV. den Protestanten zumindest begrenzte Rechte in Frankreich zugestanden hatte. 200 000 Hugenotten flohen, viele von ihnen in die Niederlande, andere nach Genf und Preußen, wo die gebildeten und in modernen Wirtschaftstechniken bewanderten Flüchtlinge vom Großen Kurfürsten mit offenen Armen aufgenommen wurden. Für Bayle war von diesem Zeitpunkt an klar, dass an eine Rückkehr in sein Heimatland nicht zu denken war. Bald darauf erreichte ihn die Nachricht, dass sein Vater und zwei Brüder kurz nacheinander gestorben waren, einer davon, Jacob, im Gefängnis.

Pierre fühlte sich indirekt mitschuldig am Tod seines Bruders. Er war Herausgeber der literarischen Zeitschrift *Nouvelles de la République des Lettres,* die sich, selbstverständlich auf Französisch, an »gebildete Damen und Herren« in ganz Europa wandte. Bayle nahm keine politischen oder kontroversen Artikel auf und beschränkte sich auf Rezensionen und Berichte. Gleichzeitig aber war seine Zeitschrift offiziell eine hugenottische Publikation und sie tauchte auch in Frankreich immer wieder auf, obwohl sie dort verboten war. Da der Herausgeber in seinem Rotterdamer Exil jenseits der Reichweite der französischen Behörden lebte, hatten sie kurzerhand seinen Bruder Jacob in Bordeaux in Beugehaft genommen. Er wäre freigekommen, hätte er seinem Glauben abgeschworen, aber wie der von seinem Bruder Pierre verehrte Vanini – und wie viele andere Protestanten – hatte sich Jacob geweigert. Er überlebte seine Inhaftierung nur um sechs Monate.

Sogar im toleranten Rotterdam musste Bayle vorsichtig sein. Er hatte seine Kritik der Religion in ein umfangreiches Werk über ein astronomisches Phänomen verpackt, sich dabei aber weit genug vorgewagt, um auch in den Niederlanden protestantische Sittenwächter misstrauisch zu machen. Trotzdem publizierte er weiter und schrieb unermüdlich über religiöse Toleranz und die Sinnlosigkeit des gegenseitigen Hasses. Das machte ihn zum Ziel harter polemischer Auseinandersetzungen in den Niederlanden, die ihre eigene Geschichte mit religiöser Toleranz hatten.

Bayle forderte Gewissensfreiheit nicht, weil sie barmherzig war, sondern weil sie die einzig philosophisch haltbare Position sei. Sein härtester Kritiker war ironischerweise ein ehemaliger Kollege von der Akademie von Sedan, Pierre Jurieu, der Bayle bei seiner Flucht ins niederländische Exil geholfen hatte und der zehn Jahre später zu seinem erbittertsten Feind geworden war. 1693 schaffte er es endlich, seinen früheren Freund und Kollegen aus seinem Lehramt entfernen zu lassen. Bayle war arbeitslos und ohne nennenswertes Einkommen.

Die prekäre Situation des Lehrers und Exilanten Pierre Bayle, der sein spärliches Gehalt in Bücher investierte und sich nie wirklich sicher fühlen konnte, veränderte sich erst, nachdem er eine wahre Herkulesarbeit verrichtet hatte. Er hatte einen Buchhändler (eine Profession, die damals auch als Verleger fungierte) überzeugt, ihn für seine Arbeit an einem neuartigen und ehrgeizigen Werk zu bezahlen. Ursprünglich hatte Bayle nur vorgehabt, das Lexikon eines französischen Jesuiten zu korrigieren, das seiner Ansicht nach voller Fehler und Irrtümer steckte. Bald aber hatte sich sein Projekt verselbständigt und nach fast einem Jahrzehnt war sein epochales Werk endlich fertig, von »Aaron« bis »Zuylichen«. Gegen Ende seiner gigantischen Arbeit produzierte Bayle wöchentlich vier Bögen Text, d. h. zweiunddreißig Folio-Seiten, die sofort gesetzt und gedruckt wurden.

Auf den ersten Blick wirkt das *Dictionnaire historique et critique* nicht wie ein revolutionäres Dokument, sondern wie ein Werk stupender, fast pedantischer Gelehrsamkeit und seltsamer Zufälle, denn bei dem Arbeitstempo, zu dem Bayle sich gezwungen sah, konnte er nicht immer systematisch vorgehen. Tatsächlich aber war wohl kein Buch, das im 17. Jahrhundert geschrieben wurde, einflussreicher als dieses. Dabei lag sein enormes Potenzial nicht so sehr in seinem Inhalt, sondern in der verwendeten Methode.

364 EPHORE. EPICURE.

(g) Plut. de Repugn. Stoic. pag. 1043, D.

Cour d'Alexandre: on l'y souhaitoit, & il refusa cet honeur (*g*). Diodore de Sicile (*h*) n'a-prouve pas qu'il ait avoüé que les Barbares étoient plus anciens que les Grecs.

(h) Libr. I, Cap. IX.

qu'Athenée doute si les trente Livres que cette Histoire comprenoit étoient l'Ouvrage du pere ou celui du fils. La Conjecture de Jonsius me semble solide. *Causa quare ita dubitet* (Athenæus) dit-il (78), *est quod Ephorus belli non ita pridem confecti historiam imperfectam filio pertexendam forte reliquerit.* Cinq ou six lignes après il ne parle plus en doutant; il afirme, & il se fonde sur l'autorité d'un célèbre Historien: *Brevi autem post . . . historiam suam Ephorus imperfectam necdum absolutam Demophilo filio tradidit pertexendam, teste Diodoro. Ut ita Athenæus historiam belli Phocici à patre & filio simul descriptam utrique eorum dubie non immerito tribuat* (79). Je n'ai point trouvé que Diodore de Sicile observe qu'Ephore chargea son fils de supléer à son Histoire ce qui y manquoit, & je trouve que si Jonsius a lu cela dans Diodore de Sicile, il n'a pas dû parler tantôt en doutant *forte*, tantôt d'un ton décisif.

(78) Jonsius, de Scriptor. Hist. Phil. pag. 42.

(79) Jonsius, de Script. Hist. Phil. pag. 44.

(a) Diog. Laërt. in Epicuro, Libr. X, num. 14.

EPICURE, l'un des plus grans Philosophes de son siecle, nâquit à Gargettium (*A*) dans l'Attique l'an troisieme de la cent neuvieme Olympiade (*a*) (*B*). Son pere Neocles, & sa mere Cherestrata (*C*) furent du nombre des habitans de l'Attique que les Athéniens envoiérent dans

(*A*) *Il nâquit à Gargettium.*] C'est pour cela que Stace le nomme *Gargettius auctor* (1), & *Senior Gargettius*:

Deliciæ quas ipse suis digressus Athenis
Mallet deserto senior Gargettius horto (2).

Ciceron lui en avoit montré l'exemple. *Catius . . . qua ille Gargettius, etiam ante Democritus εἴδωλα, hic spectra nominat* (3). Elien (4), & plusieurs autres se sont servis du même surnom en parlant de notre Epicure. Je m'étonne donc que Cruquius ait pu croire que Stobée en se servant de ce surnom a désigné un autre Epicure. *Toutesfois*, dit-il, *Stobée fait souvent mention d'un certain Epicure qu'il surnomme aussi Gargettien.* On ne parle pas ainsi quand il s'agit du grand Epicure, ou si on le fait, on merite d'être sifflé, comme ce bon Provincial qui disoit *un nommé Turenne* (5). C'est à Cruquius à choisir, & quelque parti qu'il prenne il se convaincra d'une bévue. S'il dit qu'il a cru que le *Gargettius Epicurus* de Stobée est le Fondateur de la Secte des Epicuriens, il avouera qu'il a parlé impertinemment: on ne se sert pas des termes *Epicuri cujusdam* quand on parle de ce Fondateur (6). S'il dit qu'il a ignoré que l'épithete de *Gargettius* fût propre au grand Epicure, il reconoîtra qu'un fait très-commun ne lui étoit pas conu. Je ne le crois point coupable de l'incivilité rustique, ou plutôt de l'impertinence qui se trouve dans les termes *un certain Epicure*, apliquez à celui de cet Article. Je crois que se souvenant qu'il y a eu diverses personnes du nom d'Epicure (7), il s'est figuré que celui à qui Stobée donne l'épithete de *Gargettien* est un de ceux qui sont differens du Fondateur de la Secte Epicurienne. Afin que mes Lecteurs puissent juger si ma Conjecture est bien fondée, je raporterai tout le Passage de Cruquius. Je le tire de son Commentaire sur ces paroles d'Horace, *Gallis hanc Philodemus*, qui sont au Vers 121 de la II Satire du I Livre, *Fuit hic Philodemus Epicurus* (*ut Strabo scribit*) *patria Gadaræus, quem Asconius Pedianus in Oratione Cic. pro Lucio Pisone scribit Epicureum fuisse ea ætate nobilissimum: sed arbitror apud Asconium legendum esse pro Epicureum, Epicurum dictum, ut habet Strabo, vel hunc ex illo restituendum: tamen Epicuri cujusdam (quem etiam Gargettium nominat) frequens est mentio apud Stobæum.* Ce *tamen* témoigne que l'Auteur aimeroit mieux que l'on mît le mot *Epicurus* dans Asconius Pedianus, que si l'on mettoit dans Strabon le mot *Epicureus*, & je ne sai même s'il n'a pas voulu insinuer que l'Epicure *Gargettius* de Stobée, & l'Epicure *Gadaræus* de Strabon ne different que parce que les Copistes ont alteré l'orthographe. En tout cas il infinue manifestement que puis que Stobée a fait mention d'un Epicure Gargettien, il est très-probable que Strabon parle d'un Epicure Gadarien. Or c'est distinguer, ce me semble, ces deux Epicures d'avec celui qui fut Fondateur de Secte. On pourroit critiquer bien d'autres choses à Cruquius. I. Le Philodeme d'Horace n'est point celui d'Asconius Pedianus: car les maximes de celui d'Horace, en matiere d'amour, sont directement oposées à celles du Philodeme de Pedianus (8). II. Il n'est pas vrai qu'on puisse lire dans Strabon (9) *Epicurus* au lieu d'*Epicureus*. III. La Harangue de Ciceron n'est pas pour Pison, mais contre Pison, & d'une maniere très-violente.

(*B*) . . . . *l'an troisieme de la cent neuvieme Olympiade.*] Il faut relever ici une faute de Vossius. Il met la mort d'Epicure à la 107 Olympiade. *At Epicurus est mortuus Olymp. CVII. quo tempore Philippus Alexandri M. parens, duodecimum regnabat annum* (10). On ne peut pas le disculper en disant qu'il avoit écrit *Olymp. CXXVII*, qui est le vrai tems de la mort de ce Philosophe (11), mais que l'Imprimeur oublia deux Lettres numerales. Cette Apologie seroit ici très-inutile, ce seroit le precipiter dans une autre erreur aussi palpable que celle dont on le voudroit justifier; on le chargeroit d'avoir cru que l'an 12 du Regne de Philippe pere d'Alexandre le Grand apartient à la 127 Olympiade. Concluons donc que la faute étoit dans son Manuscrit. Or il est bien étrange que sa mémoire ait été assez infidelle ce jour-là pour lui laisser écrire qu'Epicure sortit du monde avant qu'Alexandre montât sur le thrône.

(*C*) *Et sa mere Cherestrata.*] Je ne sai sur quoi se fonde Mr. Moreri, quand il dit qu'elle étoit *sortie d'une famille très-noble.* Laërce & Gassendi qu'il cite n'en disent rien. Il la nomme Cherecrate dans l'Article d'Epicure: c'est sa seconde faute. Ses pechez d'omission lui peuvent être reprochez, car il y avoit deux choses curieuses à dire sur cette femme.

I. Elle s'en alloit avec son fils *jusques dans les maisons desertes, pour en chasser les lutins à force de prieres.* C'est ainsi que le docte Mr. du Rondel (12) a rendu ce Grec de Diogene Laërce: Σὺν τῇ μητρὶ περιϊόντα αὐτὸν ἐς τὰ οἰκίδια καθαρμοὺς ἀναγινώσκειν (13). Il a expliqué la chose plus amplement dans son Edition Latine, & toûjours d'une maniere avantageuse à Epicure. *Certum est*, dit-il (14), *Epicurum ut pote pusionem & matris asseclam hinc hausisse pietatem suam ineffabilem, ὁσιότητα ἄλεκτον, ex illoque tempore fuisse Divis addictissimum, ut patet ex illa portentificâ superstitione, quâ cum matre Epicurus circumeundo ædiculas carmina lustralia, καθαρμούς, legeret, vel ad affectus moderandos, vel ad spectra abigenda; quasi Hecates diaconi fuissent, in cujus nomine pleraque patrare tum poterant miracula.* Quand je dis qu'il a tourné la chose d'une maniere avantageuse à Epicure, je ne prétens pas lui imputer d'avoir prétendu que l'occupation de Cherestrata fût honorable. Il a trop d'esprit & d'érudition pour ne savoir pas qu'on regardoit comme un emploi vil & mercenaire celui de ces vieilles femmes, qui alloient lire certains formulaires de prieres afin de purifier les maisons, ou les personnes (15). Ce métier d'Exorciste ne passoit point pour honorable. L'Orateur Eschine fils d'une femme qui l'avoit exercé, essuia mille reproches honteux sur ce sujet de la part de Demosthene. Epicure & lui se trouvoient dans le même cas: ils avoient aidé chacun sa mere dans cette cérémonie; Demosthene le reproche à l'un, & les Stoïciens à l'autre. Voici ce qu'un des nouveaux Commentateurs de Laërce (16) a remarqué sur ces paroles καθαρμοὺς ἀναγινώσκειν. *Eadem exprobrat Æschini Demosthenes in Orat. de Coron.* (17) Τῇ μητρὶ τελούσῃ τὰς βίβλους ἀνεγίνωσκες καὶ τἆλλα συνεσκευωροῦ &c. *Nempe Epicuri mater dicitur fuisse anicula piatrix quæ domos circumibat, & piaculo aliquo contactos solvebat aut totam domum expiabat. Epicurus vero matri præibat carmen piaculare: utrumque ministerium ἄτιμον.* Notez qu'il y a eu des Auteurs célebres, qui ont composé de ces formulaires d'expiation (18). On me dira peut-être qu'on ne trouve point que les formulaires de Cherestrata & de son fils Epicure aient été des exorcismes de Lutins: mais qu'importe, Mr. du Rondel ne laisse pas d'avoir eu un fondement legitime pour avancer ce qu'il a dit; car il est indubitable que les Paiens ont eu des cérémonies destinées à chasser les spectres. Mr. Lomeier a cité Ovide (19), Valerius Flaccus (20), & Lucien (21). Or voici de quelle maniere le tour qu'a pris Mr. du Rondel est avantageux à Epicure. Ce Philosophe ne croiant pas que les Dieux se mêlassent de nos affaires, étoit suspect d'irreligion: cela le rendoit odieux, & l'exposoit à l'infamie. Il n'y a donc rien de plus propre à lui conserver sa reputation, que de dire que dès sa plus tendre jeunesse il alloit lire des prieres dans les maisons pour le service de son prochain. C'étoit un acte de pieté superstitieuse.

II. La seconde chose curieuse qu'on pouvoit dire de Cherestrata, c'est qu'au dire de son fils, elle avoit eu dans son corps cette quantité d'atômes, dont le concours est nécessaire pour former un Sage. Ἡ δὲ μήτηρ ἀτόμους ἔσχεν ἐν αὐτῇ τοσαύτας, οἷαι συνελθοῦσαι σοφὸν ἂν ἐγέννησαν. *Matrem quoque suam in se tot tantasque habuisse atomos quarum congressu sapiens ederetur* (22). Plutarque allegue cela comme une preuve de la vanité d'Epicure. Cette preuve n'est pas mal choisie, car c'est une grande présomption que de croire que l'on a été formé de l'élite des atômes, & qu'on a eu une mere en qui la nature avoit rassemblé tout autant d'ingrediens qu'il en faloit pour la formation d'un Sage. Je ne voi personne qui ait raporté fidélement ce Passage de Plutarque. Tout le monde s'imagine que ce fut Neocles frere d'Epicure, qui dit cela de sa mere. Gassendi, qui entendoit bien le Grec, n'auroit point commis cette faute (23), s'il avoit eu recours à l'Original; mais comme il crut que les Traductions étoient fidelles, il ne passa pas plus loin. La Version Latine & la Version d'Amiot sont telles, que l'on ne pourroit pas soutenir qu'elles ne contiennent pas le sens de l'Original: néanmoins elles sont defectueuses, parce qu'elles sont également susceptibles de deux interprétations. Elles peuvent aussi bien signifier que Neocles disoit cela, que signifier qu'Epicure le disoit.

D'où

(1) Stat. Libr. II, Silva II, Vers. 113.
(2) Idem, Libr. I Silva III, Vers. 93.
(3) Epist. XVI Libri XV ad Familiares.
(4) Libr. IV, Cap. XIII Var. Histor.
(5) Menagé, Anti-Baillet, Tom. I, pag. 39. Je le lui avois oüi dire dans sa Mercuriale à propos de ce qu'une personne de la Compagnie venoit de conter qu'un certain Monsieur Cospean avoit fait une certaine chose.
(6) Voiez ci-dessus la Remarq. (F) de l'Article ARNAULD, (Antoine) Doct. de Sorbonne.
(7) Diog. Laërce, Liv. X, num. 26, en compte 4. Mr. Menage ibi en compte 3 autres, entre lesquels Gassendi, Præfat. de Vita & Moribus Epicuri, parle d'un Epicure faiseur d'emplâtre, dont Galien fait mention.
(8) Voiez Mr. Dacier sur la II Satire du I Livre d'Horace, pag. m. 176.
(9) Libr. XVI, p. 522.
Diogen. Laërce, Liv. X, num. 3, apelle Epicurien ce Philodeme. Voiez là-dessus Mr. Menage, qui croit avec le vieux Scholiaste d'Horace, que ce Poëte a parlé de ce Philodeme.
(10) Vossius de Histor. Græc. Libr. I, Cap. XXI,
(11) Laërt. Libr. X, num. 15.

(12) Du Rondel, dans la Vie d'Epicure, pag. 3 & 4.
(13) Diog. Laërt. in Epicuro, Libr. X, num. 4.
(14) Du Rondel, de Vita & Moribus Epicuri, pag. 3.
(15) Et veniat quæ lustret anus lectumque, locumque, Præferat & tremula sulphur & ova manu. Ovid. de Arte amandi, Libr. II, v. 329. Voiez Lomeier de Lustrationibus Gentilium, Cap. XIII, pag. 119.
(16) Joachimus Kuhnius, pag. 544 Edit. Laërtii Amstelod. 1692.
(17) Voiez Lomeier, de Lustrationibus, pag. 119.
(18) Epimenide en est un. Voiez Vossius, de Poetis Græcis, pag. 17.
(19) Libr. V, Fastor. apud Lomeierum de veterum Gentil. Lustrationibus, pag. 231, 232.
(20) Argon. Libr. III, Vers. 448, apud eund. pag. 309.
(21) In Necyom. apud eund. pag. 313.
(22) Plut. in Tractatu quod non possit suaviter vivi juxta Epicurum, pag. 1100, A.
(23) De Vita & Morib. Epicuri, Libr. I, Cap. VIII.

Die Stimmen der Vernunft: Pierre Bayles *Dictionnaire* zeigt auf jeder Seite, dass Wahrheit umstritten und debattierbar ist

Das *Dictionnaire* ist eine monumentale Enzyklopädie des philosophischen, theologischen und historischen Wissens seiner Zeit, vier Bände voller Argumente, Zitate und Definitionen. Was Bayles Werk aber wirklich wichtig macht, ist nicht so sehr seine Entschlossenheit, Fehler und Schlampigkeiten in anderen Werken zu korrigieren, sondern die Art und Weise, wie er dies tut. Zu den Definitionen gesellen sich Verweise, Fußnoten und Literaturangaben in einem komplexen graphischen Arrangement, eine große Herausforderung für die Setzer der Seiten, die auf mehreren Ebenen zu lesen waren.

Bayle musste gar keine riskanten Aussagen machen, um aufmerksamen Lesern zu vermitteln, was ihm wichtig war. Nehmen wir willkürlich einen Artikel aus diesem gigantischen Werk heraus: »Epikur«. Der eigentliche Text besteht nur aus einigen Zeilen in der oberen Seitenhälfte. Buchstaben oder Zahlen in Klammern verweisen entweder auf ein Heer von Fußnoten darunter, oder auf Literaturhinweise und Zitate, die in die Marginalien gedruckt sind. Die Leserin, der Leser, liest nie nur eine Version, sondern Zwischenrufe und Anmerkungen von Zweiflern, Kommentatoren, Kritikern und Anhängern, großen Autoritäten und obskuren Schreibern, dazu Geschichten über das Leben von Gelehrten, Monarchen und Heiligen, oft aus sehr persönlicher Perspektive, die sie in einem neuen Licht erscheinen ließen. Zunächst entsteht ein verwirrendes Bild, aber das klärt sich bald. Bayle hat zusammengetragen und ausgeführt, was die Zeit und die Autoren der Vergangenheit über ein Thema wussten, zu wissen glaubten, diskutierten, oder verworfen hatten.

Schon die Frage nach Epikurs Geburtsort ist so komplex, dass nur drei Zeilen Haupttext auf die Seite passen. Dafür aber lesen wir schon in der ersten Fußnote über die Meinungen und Zitate von literarischen Größen wie Cicero, Horaz, aber auch weniger bekannten Autoren wie Asconius Pedianus, Strabo und Pison, zusammen mit Spekulationen des Autors, ob nicht Kopistenfehler in alten Manuskripten zur fragmentierten Überlieferung beigetragen haben. Die nächste Fußnote thematisiert einen Irrtum seines Zeitgenossen Vossius, dessen Werk das Todesjahr des Epikur falsch angab, offenbar weil der Drucker zwei lateinische »I« ausgelassen hatte und der Gelehrte den Irrtum nicht bemerkte. So geht es weiter, immer mit Zitaten, Quellenangaben, skeptischen Einwürfen (»Ich weiß nicht, worauf Monsieur Moreri sich beruft, wenn er sagt, sie [Epikurs

Mutter] *käme aus einer sehr edlen Familie«*]. Es ist ein ganzes Universum, das Bayle hier entwirft, ein babylonisches Stimmengewirr, dessen einziger Vermittler er selbst ist.

Sobald wir die biographischen Details des griechischen Philosophen hinter uns gelassen haben und uns seinen Ideen nähern, intensiviert sich die Debatte in den Fußnoten. Antike und moderne Autoren werden gegeneinander ausgespielt, die Meinungen von Kritikern und Apologeten verglichen, vor allem aber ausführlich zitiert. Eine schier endlose Prozession von Namen, Zitaten und Argumenten zieht an unseren Augen vorbei, immer begleitet von Details und Anekdoten – und vom höflichen aber unerbittlichen Skeptizismus von Bayle selbst, der das Vorgebrachte prüft, kommentiert, oder einfach stehen lässt.

Gleichzeitig war es nicht wirklich wichtig, was Bayle selbst über Epikur oder irgendetwas anderes dachte, oder wie seine Beurteilungen ausfielen. Da er so vielen Autoren eine Stimme verlieh, entstand im Geist seiner Leser aus dem dissonanten Akkord ihrer Argumente vor allem eine Erkenntnis: Wissen ist nicht monolithisch, es entsteht durch Diskussion und Dissens, es ist kein statisches Ding, das man besitzen kann, sondern ein offener Prozess. Wer daran teilnimmt, muss darauf gefasst sein, die eigene Position jederzeit neu zu überdenken, wenn ein besseres Argument oder eine neue Entdeckung dies notwendig macht. Wissen ist umstritten und vorläufig. Es ist nicht in Stein gemeißelt, nicht auf dem Berg Sinai und nicht anderswo, niemand hat ein Monopol darauf.

Das *Dictionnaire* – sechs Millionen Worte auf 3300 Folioseiten in zwei Bände aufgeteilt – wurde 1697 zum ersten Mal herausgegeben, aber schon bald in einer erweiterten Fassung in drei Bänden nachgedruckt. Es wurde zum Bestseller der philosophischen Literatur seiner Zeit. Jede Bibliothek, jedes jesuitische Kolleg und jede große Privatsammlung wollte ein Exemplar dieses außerordentlichen Monuments der menschlichen Erinnerung, Belesenheit und der methodischen Kritik. Im Alter von fünfzig Jahren war Bayle endlich finanziell ausreichend gesichert, um seine Stelle als Lehrer aufzugeben und nur noch für seine Forschung zu leben.

Selbstverständlich verursachte ihm auch diese Publikation Unannehmlichkeiten. Die Herren des protestantischen Konsistoriums fanden einige Passagen skandalös, schmutzig, unziemlich und obszön und verlangten Streichungen und Änderungen. Bayle kam ihrem Verlangen nach, allerdings nicht, indem er die verlangten Streichungen vornahm, sondern durch Hinzufügung einer Klarstellung, die zwar wenig klarstellte, es Bayle aber erlaubte, sich über die »Unzufriedenen« lustig zu machen, die das *Dictionnaire* zu lebensnah fanden. Wie hatte er schon zehn Jahre zuvor an seinen imaginären Theologen an der Sorbonne geschrieben? »Als ein Gottesgelehrter sind Sie es schon gewohnt, die Vernunft beiseite zu setzen, sobald Ihnen ein Geheimnis vorkommt.«[100]

1706 starb Bayle neunundfünfzigjährig in Rotterdam nach einer langen Krankheit, zu der sein Arbeitspensum sicherlich beigetragen hatte und die er augenscheinlich ausschließlich mit Philosophie behandelte: »Ich habe beharrlich jede medizinische Hilfe zurückgewiesen und bin entschlossen, der Natur ihren Lauf zu lassen«, schrieb er. »Medikamente gegen diese Sorte Leiden lassen einen Kranken nur länger dahinvegetieren ... Trotz alledem habe ich noch an einem Ergänzungsband des Dictionnaire gearbeitet, ich werde aber nicht mehr viel daran machen.«

Das *Dictionnaire* wurde noch weit nach Bayles Tod weitergeführt, und die letzte vollständige Ausgabe (abgesehen von modernen Nachdrucken) erschien 1821. Generationen von Schülern und Studentinnen haben mit Bayle denken gelernt, wurden von ihm zum Denken angeregt, verführt, gezwungen. Der Autor selbst beschrieb sich nicht als Atheist. »Ich bin ein guter Protestant im vollen Sinne des Wortes«, bemerkte er, »denn im Grunde meiner Seele protestiere ich gegen alles, was man so sagt und was so passiert.«

Der Antichrist

Der längste Artikel des *Dictionnaire* ist einer der giftigsten und handelt von einem anderen Philosophen, der unter prekären Umständen in den Niederlanden gelebt hatte, der vier Jahre vor Bayles Ankunft dort gestorben war und von seinen vielen Feinden schlicht als Antichrist bezeichnet wurde. Seine Lehre galt als das gefährlichste intellektuelle Gift, das die Menschheit je produziert hatte.

Gott aus der Welt denken: Spinozas theologische Überlegungen ließen Raum für nichts anderes als die ewigen Gesetze der Natur

Der Urheber dieser schrecklichen Gefahr war ein unscheinbarer, höflicher Mann, der seinen Lebensunterhalt als Hersteller wissenschaftlicher Instrumente und besonders als Linsenschleifer verdiente: Baruch de Spinoza (1632–1677), der Sohn eines prominenten jüdischen Kaufmanns in Amsterdam.

In seiner Kindheit wurde der Junge wahrscheinlich Bento gerufen, denn er war Teil der portugiesischen Gemeinde, die sich nach der Vertreibung der Juden aus Portugal gebildet hatte. Er wuchs damit in einer sehr abgeschlossenen und wahrscheinlich auch bedrückenden Welt auf. In Portugal waren Juden seit 1497 gezwungen worden, sich offiziell zum Christentum zu bekehren. Als Marranos, heimliche Juden, gaben sie sich in der Öffentlichkeit als Christen, während sie dem Glauben ihrer Väter innerlich nie abgeschworen hatten.

In ihrem Exil in Amsterdam durften Mitglieder der portugiesisch-jüdischen Gemeinde nicht nur frei Handel treiben, sondern auch wieder ihre eigene Religion ausüben, aber die hatten sie seit Generationen nicht mehr lernen und leben können. Sie waren häufig getrennt von ihren

Familien, die in andere Länder geflohen oder in Portugal ermordet worden waren und waren damit nicht nur sozial, geographisch und sprachlich, sondern auch intellektuell entwurzelt. Ihre einzig stabile Identität lag in ihrer Sprache und ihren religiösen Lehren und Praktiken, die sie nach mehreren Generationen der erzwungenen Entfremdung von ihrem Glauben allerdings wieder erschließen mussten.

Die Mitglieder dieser zutiefst verunsicherten Gemeinde trafen in Amsterdam als kosmopolitisch orientierte Kaufleute auf eine etablierte Debattenkultur. Die Schicksale mehrerer Amsterdamer Juden zeigen, welche Möglichkeiten sich einem Menschen eröffneten, aber auch welche Tragödien ihm drohten, wenn er durch Begegnungen, Studien und Reflexionen zwischen mehrere Traditionen geriet und zu keiner wirklich gehörte. Ein Fall, der die jüdische Gemeinde Amsterdams beschäftigte, während Bento Spinoza noch ein Kind war, betrifft Uriel da Costa (1585–1640), dessen lange geographische und intellektuelle Reise in der Stadt ein gewaltsames Ende nahm.

Da Costa war in Porto geboren, als frommer Katholik aufgewachsen, an einem jesuitischen Kolleg als Theologe ausgebildet worden und hatte die niederen Weihen empfangen. Sein Studium brachte ihn allerdings auf Abwege. Er versuchte, aus der lateinischen Bibel die Lebensweise zu rekonstruieren, die Gott den Juden befohlen hatte, und brach schließlich sein kirchliches Gelübde, heiratete eine Frau, die ebenfalls jüdischer Abstammung war, und zog aufs Land. Drei Jahre später, 1614, beschloss das Paar auszuwandern und nahm ein Schiff nach Amsterdam und von dort nach Hamburg, wo es ebenfalls eine portugiesische Gemeinde gab.

Endlich frei, seinen jüdischen Glauben zu praktizieren, fand der ehemalige Kirchenmann da Costa viele der Gebote unnötig und abstoßend, zumal sie aus dem Talmud, nicht aus der Bibel selbst stammten. Er verfasste eine Polemik mit dem kompromisslosen Titel *Propostas contra a tradição* (Thesen gegen die Tradition, 1616) und wurde von der Hamburger Gemeinde ausgeschlossen. Trotzdem lebten er und seine Frau weiterhin in Hamburg, bis sie 1622 plötzlich starb. Da Costa zog nach Amsterdam.

Mit seiner Reputation als religiöser Provokateur war Uriel da Costa auch in Amsterdam nicht willkommen und wurde schon im folgenden Jahr auch hier aus der Gemeinde ausgeschlossen. Entschlossen, sich zu rechtfertigen, veröffentlichte er ein zweites Buch, in dem er nicht nur die Autorität des Talmuds verwarf, sondern auch argumentierte, dass die Bibel keine Unsterblichkeit der Seele kennt und dass die menschliche Seele folglich sterblich ist. Das war auch für die calvinistischen Stadtväter zu viel. Sie ließen da Costas Buch öffentlich verbrennen und verbannten den Autor nach Utrecht.

Nicht viel ist bekannt über die nächsten Jahre im Leben dieses intellektuellen Außenseiters, sicher scheint aber, dass er einsam war. Immer wieder versuchte er, sich der Gemeinde anzunähern. 1629 nahm man ihn wieder auf, 1633 wurde er, nachdem er wiederholt gegen die Speisevorschriften verstoßen hatte, erneut ausgeschlossen. Er lebte in der Nachbarschaft des jüdischen Viertels und verarmte.

1639 schließlich scheint da Costas Verzweiflung so überwältigend geworden zu sein, dass er als reuiger Sünder in die Gemeinde zurückkehren wollte. Das rabbinische Gericht verurteilte ihn zu neununddreißig Geißelhieben, danach musste er auf der Schwelle der Synagoge liegend die gesamte Gemeinde über seinen Körper hinwegsteigen lassen. Er unterwarf sich dieser Prozedur, konnte aber die erlittene Erniedrigung nicht ertragen. Im April des folgenden Jahres erschoss er sich mit einer Pistole. Er hinterließ eine lateinische Autobiographie, *Exemplar humanae vitae* (Beispiel eines menschlichen Lebens, zuerst publiziert 1687), in der er seinen eigenen religiösen und intellektuellen Werdegang beschrieb und diesen gewissermaßen von jenseits des Grabes ein letztes Mal rechtfertigte.

Der achtjährige Bento Spinoza mag bei da Costas Geißelung anwesend gewesen sein oder nicht, er war aber zweifellos vertraut mit dessen Schicksal. Gleichzeitig war die Gemeinde, in der er aufwuchs, intellektuell aufgeschlossen und so kam er im Laufe seiner Schulzeit mit mehreren außergewöhnlichen Persönlichkeiten in Berührung, die imstande waren, dem jungen Emigranten die Welt der Ideen zu eröffnen.

Der jüdische Gelehrte Menasse Ben Israel (1604–1657) war auf der Flucht seiner Eltern geboren worden und leitete die Amsterdamer Jeschiwa, die religiöse Schule der Gemeinde, die auch der junge Baruch besuchte. Ben Israel war eine außergewöhnliche und facettenreiche Persönlichkeit. Er war befreundet mit Künstlern wie Rembrandt (der ihn porträtierte) und war selbst als Autor mystischer Texte aufgetreten. Er leitete einen Verlag, der Bücher auf Hebräisch, Jiddisch, Latein, Spanisch, Portugiesisch, Holländisch und Englisch publizierte. Seinen Schülern vermittelte er auch Aufgeschlossenheit zur Außenwelt. In dem jungen Bento de Spinoza fand er einen Schüler, dessen intellektuelle Entwicklung ihn bald in Konflikt mit den orthodoxer denkenden Leitern der Gemeinde bringen sollte.

Spinozas Entfremdung von seiner Gemeinde und ihren Traditionen und Denkweisen entwickelte sich über Jahre, aber das wohl einschneidendste Ereignis war der Tod seines älteren Bruders Isaac, der das Importgeschäft der Familie weiterführen sollte, während für Bento eine Zukunft als Gelehrter geplant war. Durch Isaacs plötzlichen Tod sah sich der Siebzehnjährige gezwungen, die Jeschiwa zu verlassen und Ladungen von Gewürzen zu kalkulieren und Preise festzusetzen. Gleichzeitig aber erlahmten seine intellektuellen Interessen nicht und er begann, Lateinunterricht zu nehmen. Er besuchte eine Lateinschule auf dem Singel. Ihr Direktor, Franciscus van den Enden (1602–1674), war ein typisches Produkt der Bildungsrevolution, der Sohn eines Webers, ein Exjesuit aus Antwerpen, der in Amsterdam einen Kunsthandel gegründet hatte, der ihn mit den besten Künstlern der Stadt in Verbindung brachte. Einige Jahre später ging er pleite und gründete eine Lateinschule, auf der Bento zu Benedictus Spinoza wurde.

Van den Enden war nicht nur umfassend gebildet – er hatte die Jesuiten verlassen, weil sich seine eigenen Ansichten von der Welt zu weit von der Kirche entfernt hatten. Mit seinen Schülern führte er lateinische Theaterstücke auf, in denen seine Töchter die Hauptrollen spielten, er las mit ihnen profane Autoren wie Terenz und Seneca und schrieb selbst zwei Traktate über Toleranz und über eine ideale Republik, in der sich ein säkularer Staat um Demokratie, gleiche Erziehung für beide Geschlechter, einen humanen Strafvollzug und die Abschaffung der Sklaverei bemüht.

Der weitere Verlauf seines Lebens illustriert van den Endens Charakter. Seine liberale Lateinschule war auch unter französischen Emigranten beliebt, die der strengen calvinistischen Lehre an anderen Schulen entgehen wollten. Gemeinsam mit seinen französischen Freunden schmiedete der ehemalige Priester Pläne für einen Staatsstreich, der eine unabhängige Republik in der Normandie nach seiner gesellschaftlichen

Vision etablieren sollte: Die erste bekannte Revolution der Geschichte, die auf einem säkularen Konzept beruhte.

Als 1668 ein anderer Freidenker, Adriaen Koerbagh, der die göttliche Inspiration der Bibel geleugnet hatte, wegen seiner Überzeugungen zu schwerer Zwangsarbeit im Rasphuis verurteilt wurde und dort ein Jahr später starb, übersiedelte van den Enden nach Paris. Hier verfolgte er seine revolutionären Ideen und wurde über seine französischen Kontakte in eine Verschwörung gegen Ludwig XIV. hineingezogen, immer noch in der Hoffnung, die Gründung der idealen Republik zu erleben. Ihre Verfassung hatte er bereits geschrieben. Der Staatsstreich wurde verraten und nach Verhören und Folter wurden die Verschwörer am 27. November 1674 vor der Bastille hingerichtet. Als nichtadeliger Verurteilter wurde van den Enden nicht geköpft, sondern erhängt.

Die Lateinschule brachte auch Benedictus de Spinoza in Verbindung mit französischen Emigranten und ihren Ideen, besonders aber mit der Philosophie von René Descartes. Die Kühnheit dieser Gedanken und ihr Bemühen um eine wissenschaftliche Methode übten auf den analytischen Geist des jungen Mannes eine fast magische Anziehungskraft aus.

Spinoza war Teil der jüdischen Gemeinde, deren Mitglieder nicht nur seine Handelspartner waren, sondern auch seine Cousins und Cousinen, Schwager und Nichten, Schulfreunde und Nachbarn. Seine neuen Ansichten und Interessen stießen auf Unverständnis. Die jüdische Tradition kannte Methode und Argumente der Frühen Neuzeit noch nicht und hatte noch keine Antworten auf sie formuliert. Bentos Fragen waren eine Bedrohung für die Integrität der jüdischen Tradition und damit auch der Gemeinschaft, in der Fragen der Identität mit einem unmittelbaren historischen Trauma verbunden waren.

Als Spinozas Vater 1654 starb, gründeten Baruch und sein jüngerer Bruder Gabriel eine neue Firma unter eigenem Namen und versuchten, das Geschäft weiterzuführen, aber die englische Seeblockade setzte dem internationalen Handel zu und keiner der beiden Brüder hatte die Fähigkeit oder die Neigung, das ehemals florierende und wohlhabende Handelshaus vor dem Bankrott zu retten. Baruch de Spinoza war sicherlich kein geborener Kaufmann. Seine ganze Leidenschaft galt seinem Studium.

Freunde und Bekannte attestierten Spinoza eine intellektuelle Arglosigkeit verbunden mit starken persönlichen Prinzipien, die es ihm offenbar schon damals unmöglich machten, sich zu verstellen anstatt Ideen zu verteidigen, die er nach sorgfältiger Prüfung als wahr ansah. Der junge Mann, der mit nichtjüdischen Atheisten verkehrte und lateinische Bücher verschlang, sorgte für Aufruhr in der Gemeinde, als er seine Einwände und Argumente in die Debatten seiner Glaubensbrüder einbrachte. Zuerst scheint man seinen Starrsinn als ärgerlichen pubertären Trotz abgetan zu haben. Als er sich aber weigerte, seine Ansichten zu ändern, reagierte die Gemeinde mit einer bis dahin nicht gekannten Härte.

1656 sprach das Gemeindegericht einen Bann aus, der den jungen Kaufmann ausschloss und allen Gemeindemitgliedern, auch seiner Familie, jeglichen Kontakt mit ihm verbot. Es war der bitterste Bannfluch, den die jüdische Gemeinde Amsterdams je äußerte. Seine Formulierung deutet darauf hin, dass er schon länger Probleme bereitet hatte und wie viel Hass er auf sich gezogen hatte:

> Die Señores des Ma'amad, denen die bösen Ansichten und Handlungen des Baruch de Espinoza lange bekannt gewesen sind, haben mit verschiedenen Mitteln und Versprechen versucht, ihn von seinen bösen Wegen abzubringen. Aber nachdem sie unfähig waren, ihn dazu zu bringen, seine bösen Gewohnheiten zu ändern und weil sie, im Gegenteil, jeden Tag ernstere Informationen über die schrecklichen Ketzereien bekommen, die er praktiziert und verbreitet, wie auch über seine monströsen Taten, und nachdem sie viele vertrauenswürdige Zeugen gehört haben ... haben sie sich entschlossen, dass der genannte Espinoza mit dem Bann belegt und aus dem Volk Israel ausgestoßen wird. Durch den Erlass der Engel, und durch den Befehl der Heiligen verbannen wir, stoßen wir aus, verdammen wir Baruch de Espinoza mit dem Einverständnis Gottes, gelobt sei er, und mit dem Einverständnis der gesamten heiligen Versammlung, vor diesen heiligen Schriftrollen mit sechshundert und dreizehn Geboten, die darin geschrieben stehen, mit der Exkommunikation, mit der Josua Jericho bannte, mit dem Fluch, mit dem Elischa die Jünglinge verfluchte, mit allen Flüchen, die im Gesetzbuch geschrieben sind. Verflucht sei er bei Tag und verflucht sei er bei Nacht; verflucht sei er, wenn er zu Bett

> geht und verflucht, wenn er aufsteht; verflucht, wenn er hinausgeht und verflucht, wenn er kommt. ... Wir befehlen, dass niemand mit ihm mündlich oder schriftlich kommunizieren darf, oder irgendetwas für ihn tun, oder unter demselben Dach bleiben, oder innerhalb von vier Ellen von ihm, oder irgendetwas lesen darf, was er zusammengestellt oder geschrieben hat.

Als Kaufmann, der auf ein Netzwerk aus häufig jüdischen Kontakten angewiesen war, war der erst dreiundzwanzigjährige Baruch de Spinoza, der noch keine Zeile veröffentlicht hatte, von diesem Moment an ruiniert. Als Mensch aber hatte er, so scheint es, längst mit der jüdischen Gemeinde, der Religion und der Welt seiner Herkunft abgeschlossen. Anders als der unglückliche Uriel da Costa bemühte er sich nie um Rückkehr. Stattdessen zog er weg, nach Rijnsburg in der Nähe von Leiden und lernte ein Handwerk. Spinoza wurde Linsenschleifer und produzierte Linsen für wissenschaftliche Instrumente.

So unwiderstehlich symbolisch der Brotberuf des ausgestoßenen Denkers war, so ungesund war er auch. Möglicherweise litt Spinoza bereits an Tuberkulose, aber das jahrelange Einatmen von Glaspartikeln belastete seine Lunge zusätzlich. Trotzdem nutzte er seine neugewonnene Freiheit, um an einem großen philosophischen Werk zu arbeiten.

In seinem Artikel im *Dictionnaire* beschreibt Pierre Bayle Spinozas Grundidee als die »monströseste Hypothese, die man sich vorstellen kann, die absurdeste, die allen Begriffen, die in unserem Geist evident sind, am meisten entgegengestellt ist.«[101] In einer Fußnote erläutert er dann diese frevelhafte Idee bis ins Detail.

Die »monströse« Argumentation von Spinozas erst 1677 erschienener *Ethik* ist etwa wie folgt: Der erste Teil ist nicht dem Menschen und seinem Verhalten, sondern der Natur Gottes gewidmet, aus der, so schreibt der Autor, alles hervorkommt und in der alles enthalten ist. Die Gedanken werden in streng durchnummerierten Hypothesen, Schlussfolgerungen und Beispielen entwickelt, nach geometrischer Methode dargestellt, wie der zweite Teil des Titels verspricht. Spinoza arbeitet wie ein Naturwissenschaftler.

Gott ist unendlich, unteilbar und allgegenwärtig, der unbegründete Grund allen Seins. Er ist die Substanz der Welt. Da es aber nicht zwei

Substanzen geben kann (sonst wäre Gott begrenzt), so folgt, dass die Substanz der Welt göttliche Substanz ist, dass Gott alles ist, was wir wahrnehmen, denken und fühlen. Unsere Erfahrung besteht aus der Erfahrung der Attribute Gottes und mit unserer Vernunft, die in besonderer Weise an Gottes Wesen teilhat, können wir die Welt ergründen und verstehen.

Gedanken wie diese hätten von vielen Theologen der Zeit formuliert werden können. Spinoza aber denkt sie bis zu ihrer letzten Konsequenz durch. Wenn die Natur nichts anderes ist als der wahrnehmbare Ausdruck von Gottes Attributen und wenn dieser Gott vollkommen ist, dann ergibt sich daraus, dass die Natur erstens vollkommen ist und nichts an ihr geändert werden könnte, weil jede Veränderung der Vollkommenheit sie unvollkommen macht, und zweitens, dass Gott also selbst den Lauf der Natur nicht verändern könnte, dass er selbst an ihre Gesetze gebunden und durch sie beschrieben ist. »*Deus sive Natura*«, wie er im Vorwort zur lateinischen Ausgabe seines Werkes schrieb, Gott oder die Natur.

Ganz unversehens und von einem klassischen theologischen Standpunkt aus stürzt Spinoza seine Leser in den Abgrund. Wenn Gott nicht der Gott der Offenbarung, des Leides oder des Bundes ist, sondern der Gott der Philosophen, dann ist sein Name nicht mehr als ein mythologisch befrachtetes Synonym für die Naturgesetze. Damit sind Gebete sinnentleert, Wunder unmöglich, Propheten bloß noch menschlich, Riten allenfalls aus sozialen Gründen nützlich, Himmel und Hölle Ammenmärchen, Fanatismus und Inquisition barbarisch und die Macht von Gottes Gnaden eine bequeme Fiktion der Mächtigen. Gott ist Gesetz, wird aber in der religiösen Praxis zum »Heiligtum der Ignoranz«. Verständlich, dass Spinoza sein Werk anonym publizierte.

Gerade wegen ihrer ruhigen Rationalität und ihrer streng methodischen Exposition detonierten diese Argumente umso heftiger in den Köpfen ihrer Leser. Dies aber war nur der grundlegende Teil einer Beweisführung, die sich dem Menschen und seinen moralischen Entscheidungen widmete. Erst jetzt, nachdem er Gott mit der Natur identifiziert hatte, konnte Spinoza zu seinem eigentlichen Anliegen kommen, der Ethik. Wirklich moralisches Verhalten liegt nicht im Befolgen irgendwelcher Gebote, die unter Androhung von Strafe stehen und deren Ursprung menschlich und nicht göttlich ist. Wer sich aber nur von seinen

Leidenschaften und Begierden leiten lässt, ist unfrei. Freiheit gewinnt man durch Verständnis und durch eine rationale Kontrolle der Leidenschaften, nicht weil sie, wie im christlichen Verständnis, an sich sündig sind, sondern weil sie Leiden nach sich ziehen und dem Geist Fesseln anlegen. Moralisches Verhalten liegt darin, das Gute zu tun, weil es gut ist.

Das Gute ist alles, was der Natur entspricht. Wir handeln aus Eigennutz, aus egoistischen Motiven, aus einem Willen zum Überleben. Wenn wir unsere Situation aber analysieren, ergibt sich deutlich, dass unsere beste Überlebenschance und die geringste Unfreiheit darin liegt, uns tolerant, solidarisch und sogar altruistisch zu verhalten, um eine Welt zu schaffen, in der ein Leben in Würde möglich ist.

Plötzlich wird deutlich, warum Spinozas Ideen ein solches intellektuelles Erdbeben verursachten und warum sie mit einem solchen Hass verfolgt wurden. Aus einer religiösen Position heraus hatte er die Religion einfach aufgehoben, unnötig gemacht, Gott und die Natur gleichgesetzt und den Eigennutz des Tieres Mensch zum höchsten moralischen Prinzip erhoben, aus dem heraus er eine moralische und aufgeklärte Gesellschaft entstehen sah.

Spinoza hatte nichts weniger getan als einen Ausweg aus der theologischen Sackgasse des europäischen Denkens zu finden. Alles Nachdenken über ethische Probleme und Herausforderungen, soweit dies öffentlich zugelassen war, diskutierte diese Fragen im Kontext einer Konfession und mit Rekurs auf die Bibel und auf theologische Autoritäten. Säkulares Denken wurde verfolgt und seine Exponenten hart bestraft. Spinozas Werk schaffte eine Brücke zwischen den beiden, eine Möglichkeit, innerhalb der theologisch umrahmten Diskussion seiner Zeit eine Alternative aufzubauen, die in ihrer Stoßrichtung und ihren Konsequenzen klar säkularen Charakters war.

Der Exilant im eigenen Land begann, sein eigenes Denken ganz auf jene theologischen Begriffe aufzubauen, die von der Scholastik geschaffen worden waren und noch immer die Debatte beherrschten: Gott der Eine und Unteilbare hat die Welt geschaffen, er ist mit logischer Notwendigkeit vollkommen, allmächtig und allwissend, der Mensch ist sein Geschöpf und nimmt durch seine Seele an Gottes Wesen teil, etc. All dies war Theologie der orthodoxesten Sorte und hatte eine direkte Ahnenlinie von den Kirchenvätern über Thomas von Aquin bis hin zu Descartes.

Heute würde Spinoza die universalistischen Ideen, die er entwickelte, wohl nicht mehr in theologischen Kategorien formulieren, aber damals gab er ihnen genau dadurch die ungeheure Macht, die sie entfalten sollten, dass er sie im Denken seiner eigenen Epoche verankerte – nur um diesen Anker dann unverhofft und unwiederbringlich zu lichten und mit einer Schiffsladung voller unfreiwilliger Passagiere neuen Horizonten entgegenzusegeln.

Philosophie entwickelt sich in einen abstrakten Raum, der aus Buchstaben und körperlosen Argumenten besteht. Wie jede andere kulturelle Äußerung auch, so entstehen philosophische Ideen zu einem bestimmten Zeitpunkt, an einem konkreten Ort, in einem gelebten kulturellen Umfeld, das von einer geteilten historischen Erinnerung und von bestimmten Metaphern und Denkfiguren beherrscht wird. Sie sind auch immer Ausdruck einer individuellen Erfahrung und einer persönlichen Konstitution. Spinoza konnte die Philosophie des noch immer christlichen Westens so radikal beeinflussen, weil er ihre Tradition mit anderen, nicht durch die jesuitische Mühle gedrehten, sondern am jüdischen Denken geschulten Augen sah.

Die rabbinische Erziehung, die der junge Baruch in der Amsterdamer Synagoge durchlaufen hatte, war von der christlichen Denktradition her gesehen eher juristisch als theologisch. Anders als ihre christlichen Pendants hatten sich die Gelehrten des Talmuds nie dafür interessiert, wie viele Engel auf einer Nadelspitze tanzen können. Sie stellten vor allem Fragen praktischer Natur: Was konstituiert Arbeit am Sabbat? Wann ist Fleisch koscher? Unter welchen Umständen ist es erlaubt, nichtkoschere Nahrung zu essen? Wenn eine Mauer in einem Innenhof zusammenbricht, welchem Nachbarn gehört sie und wer muss für die Reparatur bezahlen?

Als Gemeinschaften hatten die Juden in den verschiedenen Ländern ihres Exils nur überleben können, indem sie nicht mehr ihren zerstörten Tempel, sondern die Bibel selbst als unveränderliches Heiligtum ansahen, in dem Gottes Wahrheit wohnte. Das Überleben der Kultur war darauf begründet, die heiligen Schriften zu studieren und zu diskutieren, unter der ehernen Voraussetzung, dass – wie auch in handgeschriebenen Torarollen – nicht ein einziger Punkt verändert werden durfte, weil sogar Kopistenfehler, die sich tradiert hatten, Hinweise auf verborgene Bedeutungsebenen haben konnten.

Diese schriftzentrierte Tradition bot genug mythische Rechtfertigung und intellektuelle Energie, um den Gemeinschaften eine kulturelle Existenz und ein gemeinsames transzendentales Ziel zu bieten, gleichzeitig aber stand sie vor einem Dilemma. Die Heilige Schrift beschrieb eine Gesellschaft aus der Bronzezeit. Viele der Ansichten und sozialen Praktiken, die hier beschrieben oder sogar befohlen wurden, waren nicht nur weit entfernt von der sozialen Realität jüdischer Gemeinschaften im babylonischen Exil oder im islamischen Spanien, von den französischen Juden des Mittelalters oder den Stetls in Galizien – die ethische Welt des jüdischen Königtums mit seinen Kriegen, seinen Hinrichtungen und der überall präsenten Gewalt entsprach nicht mehr ihren moralischen Ideen. Wenn aber ihre Existenz als Gemeinschaft an die unbedingte Buchstabentreue gebunden war, wie konnten sie mit diesen Gesetzen und ihrer unbedingten Gültigkeit umgehen? Wenn Gott gut ist und die Bibel unbedingt wahr, wenn ihre Gesetze aber dem eigenen, gottgegebenen moralischen Gefühl widersprechen, wie können sie dennoch wahr sein? Wie ist es möglich, die buchstäbliche Wahrheit einer Schrift zu verteidigen und in der eigenen sozialen Praxis zu gebrauchen, in der so vieles unverständlich scheint?

Auch wenn sie es selbst wohl nicht so verstanden: Die rabbinischen Gelehrten retteten sich selbst und die Unantastbarkeit des biblischen Textes, indem sie den Blickwinkel bei der Lektüre wechselten. Um die Bedeutung eines Textes zu bestimmen, hängt alles davon ab, wie er gelesen wird: als Gedicht, als Traumbericht, als Tatsache, als Gesetz, als ironisches Gegenbild, als Fabel, als Roman, etc. Jedes Mal wird ein anderer Maßstab angelegt, der die Interpretation unterschiedlich ausfallen lässt und der auch dazu führen kann, einen Text gewissermaßen gegen sich selbst zu lesen.

Genau das taten die Rabbinen: Weil jeder kleinste Punkt in den heiligen Texten göttlich inspiriert ist, gilt dies auch für jede kleinste Nuance seines Sinns. Weil die Sprache das Siegel von Gottes Weisheit trägt, liegt die Wahrheit oft in ihr selbst und ihren geheimnisvollen Korrespondenzen. So formulierten die rabbinischen Schulen ihre eigenen Interpretationsregeln. Um einen schwierigen Vers oder die internen Beziehungen zwischen Gesetzen zu verstehen, war es beispielsweise legitim, aus den Buchstaben eines Wortes neue Worte zu formen und sie als Interpretationshilfe zu verwenden, oder den Zahlenwert von Buchstaben zu addieren, abzuziehen oder zu multiplizieren, weil Worte, deren Zahlenwerte in einem Verhältnis zueinander stehen, augenscheinlich auch in ihrer tieferen Bedeutung verwandt sein müssen.

Ausgerüstet mit diesen Regeln, von denen die ursprünglichen Redaktoren des jüdischen Kanons wahrscheinlich recht überrascht gewesen wären, gingen die rabbinischen Gelehrten zurück zu den Texten, die sich jetzt wie durch ein Zauberwort für jede Neuinterpretation öffneten, ohne im geringsten verändert zu werden. Mit anderen Worten: Die Rabbinen nahmen den Text viel, viel feinkörniger buchstäblich, als es die Autoren wohl getan hatten.

Es gibt eine schöne Illustration für diese Praxis, die einen kleinen Ausflug in eine talmudische Debatte wert ist, eine berühmte Stelle im Traktat Sanhedrin des babylonischen Talmuds, eine Debatte, wie sie auch der junge Baruch Spinoza als Heranwachsender studierte: das Gesetz über den rebellischen Sohn.

Aus heutiger Sicht und sogar aus Sicht der Frühen Neuzeit zeigt das Fünfte Buch Mose eine bronzezeitliche Gesellschaft in all ihrer patriarchalischen Gewalttätigkeit, die hier (das an sich war ein zivilisatorischer Fortschritt) kodifiziert und geregelt wurde. In Kapitel einundzwanzig geht es darum, unter welchen Umständen ein Mann die schöne Frau eines besiegten Feindes zur Sklavin nehmen darf, wenn er »Lust hat auf sie«, im folgenden Kapitel wird geregelt, dass ein Mann, der eine unverlobte Jungfrau vergewaltigt, dem Vater Strafe zahlen und die Frau heiraten muss, während eine Jungfrau, die freiwillig mit einem Mann schläft, gesteinigt wird. Dazwischen, Vers 18–21 in der Lutherbibel, findet sich ein Text, dessen Originalversion die rabbinischen Gelehrten augenscheinlich verstörte:

> Wenn jemand einen eigenwilligen und ungehorsamen Sohn hat, der seines Vaters und seiner Mutter Stimme nicht gehorcht und, wenn sie ihn züchtigen, ihnen nicht gehorchen will, so sollen ihn Vater und Mutter greifen und zu den Ältesten der Stadt führen und zu dem Tor des Orts, und zu den Ältesten der Stadt sagen: Dieser unser Sohn ist eigenwillig und ungehorsam und gehorcht unsrer Stimme nicht und ist ein Schlemmer und ein Trunkenbold. So sollen ihn steinigen alle

Leute der Stadt, daß er sterbe, und sollst also das Böse von dir tun, daß es ganz Israel höre und sich fürchte.

Darf man ein Kind hinrichten, weil es ungehorsam ist? Im babylonischen Talmud (Sanhedrin 70 folgende), wird der Vers intensiv diskutiert. Nicht ein einziges Mal wird auch nur im Ansatz seine unbedingte Gültigkeit angezweifelt – die Diskutanten wollen lediglich die genauen Umstände festlegen, unter denen die Todesstrafe anzuwenden ist.

Über viele Seiten diskutieren die Rabbinen. Es geht um einen Sohn, der noch unter der Autorität seiner Eltern steht, aber der kein strafunmündiges Kind mehr ist. Da er mit dreizehn Bar-Mizwa (»Sohn des Gesetzes«, also religiös volljährig) und damit erwachsen wird, kann sich das Gebot nur auf die Zeit davor beziehen. Gleichzeitig kann er nur dann strafmündig sein, wenn er rein technisch kein Kind mehr ist, d. h. wenn er bereits zeugungsfähig ist. Aber wann ist das, und was sind die Zeichen dafür? Reichen zwei Schamhaare, um Geschlechtsreife anzuzeigen?

Dann ist da die Frage des »Schlemmers und Trunkenbolds«. Wie definiert sich das? Die Gelehrten befinden nach eingehendem Studium anderer Bibelverse, er müsste mindestens ein Fass italienischen Wein pro Tag trinken (der war nach der Vorstellung der Rabbinen stärker als jeder andere) und mehr als ein Kilo rohes Fleisch essen, um so beschrieben zu werden. Außerdem dürfe es kein koscheres Fleisch sein, und er müsste es in der Gesellschaft von »völlig wertlosen Männern« tun. Die Eltern dürfen in keiner Weise physisch beeinträchtigt sein (sonst könnten sie ihn nicht ergreifen), und wenn sie sagen, dass ihr Sohn »unserer Stimme« nicht gehorcht, dann müssen sie in denselben Worten, in derselben Tonlage und mit derselben Intonation sprechen.

Die Auflagen gehen weiter, aber der Sinn ist deutlich, wie am Ende der Debatte Rabbi Jehuda sagt: »Es hat nie einen rebellischen Sohn gegeben und es wird ihn nie geben. Warum wurde das Gesetz dann geschrieben? Damit du es lernen und eine Belohnung bekommen kannst.«

Ohne auch nur einen Buchstaben zu ändern – im Gegenteil, gerade dadurch, dass jeder Buchstabe unendlich buchstäblich genommen wird – verwandelt sich ein barbarisches Gesetz aus der Bronzezeit in ein rein abstraktes Lehrbeispiel für zivilisierte und friedfertige Menschen.

Es ist dieser kritische Ansatz, den Spinoza auf das christliche Denken der scholastischen Tradition anwendet: Er weist die Argumente nicht als falsch zurück, er nimmt sie so ernst, dass sie sich selbst aufheben. Ist Gottes Substanz unendlich? Dann muss Gott in allem, alles in Gott sein, dann ist Gott die Natur. Sind seine Gesetze notwendig und unabänderlich? Dann ist er selbst an sie gebunden und es können weder Wunder geschehen, noch kann er in den Lauf der Geschichte eingreifen. Gott ist die Natur, ist die Gesetze der natürlichen Welt. Der menschliche Intellekt ist ein Ausdruck des göttlichen Intellekts, Gott verstehen heißt, die Natur verstehen, gottgefällig leben heißt, nach den Gesetzen der (menschlichen) Natur zu leben und diese Gesetze führen zu einer natürlichen Moral.

Nicht über die Opposition, sondern über den Weg der Semantik kommt Spinoza in einem völlig säkularen Universum an, in dem die höchste Tugend in der Erkenntnis der Natur im Allgemeinen und der eigenen Natur begründet ist. Das machte ihn so gefährlich. Durch das konsequente Weiterdenken der scholastischen Tradition hatte er sie mit zwingender Logik überwunden und so neue Denkräume aufgestoßen.

Aufmerksamen Lesern wird nicht entgangen sein, dass Pierre Bayle zwar harsch über Spinoza schrieb, dass dessen Positionen aber oft mit seinen eigenen übereinstimmten und Bayle sie mit großer Wahrscheinlichkeit von Spinoza übernommen hatte. Die Notwendigkeit von Toleranz, die Unsinnigkeit, göttliche Intentionen in Naturphänomene hineinzudichten, der menschliche Ursprung der religiösen Riten – all das findet sich bei Bayle. Vielleicht erklärt sich sein etwas doktrinärer Zorn gegen den linsenschleifenden Spinoza auch dadurch, dass auch Mitglieder des calvinistischen Kirchenrates sein *Dictionnaire* lasen.

Bayle widerlegt den älteren Philosophen mit unzähligen Zitaten und Argumenten, führt in seinen Fußnoten Regimenter von Quellen und Bataillone von Widerlegungen gegen ihn ins Feld, erklärt dabei aber auch sehr genau die ketzerischen Ideen, die er mit so viel frommer Überzeugung bekämpft. Spinozas Bücher waren verboten, Manuskripte und heimliche Exemplare waren rar. Bayles wortreiche Widerlegung und Verleumdung aber bildete den längsten Artikel seines eigenen gigantischen Werkes und für zahllose Leser die beste Quelle, um sich über Spinoza zu informieren.

Wie oft, vielleicht wie immer in der Philosophie, hatte Spinoza die Ideen, die seinem Denken zugrunde lagen, nicht erfunden. Er selbst schrieb über seine intellektuelle Schuld gegenüber Descartes und es gab schon in seiner Jugend atheistische Zirkel in Amsterdam, die auf Descartes aufbauten und Gott mit der Natur identifizierten.

Durch seine Studien in Amsterdam kannte Spinoza Mitglieder dieser Kreise und schon Uriel da Costa und Baruchs Lehrer Franciscus van den Enden hatten argumentiert, dass die Seele sterblich sei, die Religionen nichts als Manipulation der leichtgläubigen Bevölkerung, und die Existenz von Himmel und Hölle schlicht lachhaft. Spinoza aber gab diesen Gedanken eine (scheinbar) theologische Dimension und eine logische Kraft, die sie fast unwiderstehlich machten und dafür umso stärkere Reaktionen hervorriefen.

Während aber Theologen flammende Polemiken gegen den Antichristen aus Amsterdam zu Papier brachten, verfolgte Spinoza seine wissenschaftlichen und philosophischen Interessen. Als Linsenschleifer und Instrumentenbauer arbeitete er mit einigen führenden Wissenschaftlern seiner Zeit zusammen. Christiaan Huygens meinte, die von ihm geschliffenen Linsen seien von ausgezeichneter Qualität gewesen. Gleichzeitig aber arbeitete Spinoza an einem weiteren Werk, dessen Motivation nicht nur Sorge um die politischen Umstände, sondern wohl auch seine persönliche Erfahrung war.

Mit seinem einschüchternden Titel klingt der *Tractatus Theologico-Politicus* kaum wie ein besonders populäres oder persönliches Werk, aber hier hören wir die Echos seiner theologischen Debatten mit den Religionsgelehrten der sephardischen Gemeinde in Amsterdam, und vielleicht auch von einer persönlichen Kränkung, die sich hinter dem ruhig vorgebrachten Argument verbirgt.

Aufbauend auf das »Gott oder die Natur« aus der Ethik betrachtet Spinoza hier die Religion selbst. Der Glaube an einen persönlichen Gott, der in die Geschichte eingreift, Gebete erhört, zornig wird und milde gestimmt werden kann, ist reiner Aberglaube, schreibt er, das Resultat einer langen und methodischen Manipulation von Furcht und Hoffnung einfacher Menschen, die glauben, durch Rituale und Opfergaben den Gang der Natur beeinflussen zu können. Die Priester aller Religionen sind schon immer geschickt darin gewesen, diese Tendenz zum Aberglauben zu ihrem Vorteil und dem Vorteil der Mächtigen auszunutzen und Mythen zu schaffen, die ihnen Kontrolle über die Menge geben.

Der eigentliche Kern der Bibel ist die Nächstenliebe – der Rest besteht aus Geschichten, Parabeln und Geboten, die von Menschen zu einem bestimmten Zeitpunkt unter bestimmten historischen Gegebenheiten verfasst wurden und keine Bedeutung darüber hinaus haben. Sie stellen nicht Gottes Willen dar, weil Gott der Schöpfer nur wollen kann, was er geschaffen hat. Die Propheten waren nur Dichter mit einer blühenden Fantasie und hatten kein privilegiertes Wissen über die Welt, die Gebote waren nützlich, um während des jüdischen Königtums in Palästina die gesellschaftliche Praxis zu regeln, sie sind mit dem Ende dieses Reiches verfallen wie auch die Auserwähltheit des jüdischen Volkes, die niemals mehr war als die soziale Fiktion einer stabilen Gesellschaft vor vielen Jahrhunderten. Auch die Tora war nicht von Moses selbst geschrieben worden. Wie sollte er über seinen eigenen Tod und über Menschen berichten, die nach ihm lebten? Die heiligen Schriften wurden also erst nach seinem Tod geschrieben oder »zusammengesetzt«.

Spinoza war vorsichtig genug, sein Argument auf das Judentum zu beschränken, aber die Entsprechungen und Konsequenzen seiner Ausführungen mussten jedem Leser unmittelbar ins Auge fallen. Nachdem er aber den theologisch fundierten Machtanspruch aller Kleriker aller Glaubensrichtungen angegriffen hatte, wandte er seine Analyse auf die Möglichkeit einer gerechten Gesellschaft an.

Eine gerechte Gesellschaft beruht auf der Erkenntnis Gottes (oder der Natur). Aus ihr kommt das Verständnis der wahren Religion, das sich aus dem »natürlichen Licht« des Geistes ergibt. Die Gesetze, die diese Religion vorgibt, sind jene, die »in unseren Herzen die Liebe zu unserem Nachbarn stärken«. Ein wahrer, im Wortsinne katholischer Glaube wäre also einer, der sich auf eine einfache Wahrheit konzentriert: »dass es ein höchstes Wesen gibt, das Gerechtigkeit und Barmherzigkeit liebt, dem alle gehorchen müssen, um erlöst zu werden, und das sie anbeten müssen, indem sie ihrem Nächsten gegenüber Gerechtigkeit und Barmherzigkeit üben«.[102] Die Dogmen und Rituale der einzelnen Gläubigen mögen sich unterscheiden, »jede Person soll annehmen, was sie, als bester Richter ihrer selbst, für am geeignetsten hält, um ihre Liebe zur Gerechtigkeit zu stärken.«

Ein Staat ist demzufolge die Selbstorganisation einer Gesellschaft, die gewährleistet, dass jeder Mensch bereit ist, seine eigene Freiheit einzuschränken, um in Frieden und ohne durch den Egoismus anderer bedroht zu werden seiner Liebe zur Gerechtigkeit nachzukommen. Dieser wechselseitige Vertrag führt idealerweise zu einer toleranten Demokratie, die Macht nach rationalen Prinzipien begrenzt und deren Gesetze der natürlichen Ordnung folgen. Alle Religionen müssen toleriert werden, denn »jeder ist nach dem absoluten Naturrecht Herr seiner eigenen Gedanken und deswegen wird jeder Versuch, in einer Gesellschaft Menschen dazu zu zwingen, so zu sprechen, wie der Souverän befielt, obwohl er anders denkt, zum völligen Scheitern verurteilt sein«.[103]

Mit nur zwei in etwas umständlichem Latein verfassten und relativ kurzen Büchern hatte Spinoza es geschafft, Kleriker und Machteliten aller Konfessionen gegen sich aufzubringen, und wäre der *Tractatus* zu seinen Lebzeiten veröffentlicht worden, hätte er wohl, trotz Anonymität, die wenig Sicherheit bot, mit ernsthafter Verfolgung rechnen müssen. Bevor das aber geschehen konnte, starb Spinoza 1677 an seinem Lungenleiden. Er wurde vierundvierzig Jahre alt.

Spinozas Werke erschienen anonym und heizten in ganz Europa Spekulationen über ihren Autor an. Das Gefährliche an seinen Ideen war, dass er nicht predigte oder polemisierte, sondern ruhig und wissenschaftlich, nach »geometrischer Methode« argumentierte und seinem Leser kaum eine Möglichkeit gab, sich seinen Argumenten zu entziehen. Kirchentreue Beobachter aller Konfessionen erkannten diese Bedrohung und verdammten die Werke scharf.

Der evangelische Theologe Franz Buddeus nannte den Autor des *Tractatus* »den Fürsten unter den Atheisten der heutigen Zeit«[104], der niederländische Professor Regnier Mansveld, der an der Universität Utrecht lehrte, erklärte, das Buch sei schädlich für alle Religionen und sollte »unter ewigem Vergessen begraben werden«, der Kaufmann Wilem van Blijenburgh befand, »dieses atheistische Buch ist voller Abscheulichkeiten ... die jede vernünftige Person widerlich finden muss«.[105] Ein weiterer Kritiker nannte den Traktat »ein Buch, das aus der Hölle stammt« und dessen Autor der Teufel selbst sei. Die katholische Kirche setzte Spinozas Werke auf den Index. All das schien seine Reputation nur erhöht zu haben. Schon wenige Jahre nach seinem Tod war es auch in der Literatur für allgemeine Leser üblich, Spinoza nur mit Nachnamen anzuführen, fast als eine Chiffre für gefährliches, blasphemisches Denken, das unterdrückt werden musste.

Mit Baruch de Spinoza war das Denken zum Entsetzen vieler Gläubiger endgültig in der physischen Welt angekommen. Zwei Jahrhunderte, bevor Nietzsche den Tod Gottes verkünden sollte, war dieser bereits in den Schriften vieler und stark wahrgenommener Denker erst zur mathematischen Notwendigkeit geschrumpft und schließlich als Märchen oder Metapher ins existenzielle Nichts geschickt worden.

Man sollte aber nicht vorschnell vermuten, dass die Veränderung des intellektuellen Lebens während der großen Krise des 17. Jahrhunderts ohne Umwege zum Rationalismus führte. Es gab starke Gegenstimmen: berühmte Theologen wie Bossuet, intellektuell Unentschiedene, philosophische Widersacher, jesuitische Apologeten und protestantische Publizisten und Prediger. Die durch Kriege, Inflation, Klimaveränderung und konfessionellen Streit entstandenen Risse in der Gesellschaft verliefen in verschiedenen Richtungen.

Anders als ein oder zwei Generationen zuvor gab es weniger religiöse Propheten und Sekten. Konfessionen und Kirchen waren damit beschäftigt, ihre Dogmen theologisch zu konsolidieren und gegeneinander abzusetzen. Europa hatte vorerst genug von Weltenenden, Heilserwartungen und Messiassen, nach den schrecklichen Erfahrungen mit den Wiedertäufern in Münster, den Hugenotten während der Sankt-Bartholomäusnacht 1572, nach den Schrecken des Dreißigjährigen Krieges und der anderen Glaubenskonflikte, die das Leben von der hohen Politik bis ins tägliche Leben hinein bestimmten und häufig vergifteten.

Verschiedene Gruppen der europäischen Bevölkerung wurden durch diese Krise auf sehr unterschiedliche Weise berührt und es gab sehr unterschiedliche Erfahrungshorizonte unter Europäern unterschiedlicher Länder und Konfessionen. Gleichzeitig entstand aber auch eine neue Art von Gemeinsamkeit. Die Erfahrung der Landbevölkerung und der Armen hatte überall ihre grausamen Ähnlichkeiten, aber Bauern und Tagelöhner waren häufig Analphabeten und fanden, abgesehen von auf dem Marktplatz aufgeschnappten Gerüchten und Geschichten von reisenden Händlern, keine geteilte Öffentlichkeit, keine Republik der Lettern, in der sich Nachrichten und Ideen verbreiteten.

Die wachsende Macht der Städte aber schaffte eine eigene Art von geteilter Erfahrung unter den verschiedenen Gruppen, die oft auf engstem Raum nebeneinander lebten. Schicksale wie das Spinozas, der als Flüchtlingskind und Exilant im eigenen Land sich eine neue Existenz aufbauen musste, sind typisch für die entstehende urbane Welt, die besonders Neuankömmlinge sozial entwurzelte, Konflikte schaffte, und aus diesen Konflikten und den aufeinandertreffenden Perspektiven und Praktiken oft neue Gedanken und Chancen entstehen ließ. Damals wie heute bedeutete Migration immer auch interne Konflikte zwischen den Generationen, damals wie heute bereichert das Resultat dieser Auseinandersetzungen die urbane Kultur.

Der Messias und die Hure

Die jüdische Erfahrung des 17. Jahrhunderts unterschied sich aber auch von der vieler christlicher Europäer, weil die Juden in den Glaubenskonflikten, die Protestanten und Katholiken miteinander und untereinander ausfochten, nichts zu gewinnen hatten und höchstens die Seite unterstützten, die ihnen die meiste Sicherheit versprach. Die jüdischen Gemeinden Westeuropas standen noch immer unter dem Schock der Vertreibung der Juden von der Iberischen Halbinsel. Sie waren häufig in Großstädten angesiedelt, relativ wohlhabend und standen in regem Austausch mit der nichtjüdischen Bevölkerung.

Der Großteil der jüdischen Bevölkerung Europas aber lebte seit dem Mittelalter in Osteuropa, in einem ihr zugewiesenen Siedlungsgebiet in Dörfern und kleinen Städten. Es war ihnen verboten, in die Großstadt zu ziehen oder überhaupt ihren Wohnort zu wechseln. So entwickelte sich in den osteuropäischen Stetls eine Welt für sich, mit eigener Sprache, eigenen Praktiken und einer intellektuellen Kultur, die durch eine fast ausschließlich traditionell jüdische, auf Hebräisch stattfindende Erziehung, starke Gemeinschaften und die bitteren Erfahrungen der Verfolgung entstanden war.

Wenn die Juden Osteuropas sich auch mit Klugheit und Konsequenz aus den religiösen Konflikten der Christen herausgehalten hatten, so hatten die Kriege, Aufstände und Hungersnöte doch einen hohen Tribut gefordert. So hatten zwar viele Juden in ihren Siedlungsgebieten in Galizien und Russland unter den Kriegen gelitten, die im Namen verschiedener kirchlicher Lehren in diesen Gebieten geführt wurden, und jede neue Welle des religiösen Enthusiasmus und der wirtschaftlichen Not unter den Christen hatte auch zu neuen Pogromen geführt. Besonders der Kosakenaufstand (1648–1657) unter Bogdan Chmelnyzkyj war eine grausame Noterfahrung für die Juden der heutigen Ukraine. Mindestens 100 000 Juden wurden modernen Schätzungen zufolge während dieser Periode von der Kosakenarmee oder von örtlichen Bauern ermordet. Auch christliche Ukrainer, besonders Jesuiten und Priester, fielen den Massakern der Kosaken zum Opfer. Die Juden aber hatten die größte Last zu tragen. Etwa ein Drittel der jüdischen Bevölkerung Osteuropas wurde in Pogromen ermordet.

Der Hass der bäuerlichen Bevölkerung gegen die Juden war nicht nur religiös, sondern auch wirtschaftlich motiviert und wurde durch die Klimaverschlechterung noch gesteigert. Die Großgrundbesitzer der Adelsrepublik Polen-Litauen, wo die meisten Juden lebten, hatten ihre Besitzungen angesichts der steigenden Nachfrage aus ganz Europa von einfacher Subsistenzlandwirtschaft auf die Belieferung des internationalen Getreidemarktes umgestellt. Die Häfen von Danzig bis Königsberg und Riga waren voller holländischer Frachtschiffe, die Getreide nach Amsterdam brachten und von dort nach ganz Europa verkauften. Wie auch die englischen oder habsburgischen Grundbesitzer hatten sie deswegen ihre Güter konsolidiert und auf immer stärker rationalisierte Getreideproduktion umgestellt. Die Bauern, die jeden Tag auf den Feldern arbeiteten, waren meist Leibeigene. Besonders nach dem Dreißigjährigen Krieg kam es in Zentral- und Osteuropa zu mehreren Initiativen, die Rechte der Landbevölkerung weiter einzuschränken und sie in die sogenannte Zweite Leibeigenschaft zu zwingen.

Als Gutsverwalter setzten die ukrainischen und polnischen Adeligen häufig Juden ein, deren Aufgabe es war, bei hoher Produktivität die Kosten niedrig zu halten und Abgaben einzutreiben. Schon im 17. Jahrhundert also wurden Juden für die einfache Bevölkerung zum Gesicht einer (früh-)kapitalistischen Ordnung, die sie unterdrückte. Der Zusammenhang zwischen harten Wintern, kleinen Ernten und Hunger war of-

Der Messias: Schabbatai Zevi versprach das Reich Gottes auf Erden und starb verarmt und vergessen in Albanien

fensichtlich genug, die Idee einer großen Welt, in der Getreide aus der Ukraine bis nach Italien und Spanien verkauft und gegessen wurde und die Gutsherren in ihren Schlössern und Stadtpalästen reich machten, war zu abstrakt, zu unverständlich für Menschen, die weder lesen noch schreiben konnten, noch sich jemals weiter als einige Kilometer von ihrem Geburtshaus wegbewegt hatten. Sie sahen den jüdischen Verwalter und brannten darauf, Rache an ihm zu nehmen. Das taten sie, wann immer die Situation es erlaubte, oft mit bestialischer Gewalt.

Von jüdischen Gelehrten wurde kollektive traumatische Erfahrung häufig als Vorzeichen der Wiederkunft des Messias interpretiert, als ein unerträgliches Schicksal, das ankündigte, dass Gott sein Volk endlich heimholen würde. Der Gesalbte, auf den alle gewartet hatten, kam in Gestalt eines groß gewachsenen Rabbiners aus Smyrna, dem heutigen Izmir in der Türkei. Er hieß Schabbatai Zevi (1626–1676) und löste eine der größten Massenhysterien der Frühen Neuzeit aus.

Der hebräische Name »Schabbatai« bedeutet »der Ruhende« und leitet sich ab vom Tagesplaneten des Schabbat (und des Saturday): dem

Saturn. Der griechischen Mythologie nach sollte die Herrschaft des Saturn eine Zeit des Friedens und des Reichtums bringen. Jüdische Mystiker hatten Aspekte der antiken Planetenlehre in ihre Kabbala integriert. Schon der Name des Rabbis aus Smyrna barg also ein Versprechen, vor allem für eine durch Krieg, Hungersnöte und Pogrome zutiefst traumatisierte Bevölkerung.

1648 begann Schabbatai Zevi, der zweiundzwanzigjährige Sohn eines Geflügelhändlers, öffentlich zu verkünden, er sei der lang erwartete Messias. Er brach ein striktes jüdisches Tabu und sprach das heilige Tetragram aus, den Namen Gottes. Er las mystische Texte und predigte seinen wenigen Anhängern, gewann aber nicht viel Unterstützung innerhalb der Gemeinde, im Gegenteil: Er wurde ausgeschlossen und mit seinen Jüngern aus der Stadt verbannt. Ein unstetes Leben begann. 1658 fand sich die Gruppe in Konstantinopel, der vielleicht kosmopolitischsten Stadt der Zeit. Völlig unverhofft bekam Zevi Unterstützung von einem jüdischen Prediger, der ihn als Messias bestätigte und seinen Anspruch vielleicht sogar stärkte, indem er ein Dokument fälschte, das eine uralte Prophezeiung zu enthalten schien: Schabbatai Zevi »wird den großen Drachen niederwerfen … Er, der wahre Messias, wird auf meinem Thron sitzen.«

Noch schien dieser Thron in weiter Ferne, denn Zevi war weiterhin gezwungen, ein unstetes Leben zu führen: Salonica, Alexandria, Athen, Smyrna und Kairo waren in den folgenden Jahren Stationen, bevor er sich um 1663 endgültig in Jerusalem niederließ und durch seine Askese auf sich aufmerksam machte. Man berichtete über ihn, er könne die ganze Nacht hindurch singen, entweder Psalmen oder spanische Liebeslieder, von denen er sagte, sie würden die Liebe der Seele zu Gott widerspiegeln. Seine Bewunderer sahen in ihm einen heiligen Mann. Sein eigentlicher Ruhm aber begann während einer Reise nach Kairo mit einem reichen Mäzen und einer seltsamen Geschichte.

Der Wohlstand eines Jüngers in Kairo eröffnete Zevi neue Möglichkeiten, seine Mission zu verfolgen. Gleichzeitig aber hörte er während seines Aufenthaltes in Ägypten vom tragischen Schicksal von Sarah, eines jüdischen Mädchens aus Polen, das durch die Chmelnyzkyj-Pogrome zur Waise geworden war, in einem christlichen Kloster überlebt hatte und von dort weggelaufen war. Über Amsterdam kam sie nach Livorno, wo sie ihren Lebensunterhalt durch Prostitution verdiente und davon träumte, einmal die Braut des Messias zu werden. Zevi war überzeugt, dass die Vorsehung ihm eine Braut geschickt hatte. Er selbst behauptete, dazu ausersehen zu sein, eine gefallene Frau zu heiraten, und ließ Sarah aus Italien holen. Er heiratete sie mit einer aufwendigen, von seinem Unterstützer finanzierten Zeremonie und kehrte zusammen mit ihr im Triumph nach Jerusalem zurück.

Mit seiner Heirat hatte Zevi nicht nur eine Prophezeiung erfüllt, er hatte auch eine emotionale Brücke zu den Juden Osteuropas geschlagen, die verzweifelt auf eine Verbesserung ihrer Situation warteten. Inmitten von Hunger und Zerstörung entwickelte die Idee eines Erlösers eine immense Anziehungskraft. Der neu verheiratete Messias, der alle Gedanken an Askese hinter sich gelassen hatte, zog unter dem Jubel der Einwohner nach Aleppo, Gaza und Smyrna, wo er den Oberrabbiner absetzte und selbst religiöser Anführer wurde. Das Jahr 1666 würde die große Entscheidung bringen, das Kommen des neuen Reiches und die Heimkehr aller Juden ins Heilige Land, lehrte er. Nathan von Gaza, sein spiritueller Berater, ging noch einen Schritt weiter: 1666 würde er selbst Zevi in Konstantinopel den Turban des Sultans auf den Kopf setzen, der religiöse Herrscher sollte so auch ihr weltliches Oberhaupt werden.

Die Erregung angesichts eines konkreten Datums für die Erlösung der Juden nach Generationen von Exil und Verfolgung erfasste nicht nur Gemeinden in der Levante und in Nordafrika, sondern auch in Osteuropa und bis in nordeuropäische Städte hinein, was kein Zufall war, denn die messianische Bewegung versorgte besonders Gemeinden in wohlhabenden Handelsstädten wie Amsterdam und Hamburg mit Neuigkeiten und Heilsnachrichten.

Wundergeschichten über den asketischen Messias und seine schöne Frau verbreiteten sich durch die gesamte jüdische Welt, Familien in fernen Ländern Europas verkauften ihr Hab und Gut, um bereit zu sein für die Reise ins Gelobte Land, der Gemeindevorsteher von Venedig, Moses Zacut (ein ehemaliger Mitstudent Spinozas in Amsterdam) unterstützte den Kult des neuen Messias, in Hamburg wurde drei Mal pro Woche für Zevi gebetet, in Gebetbüchern aus der Zeit findet sich sein Porträt neben dem des biblischen Königs David und in Polen sah sich der König genötigt, öffentliche Demonstrationen zu Ehren von Schabbatai Zevi zu verbieten.

Der in London lebende deutsche Gelehrte Heinrich Oldenburg, der regelmäßig mit Baruch de Spinoza korrespondierte, fragte den Philosophen in einem Brief: »Alle Welt hier spricht über das Gerücht der Rückkehr der Israeliten, die für mehr als zweitausend Jahre verstreut waren, in ihr eigenes Land. Wenige glauben es, aber viele wünschen es ... Sollte diese Nachricht bestätigt werden, würde es eine Umwälzung aller Dinge bedeuten.«[106] Spinozas Antwort an Oldenburg ist nicht überliefert, aber das Messiasfieber verbreitete sich weiter. Jüdische Gemeinden in Amsterdam, Italien und den habsburgischen Provinzen Galizien und Morawien wurden davon ergriffen und sogar nichtjüdische Gelehrte begannen, an Zevis Göttlichkeit zu glauben. Nicht alle waren überzeugt. Zwei Talmudgelehrte aus Lemberg machten sich auf den langen Weg zu Zevi, um ihn zu konsultieren und persönlich zu erleben, und waren nicht von seiner Göttlichkeit überzeugt, zumal sie ihren eigenen Propheten hatten. Trotzdem überwog in vielen Gemeinden die göttliche Begeisterung und die gesamte jüdische Gemeinde von Avignon bereitete sich im Frühjahr 1666 darauf vor, gemeinsam ins neue messianische Königreich einzuziehen.

Zevis im selben Jahr unternommene Expedition nach Konstantinopel, wo er den Thron des Sultans einnehmen wollte, verlief nicht wie geplant. Die osmanischen Behörden beobachteten den Unruhestifter mit einigem Misstrauen, dann nahmen sie ihn fest. Als er nach einigen Monaten endlich vom Sultan Mehmed IV. persönlich verhört wurde und immer noch behauptete, der wahre Messias zu sein, stellte der Sultan ihn vor eine einfache Wahl: Als der wahre Messias sollte er unverwundbar sein. Das konnte er einfach beweisen, indem er einen Bogenschützen auf seine Brust schießen ließ. Sollte er es vorziehen, diesen Beweis nicht zu erbringen, musste er unmittelbar zum Islam konvertieren. Zevi und einige seiner Anhänger konvertierten. Später versuchte er, sie zu überreden, Gott habe ihm die Konversion befohlen, aber er überzeugte immer weniger Menschen. Die Bewegung, die er ins Leben gerufen hatte, brach zusammen und auch die Behörden vertrauten ihm nicht. Er wurde ins heutige Montenegro verbannt, in die kleine Albanisch sprechende Stadt Dulcigno, wo er 1676 verarmt und vereinsamt starb.

Jahrmarkt auf dem Eis

Kehren wir zurück zu den unmittelbaren und mittelbaren Auswirkungen der Kleinen Eiszeit in Europa. Im Januar und Februar 1684 erlebte Europa den härtesten Winter seit Menschengedenken. Der Bodensee fror völlig zu und in London berichtete der Architekt und Tagebuchschreiber John Evelyn über das Wetter in der Hauptstadt und in der weiten Welt, über die er als Londoner immer gut unterrichtet war. Sein Inventar dieses Winters zeigt die Lebenswirklichkeit der Zeit in vielen Facetten:

> 27. Dezember 1683. Während es in England einer der härtesten Fröste seit vielen Jahren ist, sagt man mir, dass die Kälte in Persien viel größer ist und das Eis von unglaublicher Dicke …
>
> 1. Januar 1684. Das Wetter ist weiterhin unerträglich hart, Gassen mit Marktständen wurden auf der Themse errichtet, die Luft war so kalt und dick, wie seit vielen Jahren nicht mehr. Die Pocken waren besonders tödlich.
>
> 6. Januar 1684. Der Fluss ist ganz zugefroren.
>
> 9. Januar 1684. Ich habe die Themse auf dem Eis überquert, das jetzt so dick ist, dass es nicht nur Gassen mit Marktständen trägt, in denen Fleisch gebraten wird und diverse Läden ihre Waren feilbieten, ganz wie in einer Stadt, sondern auch Kutschen, Karren und Pferde darauf sind.
>
> 24. Januar 1684. Der Frost wird immer strenger, die Themse ist noch immer voller Stände in formell angelegten Straßen … Sogar eine Druckerpresse ist dort, wo das Volk und die Damen sich damit amüsieren, ihren Namen drucken zu lassen und den Tag und das Jahr, in dem sie auf der Themse gedruckt wurden.

Frost Fair: In besonders kalten Wintern wurde die Themse in London zum permanenten Jahrmarkt auf dem Eis

Kutschen fuhren regelmäßig von Westminster zum Temple und von und zu anderen Stationen, wie auf Straßen, Schlitten gleiten auf Kufen, ein Kampf zwischen einem Stier und Hunden, Pferde- und Kutschenrennen, Puppenspiele und andere Unterhaltung, Garküchen, Trinkzelte und andere lüsterne Orte, sodass es wie ein bacchanalischer Triumph oder ein Karneval auf dem Wasser wirkte, während es das Land schwer prüfte. Nicht nur spalteten sich die Bäume, als wären sie vom Blitz getroffen worden. Menschen und Vieh sind überall verendet und sogar das Meer scheint so vom Eis eingeschlossen, dass Schiffe nicht aus- und einfahren konnten. All unser Geflügel, die Fische und die Vögel sterben genauso wie unsere exotischen Pflanzen und das Gemüse. Viele Hirschparks wurden zerstört, das Brennmaterial ist so teuer, dass es viele Spenden gegeben hat, um die Armen am Leben zu halten. Das strenge Wetter war anderswo in Europa nicht weniger schrecklich, sogar so weit weg wie Spanien und in den südlichsten Landstrichen. Da die extreme Kälte der Luft den Rauch nicht aufsteigen ließ, war die Stadt so vom giftigen Rauch der Steinkohle gefüllt, dass man kaum bis zur anderen Straßenseite sehen konnte

> und die Lungen mit großen Partikeln gefüllt wurden und die Brust einschnürten, sodass man kaum atmen konnte. Es kam kein Wasser aus den Leitungen (der Brunnen), Brauer und andere Handwerker konnten nicht arbeiten und jeder Moment war voller schrecklicher Unglücksfälle.[107]

Evelyn war ein nachdenklicher Beobachter, aber obwohl er noch am 28. März schrieb, »es gibt nicht ein einziges Anzeichen für den Frühling«, spekulierte er keinen Moment darüber, ob der tiefe Frost ein Zeichen von Gottes Zorn sein könnte. Er war kein intellektueller Revolutionär, aber der Gedanke kam ihm nicht in den Sinn.

Nicht nur der nüchterne John Evelyn betrachtete die Natur ohne metaphysische Implikationen. Der norddeutsche Pfarrer und Astronom David Fabricius hatte sein ganzes Leben unter ostfriesischen Bauern und umgeben von Viehweiden und Deichen verbracht, hatte aber zwischen Predigten und anderen Verpflichtungen trotzdem die Zeit gefunden, mit Astronomen in ganz Europa zu korrespondieren. Er führte ein detailliertes Wettertagebuch, das noch heute erhalten ist, und kartographierte seine Gegend neu. Seine Karriere als Wissenschaftler aber nahm ihren eigentlichen Anfang, als sein Sohn Johannes 1611 von seinem Studium an der Universität Leiden ein Teleskop mitbrachte.

Fabricius war einer der ersten Europäer, der seine Beobachtung von variablen Sternen dokumentierte, und er machte noch eine andere Entdeckung. Mit Hilfe seines Teleskops – eines der ersten in Deutschland – konnte er Flecken auf der Sonnenoberfläche erkennen, anhand derer er wiederum die Dauer einer Umdrehung der Sonne messen konnte. Das Ende des sternenverliebten Pfarrers war plötzlich und sehr irdisch. Zeitgenössischen Berichten zufolge hatte er in einer Predigt angedeutet, den Namen eines örtlichen Schafdiebes zu kennen.

Am 17. Mai 1617 weigerte sich Fabricius, aus dem Haus zu gehen. Wie unter Gelehrten üblich, war er nicht nur Astronom, sondern auch Astrologe, und sein Horoskop für diesen Tag fiel ungünstig aus. Am Abend glaubte er, der von den Planetenkonstellationen vorausgesagten Gefahr entgangen zu sein. Er verließ das Haus und wurde von einem Bauern mit einem Torfspaten erschlagen. Augenscheinlich hatte sich der Mann als Dieb entlarvt gefühlt.

Die Entdeckung der Sonnenflecken, die Fabricius unabhängig von anderen Astronomen und etwa zur gleichen Zeit mit ihnen gemacht hatte, hat eine besondere Wichtigkeit in Bezug auf ein wissenschaftliches Verständnis des Temperaturabfalls während der Kleinen Eiszeit. In der zweiten Hälfte des 17. Jahrhunderts beobachteten Astronomen wie Giovanni Domenico Cassini, der erst in Bologna und später am Observatoire von Paris arbeitete, ein unerklärliches Phänomen: Die Häufigkeit der Flecken auf der Sonnenoberfläche war radikal zurückgegangen. Anstatt Tausender von Sonnenflecken konnten in Jahren mit besonders harten Wintern überhaupt keine beobachtet werden.

Das scheinbare Verschwinden der Sonnenflecken ist als »Maunder Minimum« in die Geschichte der Astronomie eingegangen, benannt nicht nach den ursprünglichen Beobachtern, sondern nach späteren Interpreten. Die Periode erstreckt sich von ungefähr 1645 bis etwa 1715 und fällt mit der stärksten klimatischen Abkühlung der Kleinen Eiszeit zusammen. Bis heute gibt es keine allgemein akzeptierte wissenschaftliche Erklärung für diese Beobachtung, aber die Häufigkeit von Sonnenflecken scheint mit Rotation und Aktivität des Sterns in Zusammenhang zu stehen und koinzidiert mit irdischen Kälteperioden, wenn auch die Kleine Eiszeit siebzig Jahre vor dem Maunder Minimum begann. Eine umfassende und überzeugende Erklärung der Abnahme von Sonnenflecken und ihren Einfluss auf die Abkühlung der Erde im langen 17. Jahrhundert gibt es noch nicht.

Die neue Natur

Es war ein anderes Europa, in dem Evelyn schrieb und Fabricius forschte, eine Welt, die wenig mit der von 1570 zu tun hatte, in der Wouter Jacobszoon in Amsterdam sein Tagebuch führte. Die Natur hatte sich in der Wahrnehmung vieler Menschen von ihrem Schöpfer emanzipiert und obwohl die meisten von ihnen noch immer beim Gedanken an den diabolischen Atheisten Spinoza zusammenzucken mochten, hatten sie doch begonnen, die Welt um sich herum als ein gigantisches Uhrwerk zu betrachten, dessen geheimer Mechanismus durch Beobachtung von Ursache und Effekt entdeckt werden kann.

Auch um die Wende zum 18. Jahrhundert war der Kontinent zerrissen und die Menschen Europas wurden weiterhin heimgesucht von Kriegen, Hungersnöten und Seuchen, gleichzeitig aber hatten sie begonnen, sich an den Druck der klimatischen Veränderung anzupassen und ihre Strategien hatten erste Erfolge gezeigt.

Diese Anpassung erfolgte teilweise wie jeder evolutionäre Prozess: zufällig und unbewusst, ohne Ziel. Besonders die Krise der Landwirtschaft und der Finanzen der Herrscherhäuser sowie die dauernden Kriege forcierten Innovationen und nach vielen, oft erfolglosen Experimenten blieben Neuerungen übrig, die auf verschiedene Weise halfen, unter geänderten Umständen die Versorgung der Bevölkerung und damit auch die Macht der Herrschenden zu sichern.

Unter diesen Neuerungen war einerseits eine landwirtschaftliche Revolution, die sich von den Niederlanden und von England aus langsam in ganz Europa ausbreitete. Die Einführung von neuen Getreidearten und Gemüse wie Kartoffeln und Mais diversifizierten die Produktion, effektivere landwirtschaftliche Praktiken und intensivere Düngung steigerten gemeinsam mit der Viehzucht die Ernten um mehr als zwanzig Prozent, die Zusammenfassung von Land in Gutshöfe und die Privatisierung von Commons und Almenden machten die professionelle Verwaltung der landwirtschaftlichen Flächen effektiver und schufen gleichzeitig eine Klasse von Vertriebenen, die zum Arbeiten in die Städte gehen mussten. Mehr und mehr landwirtschaftliche Betriebe produzierten nicht primär für den eigenen Bedarf, sondern für den Markt.

Der Nordosten Europas war die Kornkammer des Kontinents und exportierte Getreide über Amsterdam bis in den Mittelmeerraum. Internationaler Handel machte es möglich, schlechte Ernten auszugleichen, erhöhte aber gleichzeitig den Bedarf nach Geld. Der Merkantilismus schuf den theoretischen Unterbau dafür, den Staat wie ein Geschäft zu verwalten und auf ein möglichst hohes Einkommen hin zu orientieren. Die heimische Wirtschaft sollte durch gezielte Erhöhung der Bevölkerung, durch qualifizierte Immigranten, Steuerprivilegien und Investitionen in die Infrastruktur wachsen. Das Resultat war ein wohlorganisiertes Staatswesen mit starker heimischer Manufaktur und steigenden Exporten, das anderen Waren liefert und dafür Gold und Silber hortet, um Kriege zu finanzieren.

Die merkantilistische Wirtschaft sah die Welt als Kriegsschauplatz, auf dem es nur wenige und letztendlich nur einen Gewinner geben konnte. Trotz ihrer Verteilungskonflikte aber arrangierten sich die europäischen Großmächte bald und teilten den Welthandel und später die Kolonisierung anderer Kontinente in Interessensphären auf. Der Handel mit Übersee und besonders die Produktion von Konsumgütern für den europäischen Markt versprachen unerhörte Profite, zumal Rohstoffe wie Silber und Produkte wie Gewürze, Tabak, oder Rohrzucker und Baumwolle günstig von Sklaven geliefert wurden. Aber auch die Lebensbedingungen von Europäern wie den Leibeigenen in den baltischen Staaten oder in Russland waren nur darin von denen eines Sklaven auf einer Zuckerplantage zu unterscheiden, dass die Europäer nicht aus ihrer Welt gerissen worden waren, sondern keine andere Welt kannten als die ihre. Das neue wirtschaftliche Denken stellte sich als erstaunlich erfolgreich heraus. Es beruhte auf einem einfachen Prinzip: Wirtschaftswachstum, das auf Ausbeutung beruht.

Die Bürger, die sich am besten in dieser neuen Welt zurechtfanden, waren die Mitglieder einer wachsenden, professionellen Mittelklasse. Der Artillerieoffizier Descartes, der Schulmeister Bayle, der Bauernjunge Kircher, der Webersohn van den Enden und der Import-Export-Händler Spinoza sind nur einige der Repräsentanten dieser Klasse, denen wir in diesem Buch begegnet sind.

Es ist bemerkenswert, wie viele solcher Figuren wir aus den Niederlanden des 17. Jahrhunderts kennen. Dieses Freidenken hatte seine eigene Geographie, die sich nicht nur durch die Schulbildung und Zensurvorschriften in einzelnen Ländern erklären lässt, sondern auch mit der Möglichkeit, eine intellektuelle Öffentlichkeit zu finden.

Schriften, die den Glauben radikal anzweifelten und eine rationale Betrachtung der Welt förderten und auch als Druckwerke Verbreitung fanden, konzentrieren sich auf die Niederlande, Frankreich und Großbritannien, Länder also, die auch besonders stark durch die soziale und ökonomische Revolution des 17. Jahrhunderts geformt wurden. Aus anderen Herrschaftsgebieten, so etwa Deutschland, das Habsburger Reich und Russland, sind aus dieser Zeit kaum atheistische Schriften überliefert und kaum Autoren bekannt, und sei es nur, weil sie verfolgt worden wären.

Die professionelle Mittelklasse Europas transformierte seine Wirtschaft, seine Handelsbeziehungen und deren Netzwerke, die Machtpolitik und die Kriegsführung, aber auch Bildung, Wissenschaft und urbane Kultur. Gegen Mitte des Jahrhunderts befand sich diese Klasse in einem Dilemma. Als Kaufleute, Notare, Architekten, Ingenieure, Offiziere und Lehrer repräsentierten sie nicht nur einen Großteil der wirtschaftlichen Macht, sondern waren auch auf kulturellem Gebiet als Mäzene, Sammler, Künstler oder als kritische Öffentlichkeit mächtig geworden. Nur zur politischen Macht hatten die Bürger in den meisten Staaten kaum Zugang.

Auch deswegen waren die Argumente der Denker, die man später als frühe Aufklärer bezeichnen würde, so wichtig. Wenn Spinoza Gewissensfreiheit und Toleranz einforderte und Bayle argumentierte, dass niemand einen privilegierten Zugang zur Wahrheit hatte, so hatten ihre Positionen nicht nur philosophische und theologische, sondern vor allem auch politische Folgen. In einer Gesellschaft, in der solche Prinzipien respektiert würden, könnte niemand ein ererbtes oder gottgegebenes Anrecht auf Herrschaft rechtfertigen. Das 17. Jahrhundert war Schauplatz einer Debatte, die philosophisch und konfessionell geführt wurde, bei der es aber immer auch um Macht ging.

Der Zwiespalt zwischen den gerade im Entstehen begriffenen bürgerlichen Idealen und dem sehr handfesten Verlangen nach Macht und Wohlstand spiegelt sich im Denken und in der Karriere vieler Figuren dieser Zeit, und nirgendwo klarer als bei John Locke (1632–1704), einem Spross der Mittelklasse, dem Sohn eines Landanwalts, der durch einen wohlhabenden Mäzen in den Genuss einer erstklassigen Erziehung gekommen war und der schließlich in Oxford nicht nur Philosophie und alte Sprachen studierte und lehrte, sondern auch einen Abschluss in Medizin erwarb.

In Oxford hatte Locke mit einigen der besten Wissenschaftler wie Robert Boyle und Thomas Sydenham studiert, die sein Denken in eine empirische Richtung lenkten. Nach seinem Studium wurde er Leibarzt von Anthony Ashley Cooper, dem ersten Earl of Shaftesbury, einem ehrgeizigen Staatsmann mit fortschrittlichen Ideen (sein Enkel, ebenfalls Anthony Ashley Cooper, aber der dritte Earl, wurde ein wichtiger liberaler

Menschenrechte: John Locke machte einen feinen Unterschied zwischen den Rechten weißer Europäer und ihrer schwarzen Sklaven

Philosoph). Der wissenschaftlich interessierte und klassisch gebildete Arzt aus kleiner Familie fand sich plötzlich im Zentrum der Macht eines Weltreiches, zumal er als Sekretär seines Arbeitgebers auch an den Sitzungen des Board of Trade and Plantations teilnahm, das einen großen Teil der kolonialen Wirtschaft kontrollierte.

Locke erarbeitete sich schnell eine Vertrauensposition und ließ sich, wohl nur indirekt, in eine Verschwörung gegen König Karl II. hineinziehen. Als das Komplott 1683 aufgedeckt wurde, floh er nach Amsterdam, wo er fünf Jahre verbrachte und wohl auch mit den Freidenkerkreisen in Berührung kam, die in dieser intellektuell rastlosen Stadt noch immer eine Rolle spielten und die auch die Ideen Spinozas weiter diskutierten. Erst nach der sogenannten Glorious Revolution von 1688, als Wilhelm von Oranien auf Einladung englischer Rebellen mit seiner Flotte ganz einfach die Themse hinaufsegelte und die Regierung übernahm, kehrte der Philosoph nach London zurück.

Zu diesem Zeitpunkt hatte Locke bereits mehrere philosophische Werke verfasst, die sich naheliegenderweise auch mit der Begründung von politischer Macht beschäftigten. Im zweiten seiner *Two Treatises of Government* analysiert er die fundamentalen Eigenschaften des Menschen. Als Gottes Geschöpfe sind sie notwendigerweise alle von Natur aus gleich und gleich wertvoll: »und ausgestattet mit den gleichen Fähigkeiten, alle teilhabend an der Gemeinschaft der Natur, sodass es keine Unterwerfung unter uns geben darf, die uns das Recht verleiht, einander zu zerstören ...«[108]

Die Gesetze einer gerechten Gesellschaft werden von der Natur selbst vorgegeben. Gott hat uns geschaffen, um seinen Willen durch unser Überleben zu erfüllen und zu diesem Zweck gewisse Gesetze zu erkennen und zu befolgen: »Der Naturzustand wird durch das Gesetz der Natur beherrscht, dem alle unterstehen: und die Vernunft, die dieses Gesetz ist, lehrt die ganze Menschheit, die sie konsultiert, dass, da wir alle gleich und unabhängig sind, kein Einzelner einen anderen in seinem Leben, seiner Gesundheit, seiner Freiheit oder seinem Besitz schädigen darf.«

Der Autor dieser Ideen, deren bahnbrechenden Implikationen kaum zu überschätzen sind, war ein kühler Pragmatiker. Während er in seinen Werken argumentierte, dass jeder Mensch von Natur aus gleich sei und ein unantastbares Recht auf Leben, Gesundheit, Freiheit und Besitz habe, war er als Verwalter und Investor in Plantagen in Carolina gleichzeitig ein wichtiger Akteur in der kolonialen Sklaverei. Gemeinsam mit Shaftesbury verfasste er auch eine Konstitution für Carolina, in der bestimmt war: »Jeder freie Bürger der Carolinas hat absolute Macht und Autorität über seine Negro-Sklaven.«

Lockes Zynismus allerdings bedeutet nicht, dass er nicht von der natürlichen Freiheit und Gleichheit aller Menschen überzeugt war – solange diese nicht zu stark mit der Realpolitik und den Geschäftsinteressen der Krone in Konflikt gerieten. Sein Argument aber wurde vielfach übernommen und es hatte eine entscheidende Funktion. In der vormodernen Welt lag das Recht immer auf Seiten der vielen, der Gruppe, der Hierarchie. Der soziale Stand, die Kirche, die Zunft, der Landesherr, der Brauch entschieden, was Recht war und formten das Leben bis in die kleinsten Details hinein.

Mit der Intensivierung des Handels und dem Entstehen von Marktgesellschaften aber wurde deutlich, dass dieses kollektive Recht immer drohte, zu Konflikten zu führen. Religionskriege, Inquisition, die Vertreibung Andersgläubiger und die Unterdrückung von Randgruppen im Namen des einen wahren Glaubens zerstörten Kooperation und Zusammenleben, die nötig waren, um erfolgreich Handel zu treiben und eine solide Wirtschaft aufzubauen. In Handelszentren wie London und Amsterdam florierte das Geschäft nur dann, wenn Katholiken mit Juden und Hugenotten mit Lutheranern oder Moslems verkehren und ihnen vertrauen konnten. Europas Städte brauchten ein neues Konzept von Zusammenleben und von Toleranz, um sich weiterentwickeln zu können.

Hier waren die Interventionen von Spinoza und Locke entscheidend. Ihre Idee von universellen Menschenrechten stellte die bisherige moralische Ordnung auf den Kopf, indem sie die Rechte von Individuen gegenüber denen von Kollektiven stärkten. Niemand hatte das Recht, einem Einzelnen seine Freiheit und seine Würde abzusprechen, keine einzelne Wahrheit sollte alle anderen dominieren (auch wenn das in der Praxis noch lange so war). Nur Individuen, die von Natur aus die gleichen, unbedingten Rechte und Freiheiten besaßen, konnten einander als Individuen begegnen und nicht als Repräsentanten bestimmter, miteinander in Konflikt liegender Gruppen.

Tapissier du roi

Lockes offensichtliche Heuchelei, wenn es zum Sklavenhandel und seinen Profiten kam, hat seiner Reputation als Vater der Menschenrechte keinen Gefallen getan, aber sie ist beispielhaft für das Denken der Eliten und auch der bürgerlichen Mittelklasse in Europa, deren neuer Wohlstand nicht von der Ausbeutung von Sklaven und anderen (fast) rechtlosen Arbeitern zu trennen war. Das moralische Versagen des Autors vor seinen eigenen Prinzipien aber machte diese Prinzipien nicht weniger wirkmächtig, denn sie gaben der bürgerlichen Welt endlich einen argumentativen Pfad zur Macht.

Bürger, die an der politischen Macht teilhaben wollten, mussten diesen Anspruch begründen können. Der Adel hatte eine alte Begründung, die den neuen »schmutzigen Leuten ohne Namen« nicht offen stand. Sie konnten nicht behaupten, von sagenhaften Helden abzustammen oder seit Jahrhunderten in einem Familiensitz verwurzelt und mit dem halben Hochadel verschwägert zu sein. Auch der theologische Weg blieb ihnen verschlossen. Ein ambitionierter Anwalt in Paris, ein Kaufmann in Amsterdam oder ein Kolonialbeamter in London konnten nicht von sich sagen, als gesalbter Statthalter von Gottes Gnaden zu regieren – auch wenn er, wie Coen, vorgeben konnte, in Gottes Namen Massaker zu begehen.

Die Mittelklasse brauchte ein anderes Argument für ihre Ambitionen und sie fand dieses Argument in den Forderungen nach gleichen Rechten, nach Gewaltenteilung und nach religiöser Toleranz und Gewissensfreiheit, die sich gerade zum Brennpunkt einer philosophischen Debatte entwickelten.

Die Frage nach Wahrheit oder Unwahrheit dieser Ideen stellt sich hier nicht. Aus der historischen Perspektive ist es für uns interessant, wie Argumente, die in der Philosophiegeschichte schon seit der Antike bekannt, aber nie wirklich Teil des Kanons geworden waren, besonders ab der Mitte des 17. Jahrhunderts als Waffe gegen weltliche und geistliche Machthaber gebraucht wurden. Zuerst waren es nur Scharmützel – Lesezirkel, konspirative Freundschaften, Zirkel wie der von Marin Mersenne in Paris, Korrespondenzen, Pamphlete, reisende Studenten. Die Orte des Kampfes waren Cafés (eine Neuerung in London, Paris, Amsterdam, Venedig und Wien) und Druckerwerkstätten, wissenschaftliche Laboratorien und Bibliotheken, dunkle Straßenecken, an denen verbotene Bücher die Hände wechselten, und gelegentlich auch Gerichtssäle oder Richtstätten.

Die Macht war noch fest in aristokratischen Händen, aber sie musste sich nicht nur mit Waffengewalt, sondern auch mit anderen Mitteln verteidigen. Moderne Aristokraten brauchten die Männer aus der Mittelklasse, die ihre Administratoren und Steuereintreiber, ihre Ingenieure und Intendanten, ihre Offiziere und Gutsverwalter waren. Das in ganz Europa imitierte Modell eines absolutistischen Staates *à la française* konnte nur dann erfolgreich sein, wenn die Regierung des Monarchen von Beamten und Höflingen wie ein Geschäft geführt wurde, um den Lebensunterhalt und die Kriege des Landesfürsten zu finanzieren.

Die so entstandene professionelle und gebildete Elite begann, sich ihren eigenen Anspruch auf politische Macht auch durch Argumente zu sichern. Wo es noch vor wenigen Generationen darum gegangen war, wer Gottes Wort getreuer auslegte oder welche Armee der Herr gesegnet hatte, verlagerte sich nun das Gewicht der Debatte. Nicht mehr Gottes Segen, sondern die Rechte von Individuen in einer natürlichen Welt rückten allmählich in den Mittelpunkt der Diskussion.

Der Adel inszenierte sich in einer Kunst, die Überkompensation zu ihrem bestimmenden Stilmittel machte, eine dauerhafte Zurschaustellung der absolutistischen Macht durch Schlösser und Parks, die Versailles nachempfunden waren, auf Festen, Zeremonien und auf der Bühne.

Wo die Vorfahren der barocken Herrscher sich noch hundert Jahre zuvor voller Selbstbewusstsein und ohne die Attribute ihrer Macht ihren Porträtisten stellten, ließen sich deren Enkel in römischer Rüstung (wenn auch mit wallender Perücke) und halbnackt darstellen, umflattert von Allegorien der Tugend, der Weisheit, der Gerechtigkeit, der Güte. Dieser Geschmack war nicht nur wenig schmeichelhaft für Herrscher mittleren Alters mit Bauchansatz und Doppelkinn, er legt auch einen Schluss nahe: Gekrönte Häupter suchten auf der Leinwand die Legitimität der Antike mit ihren Göttern und die Gesellschaft von anmutig nackten Allegorien, weil sie deren Attribute für zeitgenössische Betrachter nicht mehr implizit verkörperten. Der junge Sonnenkönig, der bei Balletten höchstselbst den strahlenden Gott Apollo spielte, hatte eine Mode begründet, die auf dem demonstrativen Höhepunkt der aristokratischen Macht schon die Saat ihrer Zerstörung in sich barg.

Großen Teilen des Bürgertums, besonders in protestantischen Ländern, war diese »Verschwendung« inhärent suspekt. Wir haben anhand der Winterlandschaften und Stillleben schon einen Einblick in Sichtweise und Selbstwahrnehmung der (nordeuropäischen) bürgerlichen Welt gegeben. Auch dieses Universum war häufig allegorisch gefärbt, aber wo es beim Adel um Antike und Ewigkeit ging, war die bürgerliche Transzendenz mit der Vergänglichkeit beschäftigt. Die welkenden Blumen, verglimmenden Kerzen und auslaufenden Sanduhren sprachen ihre eigene Sprache: Gerade zu Wohlstand und Ansehen gelangt, wussten ihre Betrachter, wie zerbrechlich und flüchtig ihr Glück sein konnte.

Sonnenkönig: Ludwig XIV. war der Großmeister der Selbstinszenierung. Den kalten Wintern und schlechten Ernten setzte er die strahlende Schönheit des Apoll entgegen

Die nagende Unsicherheit der neuen Mittelklasse, ihre Ambitionen, es dem Adel gleichzutun oder gar in ihn einzuheiraten, ihre komische Selbstüberschätzung und die nagenden Zweifel am eigenen Status und seiner Berechtigung wurden schon bald von Satirikern aufs Korn genommen. Besonders Molière spießte lüsterne Frömmler, alte Geizkragen, Backfische mit Ambitionen, windige Heiratsschwindler und Heuchler aller Arten auf und schaffte gleich mehrere Skandalerfolge, die umso unwiderstehlicher waren, als diese Charaktere jeder Frau und jedem Mann im Publikum aus eigener Erfahrung vertraut waren. Molière wusste, worüber er schrieb. Sein eigener Vater war ein sozial aufstrebender Innenausstatter für die Häuser von Aristokraten und Neureichen gewesen, der es schließlich bis zum *Tapissier du roi* gebracht hatte. Die soziale Angst, die aus seinen Stücken spricht, war ihm von Kindheit an vertraut. In seiner letzten Rolle, passenderweise als eingebildeter Kranker, erlitt er auf offener Bühne einen tödlichen Schwächeanfall.

Die Öffentlichkeit und lasterhafte Bienen

Diese Öffentlichkeit eines Theaters, die Öffentlichkeit, die ebenso gut von philosophischen und theologischen Traktaten wie von Zeitungen, Almanachs, sentimentalen Romanen, politischen Flugblättern und pornographischer Satire angesprochen wurde, hatte es im christlichen Europa bis dahin noch nicht gegeben. Papier war billig, geduldig und leicht zu verstecken und so entstand neben den geographischen Grenzen auch eine zweite Landkarte des Kontinents, in der sprachliche Grenzen über physische Entfernungen durch den Gebrauch von Latein und später Französisch überwunden wurden, während bildungsbedingte soziale Grenzen durch Übersetzungen und Zusammenfassungen zumindest gelegentlich passierbar waren und die Zensur – unterschiedlich strikt in verschiedenen Ländern – oft mit etwas taktischer Diskretion ganz umgangen werden konnte.

Diese neue Öffentlichkeit verbreitete nicht nur die neuen Ideen, sie änderte auch den Prozess ihrer Entstehung. Die materialistischen Denker der Zeit sind ein gutes Beispiel dafür. Der philosophische Materialismus hat eine Tradition, die bis in dic frühesten erhaltenen Schriften der Antike reicht. Über die gesamte Geschichte finden sich materialistische Denker, die aber in Europa und auch in Teilen der islamischen Welt ihre Gedanken gar nicht oder nur in verborgener Form publizieren konnten.

Diese relative Isolation führte dazu, dass wenig Austausch dieser Ideen zwischen den Denkern einer Generation stattfand. Die meisten entdeckten ihren eigenen Weg zum naturalistischen Denken durch die immer gleiche Handvoll antiker Quellen. Deswegen war die Entdeckung von *De rerum natura* von Lukrez so wichtig, deswegen war aber besonders die Republik der Lettern wichtig, die während der Kleinen Eiszeit in Europa entstanden war. Druckwerke waren der Kontrolle, die die Kirche seit Jahrhunderten über das intellektuelle Leben ausgeübt hatte, entkommen.

Auch wenn Bücher zensiert und verboten werden konnten, gab es doch verborgene Wege, etwas über solche Bücher zu erfahren – etwa aus Polemiken, Widerlegungen, oder Zusammenfassungen (siehe Bayles *Dictionnaire*) und aus politischen Pamphleten und Flugblättern, die *sous le manteau*, unter dem Mantel verkauft wurden, oder ganz einfach durch persönliche Korrespondenz. Bei steigender Alphabetisierung, die in den Städten höher war als auf dem Land und unter Mitgliedern der Professionen und ihren Familien fast durchgehend, taten Geschäftsbriefe, Flugblätter und Zeitungen das Ihre, gerade jene Ideen zu verbreiten, die von den Behörden am grimmigsten verdammt wurden.

Die verstärkte und beschleunigte Zirkulation von Ideen im 17. Jahrhundert erlaubte es zum ersten Mal, nicht nur direkt in Schulen – die jetzt von dreimal so vielen Kindern besucht wurden, wie noch wenige Jahrzehnte früher – und in den Kaffeehäusern der wachsenden Städte, sondern auch in Debatten Ideen zu benutzen und weiterzuentwickeln. Spinoza war nicht ohne Descartes (und ohne die intellektuelle Tradition des Judentums) zu denken und definierte gleichzeitig die Umrisse der Debatte für Generationen. Seine Gedanken wurden wütend angegriffen und empört verurteilt, aber sie konnten nicht ignoriert werden. Wo früher Individuen mehr oder minder isoliert voneinander philosophierten, entstanden Ideen jetzt im Feuer einer Diskussion, die öffentlich geführt wurde und in der Argumente und Gegenargumente wesentlich schneller und oft auch polemischer ausgetauscht wurden und ein viel größeres, geographisch und sozial weiter ausgebreitetes Publikum erreichten, als noch zwei Generationen früher möglich erschienen war.

> Glücklich der Mann, der Buchhändler nur dadurch kennt, dass er in ihrem Geschäft die Nachrichten gelesen und vielleicht ab und an ein Buch gekauft hat; aber er, der so unglücklich ist, mit ihnen Geschäftsbeziehungen bezüglich dem Übersetzen, Drucken und Verlegen von irgendetwas zu haben, wird eine fürchterliche Zeit verbringen und bedarf der Geduld des Hiob.[109]

Dieser Stoßseufzer eines Londoner Autors sollte sich noch oft wiederholen, denn die Buchhändler, die oft auch als Verleger fungierten, zahlten Autoren so wenig wie möglich und waren vor allem am eigenen Profit interessiert.

Für den Autor selbst, Bernard Mandeville (1670–1733), war diese Praxis eher ein Ärgernis als ein moralisches Problem. Mandeville war in Pierre Bayles Rotterdam aufgewachsen und hatte in Leiden Medizin studiert, bevor er nach London übergesiedelt war. Hier arbeitete er nicht nur als Arzt, sondern erregte großes Aufsehen durch die Publikation mehrerer Streitschriften, die sich von einer sehr praktischen Warte aus mit sozialen Problemen beschäftigten. In seinem *The Virgin Unmask'd* polemisierte er gegen die Ehe als sexuelles Gefängnis der Frau und in *A Modest Defence of Publick Stews* (Eine bescheidene Verteidigung öffentlicher Bordelle) schlug er vor, die Prostitution zu legalisieren und unter staatliche und medizinische Kontrolle zu stellen.

Mit seinen schamlos pragmatischen Ansichten verursachte der holländische Arzt immer wieder Skandale in der Londoner Gesellschaft, was ihn mit diebischer Freude erfüllt zu haben scheint. Er war ein eleganter Provokateur, der ein ganzes Vorwort zu einem Buch darüber schreiben konnte, wie sehr er Vorworte hasste, der über die Klitoris als Zentrum der weiblichen Lust schrieb, sich weigerte, Lust überhaupt zu moralisieren und viele seiner Gedanken in ironische Verse fasste. Das bekannteste unter ihnen ist eine Geschichte, die Bienenfabel, die trotz ihrer mittelmäßigen Reime überall gelesen, übersetzt und diskutiert wurde. Es begann harmlos genug, mit dem Bild eines Bienenstocks, der einem idealen merkantilistischen Staat des 17. Jahrhunderts erstaunlich ähnlich sieht:

> Ein Bienenstock, dem keiner sich
> An Macht und Reichtum sonst verglich,
> Des fleißige, wohlgenährte Scharen
> Geehrt in Krieg und Frieden waren,
> War als das rechte Heimatland
> Von Kunst und Wissenschaft bekannt.[110]

Das Geheimnis hinter dem summenden Glück der metaphorischen Insekten ist einfach. Sie arbeiten hart, um von Lust und Eitelkeit der anderen zu profitieren, während andere versuchen, ihre Mühen zunichtezumachen. Aus den Tricks der »Falschspieler, Parasiten, Zuhälter, Taschendiebe, Betrüger, Quacksalber und Wahrsager« entsteht erst der eigentliche Reichtum des Bienenstocks. Jeder betrügt, jeder wird betrogen und doch sind es Gier, Egoismus und Eitelkeit, die zahllosen Bienen Arbeit verschaffen.

Alle Professionen des Bienenstocks sind zutiefst korrupt: Die Anwälte ziehen Fälle unnötig in die Länge und sind Haarspalter, die Ärzte sind inkompetente Schmeichler, die ihre Patienten langsam umbringen und dafür riesige Honorare verlangen, die Pfarrer sind dumm, lüstern und raffgierig und bleiben doch arm, Soldaten sind entweder dumpfes Kanonenfutter oder arrogante Feiglinge, und so weiter. Die überraschende Lehre aus dieser zoologischen Betrachtung ist:

> Trotz all dem sündlichen Gewimmel
> War's doch im ganzen wie im Himmel.
> In Krieg und Frieden warb mit Kunst
> Manch fremde Macht um ihre Gunst;
> Ihr Überfluß an Geld und Leben
> Ließ immer sie den Ausschlag geben. -
> Wie hat's ein solches Land doch gut,
> Wo Macht ganz auf Verbrechen ruht![111]

Dieser paradiesische Zustand wird unterbrochen, als eine einzige betrogene Biene beschließt, der Herrschaft des Lasters ein Ende zu bereiten und ihre Artgenossen zur Tugend zu bekehren. Wie durch ein Wunder gelingt es ihr praktisch über Nacht, alle anderen Bienen zu überzeugen. Sie werden tugendhaft, bescheiden und ehrlich. Sie entwickeln ein Gewissen und beichten einander ihre Verbrechen.

Die Revolution des Moralapostels zeitigt verheerende Konsequenzen. Die Preise sinken schlagartig, große Herren entlassen einen Teil ihrer Dienerschaft und verkaufen ihre protzigen Kutschen und die goldbesetzten Livreen der Kutscher, Landhäuser sind kaum noch etwas wert, alle Bienen kleiden sich einfach und funktional und kaufen keine exotischen Güter mehr. Der Überseehandel stirbt, auch den heimischen Händlerbienen geht es schlecht, der Staat verliert an Macht und Ansehen und Arbeitslosigkeit führt zu Hunger und Elend unter dem einfachen Bienenvolk. Schließlich verkriechen sich die letzten Überlebenden voller Zufriedenheit über ihr tugendhaftes, entbehrungsreiches Leben in einem hohlen Baum.

Für den Autor, dem die Beschreibung der sündigen Insekten sichtlich Spaß macht, ist die Schlussfolgerung einfach:

So klagt denn nicht: für Tugend hat's
In großen Staaten nicht viel Platz.
Mit möglichstem Komfort zu leben,
Im Krieg zu glänzen und doch zu streben,
Von Lastern frei zu sein, wird nie
Was andres sein als Utopie.
Stolz, Luxus und Betrügerei,
Muß sein, damit ein Volk gedeih'.[112]

In einer Öffentlichkeit, in der dauernd über die Heiligkeit der Tugend und die Bekämpfung des Lasters geschrieben und gesprochen wurde, hatte Mandeville die Argumentation einfach auf den Kopf gestellt: Damit es summt im Bienenstock, müssen die Tierchen ihren niedersten Instinkten folgen.

Mit seinem robusten Pragmatismus machte sich Mandeville zum Vordenker einer Wirtschaftsordnung und einer sozialen Vision, die vor allem vom menschlichen Egoismus ausgingen und leugneten, dass wir besser leben, wenn wir tugendhafter leben. Er ging sogar noch weiter: Er beschrieb die traditionellen, christlichen Tugenden als ebenso dumm wie zerstörerisch, ein Instrument einer mächtigen Elite, die mit Hilfe eines teils zynischen, teils hirnlosen Klerus ihre eigene Macht erhalten wollte und dadurch die eigene Gesellschaft daran hinderte, wirtschaftlich zu florieren und auch eine blühende Kultur zu entwickeln. Was noch ein Jahrhundert zuvor (und noch immer) als einzige Botschaft des Heils verkündet wurde, war jetzt öffentlich zum bürgerlichen Ärgernis geworden.

Der schwebende Reverend

Die Kleine Eiszeit sollte die Welt noch ein Jahrhundert lang in ihrem Griff behalten. Im frühen 18. Jahrhundert wurden mehrere besonders kalte Winter verzeichnet, historische Wetterdaten dokumentieren eine globale Abkühlung, die jedoch unterschiedliche Effekte zeitigte. Schlechte Ernten und Hungersnöte hatten die Bevölkerung des Osmanischen Reiches schwer getroffen und die darauf folgenden Unruhen und politischen Spannungen hatten die Macht der Sultane geschwächt und sie dazu gezwungen, ihren Plan einer Invasion Europas aufzugeben, aber die strukturellen Probleme der Zeit führten nicht zu sozialen Veränderungen, landwirtschaftlichen Neuerungen oder einer weiteren Alphabetisierung der Bevölkerung.

Der Wechsel des europäischen Handelsmittelpunkts vom Mittelmeer zum Atlantik und zur Nordsee versetzte der noch bleibenden Macht der Osmanen einen weiteren Schlag. Die Hohe Pforte begann, sich kulturell wie auch politisch einzuigeln und erlebte einen zwei Jahrhunderte andauernden Niedergang. Russland wurde durch politische Konflikte und Rebellionen der Landbevölkerung in die Zeit der Wirren geworfen und erlebte einen Modernisierungsschub unter Peter dem Großen, ließ die rigiden Strukturen der politischen Macht aber weitgehend intakt. Veränderungen im ebenfalls stark betroffenen China und unter indigenen Bevölkerungen Amerikas mögen Spezialisten beurteilen.

Europa aber hatte sich innerhalb weniger Generationen radikal verändert – auch, weil die Effekte des Klimawandels so weit nördlich besonders einschneidend waren und Innovationen lebensnotwendig machten. Natürlich geschahen diese Veränderungen nicht in einer direkt ursächlichen Weise wegen des Klimawandels. Vielmehr schaffte die Krise der auf Getreide basierten Landwirtschaft durch die mit der Abkühlung einhergehenden verkürzten Vegetationsperiode eine wirtschaftliche Belastung der sozialen Strukturen in Europa, die Neuerungen begünstigte und den Trägern neuer Praktiken, neuen Wissens und neuer Entdeckungen – die Mitglieder einer wachsenden, gebildeten Mittelklasse – bislang ungeahnte Möglichkeiten eröffnete.

Oft waren diese Veränderungen chaotisch und meistens ziellos, aber sie resultierten in wichtigen neuen sozialen Praktiken, in Wissen und Ideen. In den botanischen Gärten Europas etwa wurden Pflanzen aus allen Klimagebieten der Welt angepflanzt und ihre Blätter, Wurzeln und Früchte daraufhin überprüft, ob man sie essen, rauchen, zu Fasern verarbeiten oder sich an ihnen berauschen könnte. Die meisten dieser Pflanzen gingen ein, nur diejenigen, die der jeweiligen Klimazone angepasst waren, überlebten und wurden ausgepflanzt. Auch die militärische Revolution durch Feuerwaffen resultierte darin, dass verschiedenste Taktiken ausprobiert wurden, aber nur wenige davon (und wenige von den Soldaten, mit denen man sie ausprobierte), überlebten, um in einer weiteren Schlacht eingesetzt zu werden.

Damals wie heute postulierten Wissenschaftler an der Grenze ihrer Disziplin wilde Theorien, damals wie heute konnten ihre Theorien nicht alles erklären, was tatsächlich geschah, aber die Schaffung einer Öffentlichkeit und die Investitionen von Staaten und Kirchen in die Bildung ihrer Untertanen schufen einen Raum, in dem intensive Debatten entstanden, die sich nicht nur mit praktischen und empirischen Fragen, sondern auch mit philosophischen Prinzipien beschäftigten. Der Wandel der Debatte im 17. Jahrhundert hatte dabei viel mit dem sozialen Hintergrund der Protagonisten zu tun, von denen eine solide Mehrheit in ärmlichen oder bürgerlichen Verhältnissen und mit den Werten einer urbanen Mittelklasse aufgewachsen war.

Wenn aber die Veränderungen, die während der Kleinen Eiszeit in Europa stattfanden, weder kausal und als bewusste Reaktionen, noch direkt auf die klimatische Abkühlung reagierten, waren sie doch entscheidend dafür, die Krise zu überwinden. Der Weinbau wanderte fünfhundert Kilometer nach Süden und die Landwirtschaft diversifizierte ihre Produktion hin zu robusteren Nahrungsmitteln wie Kartoffeln und Mais. Landwirtschaftliche Neuerungen steigerten die Ernte pro Pflanze und pro Acker um ein Drittel, die Produktion für den Markt schuf einen weiteren Anreiz. Getreidehandel half dabei, Versorgungsprobleme auszugleichen und führte zu hohen Konzentrationen von Kapital und Expertise. Der Welthandel machte die Eliten in Europa reich – auf Kosten der eigenen Armen und der Armen auf anderen Kontinenten.

Der neue Reichtum floss in neue, moderner geführte Kriege, aber er führte auch dazu, dass aus rein pragmatischen Gründen die Bildung der eigenen Bevölkerung gefördert wurde. Ein Staat, der imstande war, dem Druck durch schlechte Ernten und gleichzeitig der internationalen Konkurrenz standzuhalten, brauchte nicht nur Konsumenten, um den Markt in Schwung zu bringen, sondern auch Ingenieure, Verwalter, Anwälte, Kaufleute, Lehrer und Wissenschaftler. Zugleich mit ihrem gesellschaftlichen Einfluss und ihrem Wohlstand stiegen ihre politischen Ambitionen.

Die Gesellschaften eines gesamten Kontinents passten sich den wechselnden Bedingungen an und taten dies mit unterschiedlichem Erfolg. In Spanien, im Osmanischen Reich und auch in Russland behauptete sich die Unbeweglichkeit, auch wenn Zar Peter der Große alles tat, um sein Land zu modernisieren. Spanien ist ein besonders interessanter Fall, wenn auch Katalonien von dieser Entwicklung ausgenommen werden muss. Durch den Import von Edelmetallen aus Südamerika scheinbar unermesslich reich geworden und in teure Kriege verwickelt, war die Halbinsel bald im Würgegriff der Inflation. Gleichzeitig gab es weder grundlegende Reformen in der Regierung, noch im Binnenhandel oder in der Erziehung. Durch wiederholten Staatsbankrott angeheizt, fraß die Inflation nicht nur die politische Macht, sondern auch das kulturelle Potenzial des Reiches und das Vermögen der Mittelklasse.

Die Niederlande, die einen Großteil der hier beschriebenen Periode im Krieg mit Spanien lagen, repräsentieren das andere Ende dieser Skala. Im frühen 16. Jahrhundert waren sie, trotz Erasmus von Rotterdam, der den Großteil seines Lebens im Ausland verbrachte, eine Nation von Heringsfischern und Bauern gewesen. Der Handel mit Fisch führte zu Verbindungen im Getreidehandel und die Profite wurden in neue Unternehmen und in die Entwicklung der staatlichen Infrastruktur investiert. Die Universität Leiden war ebenso sehr eine Konsequenz dieser Praktik, wie die Tatsache, dass ausgerechnet Amsterdam, noch zwei Generationen zuvor auf keiner intellektuellen Landkarte zu finden, zu einem Verlagszentrum und zu einem Ort der religiösen Toleranz und der philosophischen Debatte wurde.

Diese Neuerungen sind aber nicht gleichzusetzen mit dem, was unter Fortschritt verstanden wird – sicher nicht mit sozialem Fortschritt im

Sinne der Aufklärung, im Gegenteil. Das wird im Falle Großbritanniens besonders deutlich. Auch hier wurden Neuerungen in der Landwirtschaft früh übernommen (oft von niederländischen Ingenieuren und Gelehrten), auch hier wurde Landwirtschaft durch die Privatisierung und Konzentration von ehemaligen Commons effizienter betrieben und auch hier investierten Staat und Wirtschaft in eine Ausweitung des Handels, besonders in den nordamerikanischen Kolonien und in der Karibik, aber auch und in zunehmendem Maße in Indien.

Das Resultat dieser politischen Orientierung war auch die Entstehung einer städtischen Arbeiterklasse, die dann besonders in Spinnereien und Webereien eingesetzt, am steigenden Wohlstand der Mittelklasse aber nicht beteiligt wurde. Gleichzeitig beruhte ein wesentlicher Teil des Reichtums aus den Kolonien auf Sklavenarbeit und Ausbeutung von indigenen Bevölkerungen und natürlichen Ressourcen.

Frankreich arrangierte sich nur halbherzig mit dem Klimawandel. Einerseits führten fähige Politiker wie Sully merkantilistische Maßnahmen durch, die beispielsweise der Seidenindustrie in Lyon eine europaweite Bedeutung verschafften und das Inland für den Handel erschlossen, andererseits aber blieben Teile der Gesellschaft zutiefst konservativ. Besonders in der Landwirtschaft war, mit Ausnahme des Elsass und von Lothringen, weniger Veränderung zu bemerken, als bei den östlichen und nördlichen Nachbarn. Noch 1765 las man in Diderot und d'Alemberts großer *Encyclopédie* über die Kartoffel, mit leicht gerümpfter Autorennase: »Man wirft der Kartoffel mit Recht vor, dass sie Wind verursacht; aber was bedeutet das schon für die kraftvollen Organe von Bauern und Tagelöhnern?«[113]

Die im internationalen Vergleich relativ ineffizient gebliebene Landwirtschaft litt besonders in der zweiten Hälfte des 18. Jahrhunderts unter einer Folge schlechter Ernten, und der unter Ludwig XIV. und seinem Nachfolger Ludwig XV. chronisch bankrotte, dirigistische Staat tat nur wenig, um die Versorgung der eigenen Bevölkerung zu garantieren. Auch 1787 und 1788 waren magere Jahre. 1789 waren die Brotpreise so hoch wie seit Jahrzehnten nicht mehr, und die Bevölkerung begann zu rebellieren. Ein Funke reichte aus, um ein Feuer zu entfachen.

*

1816, das berühmte Jahr ohne Sommer, wird von Klimaforschern als letzte Auswirkung der Kleinen Eiszeit angesehen. In diesem Jahr allerdings gab es einen konkreten Grund für den harten Frost im Mai, der in Nordamerika die gesamte Aussaat zerstörte und die lichtlosen, verregneten Sommermonate, die die englische Schriftstellerin Mary Shelley während ihres Aufenthalts am Genfer See dazu zwangen, sich drinnen aufzuhalten und sie dazu inspirierten, ihren Frankensteinroman zu schreiben.

Im April 1815 war der indonesische Vulkan Mount Tambora ausgebrochen. Die Detonation sprengte 1500 Höhenmeter des Berges weg und war bis ins 1250 Kilometer entfernte Java zu hören. Ein vier Meter hoher Tsunami traf indonesische Inseln. Millionen von Kubikmeter schwefelhaltiger Asche, die sich in den Monaten danach in der Atmosphäre verbreiteten, reflektierten das Sonnenlicht und führten zu einer Art nuklearem Winter, der ein Jahr andauerte.

Während der 1790er Jahre entstand in Schottland eine der letzten großen Winterlandschaften. Henry Raeburn porträtierte einen Freund, Reverend Robert Walker, einen leidenschaftlichen Schlittschuhläufer, der während seiner Kindheit in Rotterdam wohl zum ersten Mal auf dem Eis gestanden hatte und dem Gemälde zufolge auch als Erwachsener noch niederländische Schnürschlittschuhe verwendete.

Walker gleitet über das Eis, scheinbar ohne es zu berühren. Er ist aus dem Gleichgewicht, der Zukunft zugeneigt, fährt seinem eigenen Schwerpunkt hinterher. Das Eis unter seinen Kufen ist zerkratzt, eine harte Oberfläche, aber im schottischen Winterlicht verliert sich seine kristalline Klarheit gegen die Umrisse der Hügel und der braun-bläulich verwaschenen Wolken. Der Reverend scheint diese Landschaft gar nicht wahrzunehmen. Weit nach vorne schauend, gleitet er aus dem Bild, ungerührt von seiner prekären Situation, ganz absorbiert von Erinnerung und Zuversicht in seine nächste Geste, schwebend durch die mathematische Sicherheit der Naturgesetze.

Er ist allein.

Völlig losgelöst: Reverend Walker beim Schlittschuhlaufen

EPILOG:
Nachtrag zur Bienenfabel

Wie Singvögel, Kellerasseln und Korallen

Die Welt, ein Bienenvolk, dessen einzelne Mitglieder emsig lügend und betrügend dem Gemeinwohl dienen – die Schärfe von Mandevilles Fabel liegt nicht in ihren gereimten Beleidigungen, sondern in ihrer moralischen Intuition. Wir sind Tiere, suggeriert der Autor, wir leben nicht nach den Regeln einer abstrakten Moral, sondern nach unseren natürlichen Begierden. Es ist sinnlos zu versuchen, Menschen in etwas zu verwandeln, was sie nicht sind und nicht sein können. Homo sapiens ist ein cleverer Primat, aber er ist heute nicht klüger, als er es vor Jahrhunderten war – er hat nur größeres Spielzeug.

Diese gewissermaßen apidologische Perspektive erlaubt es, ganze Gesellschaften und ihre Veränderungen zu betrachten und dabei nicht zu fragen, ob kulturelle Konstrukte wie etwa philosophische Ideen wahr sind oder nicht, sondern zu fragen, wozu sie dienen und wem sie nützen.

Wie Bienen, Moose und Singvögel, Kellerasseln und Korallen, müssen sich auch menschliche Populationen ihren Umweltbedingungen anpassen. Der einzige Unterschied zwischen uns und anderen Tieren besteht darin, dass Homo sapiens nicht ausschließlich auf genetische Anpassung angewiesen ist, sondern durch seine Kulturtechniken und durch Ideen die Evolution beschleunigen kann. Innerhalb von wenigen Generationen können wir lernen, anders zu handeln, in neuen Umgebungen zu überleben und planend Strategien zu entwerfen.

*

Wenn wir (den Hut gelüftet in Richtung Mandeville) versuchen, Europa zwischen 1570 und 1680 als einen gigantischen Bienenstock zu betrachten, in dem verschiedene Völker nebeneinander existieren, miteinander in Konflikt liegen und emsig bestrebt sind, die eigenen Waben höher zu bauen als die umliegenden, dann kommen wir zu dem Schluss, dass die kleinen Tierchen am Ende dieser Periode eine enorme Leistung vollbracht haben.

Vor dem Kälteeinbruch lebten sie in ihrem eigenen, wimmelnden Stock, nur wenige Generationen danach haben sie sich weit in die Umgebung ausgebreitet, um neue Ressourcen herbeizuschaffen. Vor der Kälte verließen sie sich stark auf eine einzige Nahrungsquelle, aber schon bald kommen neue hinzu und die Produktion wird intensiviert, die Ausdehnung der Blumenfelder und die Entfernung der Expeditionen ausgeweitet.

Die Bienen wollen im Saal ihrer Königin einen Schatz anhäufen. Sie haben es nicht nur geschafft, ihren Hunger zu stillen, sie haben auch die Grundlage ihrer zukünftigen Macht gelegt. Noch vor wenigen Generationen lebten sie nur von dem, was die umliegenden Blumen ihnen gaben, jetzt ist ein Teil des Bienenvolkes damit beschäftigt, Handel mit anderen Völkern zu treiben, während eine Kolonne grimmiger Träger unter strenger Bewachung winzige Goldbarren ins Innere des Stocks trägt. Ganze Insektenkolonien sind unter dieser neuen Ordnung versklavt, während das Bienenvolk wächst und wächst.

Wir können den Bienen nicht beim Denken zusehen. Wir können aber die adaptive Leistung bewundern, die europäische Gesellschaften auf evolutionäre Art, also ungeplant und ohne vorher definiertes Ziel, vollbrachten: Sie schufen eine neue ökonomische Ordnung, den frühen Kapitalismus; eine bürgerliche Mittelschicht begann sich durchzusetzen; die kulturellen Ausdrücke des eigenen Lebensgefühls änderten sich; zusammen mit einer Öffentlichkeit wurden neue Denkmöglichkeiten geschaffen und verbreitet. Aus einer spätfeudalen Zeit entstanden in wenigen Jahrzehnten zumindest für urbane Europäer Leben und Denken der frühen Moderne.

Die Transformation Europas erfolgte systemisch. Ausgehend von einer Krise der Landwirtschaft ließ sie keinen Bereich des menschlichen Lebens aus und mündete in der intellektuellen Krise des 17. Jahrhunderts, in der die großen Fragen nicht mehr nur theologisch, sondern auch ohne das Anrufen einer Transzendenz beantwortet wurden. Die Protagonisten dieser intellektuellen Krise kamen aus der Mitte der Gesellschaft, aus der auch die Neuerungen der damaligen Zeit kamen. Philosophie, Wirtschaft, Wissenschaft und das Streben nach Macht waren Aspekte derselben sozialen Energie.

Diese Energie begünstigte eine grundlegende Reform der Landwirtschaft, der Erziehung, der politischen Praxis und von Handel und Kreditwesen im Dienste einer neuen Art, Kriege zu führen und zu finanzieren. Gesellschaften, in denen Märkte und Geld für die meisten Menschen eine Randerscheinung des ökonomischen Lebens gewesen waren, begannen sich jetzt stärker auf einen gemeinsamen Markt und eine Geldwirtschaft auszurichten – sie wurden sozial durchlässiger und dynamischer. Das Ziel der gesellschaftlichen Entwicklung war wirtschaftliches Wachstum, um den Staat wehrhaft, sicher und respektiert zu machen.

Für die Bewohner der wachsenden Kolonialreiche Europas, für afrikanische Sklaven, russische Leibeigene und landlose Tagelöhner war das wachsende System der europäischen Dominanz entweder eine Katastrophe unbekannten Ausmaßes oder zumindest die Ersetzung einer Tyrannei durch eine andere. Das Wachstum des sich industrialisierenden Kontinents Europa war nicht nur in der Realität, sondern auch in der merkantilistischen Theorie auf die Ausbeutung von Menschen und natürlichen Ressourcen gebaut. Handel und Industrie waren eine Fortsetzung des Krieges mit anderen Mitteln, im Fall der bewaffneten Handelsschiffe der VOC war es gar nicht so einfach, einen Unterschied festzustellen.

Europa erreichte globale Dominanz durch ein neues wirtschaftliches Denken, das später Kapitalismus genannt werden sollte. Sein ökonomisches Wachstum und der Wohlstand seiner Eliten basierten auf einem erdumspannenden System wirtschaftlicher Ausbeutung und politischer Unterdrückung.

Für die Beobachter von Mandevilles Bienenstock werden auch Ideen zu Instrumenten des Wandels und sogar zu Waffen in sozialen Konflikten. Herrschaft über Kolonialvölker und über die Armen in den eigenen Ländern wurde zuerst christlich, dann aufklärerisch begründet, aber sowohl von Christen wie auch von Aufklärern nur selten radikal angegriffen. Frühaufklärerische Gedanken von Autoren wie Descartes, Spinoza, Hobbes und Locke, aber auch von zahlreichen heute weniger bekannten Geistern, von Vanini bis Bayle, spielten eine immense Rolle über die folgenden Jahrhunderte, nicht zuletzt, weil sie einer aufsteigenden Mittelschicht ermöglichten, ihren eigenen Machtanspruch mit Argumenten zu begründen.

Die Idee, dass jeder Mensch einen auf Naturrecht basierenden Anspruch auf bestimmte Freiheiten und auf Schutz seiner Person, seiner Überzeugungen und seines Eigentums hat, mag heute selbstverständlich klingen, war aber vor vierhundert Jahren nicht nur an sich revolutionär, sondern immer auch politisch suspekt, weil sie untrennbar verbunden war mit einer radikalen Kritik der Herrschaft von Adel und Kirche, der Sklaverei, der Unterdrückung von Armen, Frauen, Andersgläubigen.

Diesen Gedanken ging es ursprünglich nicht anders als den Tulpen oder den Kartoffeln, die Clusius im botanischen Garten von Leiden so leidenschaftlich züchtete, nachdem er sie von Freunden oder Seefahrern erhalten hatte. Auch die Ideen der Aufklärung wurden zuerst in einem kleinen Kreis von Gelehrten herumgereicht, experimentell gepflanzt und oft genug auch wieder ausgerissen und verworfen, bevor man ihren wahren Nutzen erkannte und sie öffentliche Verbreitung fanden.

Der Traum von universellen Menschenrechten wurde von Vertretern einer urbanen Mittelklasse gegen den Adel geträumt und rhetorisch eingesetzt, aber sein eigener, allumfassender Anspruch machte es notwendig, ihn weiter auszubreiten und auf alle Menschen zu beziehen, die in Armut und Unterdrückung lebten.

Damit ergab sich ein Dilemma für die Gesellschaften des Westens, das sie bis heute nicht überwunden haben und ganz besonders für die gebildete Mittelschicht, die sich noch heute als Motor des sozialen Gefüges begreift. Ihr moralischer Anspruch gründet sich auf die Idee von Demokratie und universellen Menschenrechten und ist der Aufklärung verpflichtet. Ihr wirtschaftlicher Erfolg und ihr Wohlstand aber gründen sich auf ein anderes Erbe des 17. Jahrhunderts: Wachstum, das auf Ausbeutung beruht, auf einer Ausbeutung, die sich niemals mit den Ansprüchen der Aufklärung vereinbaren lässt.

Freiheit und Luxus

Beginnend mit der Menschenrechtsrhetorik von John Locke haben Aufklärungsdenker im Laufe der vergangenen Jahrhunderte immer wieder Strategien gefunden, um mit diesem Widerspruch umzugehen oder ihn, wenn möglich, aufzulösen. Ihre Bemühungen machten sie oft genug zu Komplizen einer Unterdrückung, von der auch sie profitierten.

Der große aufklärerische Autor Voltaire wird immer wieder als Schutzheiliger der Meinungsfreiheit, der Menschenrechte und der Toleranz gerühmt, tatsächlich aber hielt sich seine Verteidigung der Freiheit in gewissen Grenzen, die vor allem durch eines markiert wurden: durch Geld. Denn dieser moderne Sokrates war reich, so reich, dass er auf Schlössern lebte, sein Vermögen im großen Stil an Aristokraten verlieh und in den Überseehandel investierte. Am Beispiel Voltaires lässt sich zeigen, wie die Aufklärung es trotz ihres universellen ethischen Anspruchs schaffte, sich mit dem eigenen Vorteil zu arrangieren.

Voltaires Beziehungen zu seinen aristokratischen Klienten und Mäzenen, unter ihnen Friedrich II. von Preußen, spiegeln ein typisches Dilemma vieler Intellektueller im 18. Jahrhundert. Sie brauchten Verbindungen zum Adel, um unbehelligt schreiben zu können und oft genug auch um ein Einkommen zu haben, sahen sich aber durch ihre Nähe zu despotischen Herrschern kompromittiert. Auch Diderot musste nach Sankt Petersburg reisen, um seiner Gönnerin Katharina der Großen zu danken. Allerdings trat er seinen Besuch in der ehrlichen (wenn auch naiven) Hoffnung an, tatsächlich politische Reformen gestalten zu können und schämte sich für seine Leichtgläubigkeit, nachdem ihn die Zarin aller Illusionen beraubt hatte und er wieder nach Paris zurückgekehrt war.

Der alte Herr in Ferney wurde von solchen Skrupeln nicht geplagt. Er machte sich von Anfang an keine Illusionen. Er schrieb darüber, dass an jedem Sack Zucker, der aus den Kolonien kam, Blut klebte, aber er investierte in Plantagen und wusste, wie sein Geld sich vermehrte. Er war sich bewusst, dass die Compagnie des Indes, in der er erhebliche Geldanlagen hatte, ihre enormen Profite auf dem Rücken von afrikanischen

Sklaven erwirtschaftete, und er hatte Argumente parat, diese Praxis zu rechtfertigen: »Wir kaufen ausschließlich Neger als Haussklaven. Man wirft uns diesen Handel vor. Ein Volk, das seine eigenen Kinder verkauft, ist noch verdammenswerter, als der Käufer. Dieser Handel zeigt auch unsere Überlegenheit; derjenige, der einen Meister akzeptiert, wurde geboren, ihn zu haben.«

Selbst schuld, befand der Philosophenkönig bei Durchsicht seiner Dividenden. Sklaverei war ein Unglück, gewiss. Er selbst hatte in seinen Romanen Zadig und Candide bewegend darüber geschrieben. Wirklich tragisch aber war es eigentlich, wenn es Weiße betraf, denn: »Ich sehe Menschen, die mir den Negern weit überlegen scheinen, wie diese Neger es den Affen gegenüber sind, und die Affen gegenüber den Austern ...«

Zwar war es im 18. Jahrhundert durchaus nicht ungewöhnlich, an eine Hierarchie der Menschenrassen zu glauben und daraus moralische Berechtigungen abzuleiten, aber auch damals gab es Denker, bei denen persönlicher Vorteil und persönliche Überzeugung nicht so unmittelbar benachbart und von solider Ignoranz umrahmt waren. Nicht anders als Kant und Hegel nach ihm schrieb Voltaire mit dem größten Selbstvertrauen über Kontinente, die er noch nie, elegant beschuht, betreten hatte und deren Sprachen und Kulturen er nicht kannte.

Es ist ein häufiger Fehler der Geschichtsschreibung, die moralischen Prinzipien vergangener Perioden nach den eigenen Kriterien zu verdammen. Voltaires Haltungen zeigen ihn als Kind seiner Epoche, aber fast zur selben Zeit, als er die Sklaverei verteidigte, schrieben Guillaume Raynal und Denis Diderot in der *Histoire des deux Indes* (1770) anonym als leidenschaftliche Gegner von Sklavenhandel und kolonialer Unterdrückung. Moralische Horizonte einer Epoche mögen allumspannend sein, aber sie sind nicht unbeweglich und es ist eben die Aufgabe der Philosophie, sie zu verstehen und auszuweiten.

Auch Voltaire konnte dezidiert humanistische, edle Töne anschlagen. Alle Menschen seien Brüder, schrieb er, Kinder desselben Gottes. Nur waren eben nicht alle Kinder ebenbürtig. Die Natur mochte sie gleich gemacht haben, die Gesellschaft aber machte sie ungleich: »Auf unserem armseligen Globus ist es unmöglich, dass Menschen, die in Gesellschaften leben, nicht in zwei Klassen geteilt sind: eine der Reichen, die kommandiert, und die andere der Armen, die dient.«

Auf seinem Landschloss fiel es Voltaire nicht schwer, sich mit dieser unabänderlichen Tatsache abzufinden, auch wenn die aufgeklärte Ethik gerade auf der Gleichheit aller Menschen aufbaute. Diese schönen Ideen waren letztlich nichts als erbauliche Kalendersprüche:

> Jeder Mensch hat im Grunde seines Herzens das Recht, sich allen anderen gleich zu dünken. Folgt daraus, dass der Koch eines Kardinals seinem Herrn befehlen darf, ihn auch zu bedienen? Der Koch kann sagen: »Ich bin ein Mensch, genau wie mein Herr.« Als ich geboren wurde, schrie ich, wie er. Er wird sterben wie ich, in den gleichen Qualen, mit denselben Zeremonien. Wir verrichten beide unsere animalischen Bedürfnisse. Wenn mal die Türken nach Rom kommen, werde ich Kardinal und er wird mein Koch: er wird mir das Mittagessen bereiten!

Hier aber bremst Voltaire seinen egalitären Furor entschieden ein: »Diese Rede ist richtig und vernünftig. Aber bis der Großtürke kommt und Rom einnimmt, muss der Koch kochen: oder die menschliche Gesellschaft ist verdreht.«[114]

Voltaire war alles andere als ein Revolutionär. Soziale Probleme und Ungerechtigkeit entstanden ihm zufolge aus Tyrannei und Aberglaube, also Exzessen an aristokratischer Macht und religiösem Fanatismus, nicht aus der Herrschaft des Adels und der Kirche selbst, die er für richtig und notwendig hielt. Als Gebildeter musste er an die Märchen der Kirche nicht glauben, aber er wollte, dass das einfache Volk es auch weiterhin tat: »Das Christentum ist sicherlich die lächerlichste, absurdeste und blutigste Religion, die jemals die Welt infiziert hat«, schrieb er an Friedrich den Großen, und fügte hinzu: »Ich sage das nicht zum Gesindel, das es nicht wert ist, aufgeklärt zu werden, und dem jedes Joch passt, ich sage es unter Ehrenmännern, unter Männern, die nachdenken.«

Das gemeine Volk, so Voltaire, sei einfach moralisch zu schwach und zu dumm, um ohne Religion zu leben: »Der Mensch braucht immer eine Bindung und auch wenn es lächerlich ist, Faunen, Waldgöttern und Najaden zu opfern, ist es doch vernünftiger, diese fantastischen Bilder anzubeten, als in den Atheismus abzusinken.« *Écrasez l'infâme*? Später vielleicht.

Unaufgelöste Widersprüche und bequeme Kompromisse wie diese machten Voltaire schon zu Lebzeiten als Denker nicht weniger interessant, im Gegenteil. Sie machten ihn zum Star einer teilweise aufgeklärten, reformwilligen aber gleichzeitig ängstlich auf den eigenen Vorteil bedachten Gesellschaft und wie alle Stars schuf er seine Reputation durch ein untrügliches Gefühl für Skandal und Provokation – genug, um die Elite so weit zu spalten, dass ihr progressiver Flügel für ihn Partei ergriff, aber nicht so extrem, dass seine aristokratischen Freunde ihm ihre Gunst entzogen und sich ihr Geld anderswo geliehen hätten.

Den Atheismus mit seiner sozialen Sprengkraft hielt Voltaire für gefährlich und er bekämpfte ihn bei weitem nicht nur mit Argumenten. Seine Toleranz hatte nicht nur dann ihre Grenzen, wenn es um die Intoleranz Anderer ging. Aber ach, er konnte so hinreißend formulieren! »Was ist Toleranz? Sie gehört zur Menschheit. Wir sind alle durchsetzt von Schwächen und Irrtümern: Vergeben wir einander gegenseitig unsere Sottisen, das ist das erste Gesetz der Natur.« So weltklug und gelassen steht es im *Dictionnaire*, der dem jungen Chevalier zum Verhängnis wurde.

Voltaire war ein Intrigant, der immer wieder versuchte, potenzielle Konkurrenten in Paris abzusägen und seine Reputation zu schützen. Er war ein Rassist (bevor der Rassismus erfunden war), ein Apologet der Sklaverei und profitierte direkt und wissentlich von Sklavenarbeit. Er suchte die höfische Gesellschaft und war der Bankier und Vertraute von Adeligen, die Toleranz und Menschenrechte mit Füßen traten. Er war ein Snob und ein Zyniker, der argumentierte, man solle das Volk nicht bilden, sondern mit frommen Märchen und mit Staatsmacht in Schach halten. Er war auch ein großer Schriftsteller und ein wichtiger Anwalt eines liberalen Denkens.

Als junger Mann hatte Voltaire drei Jahre in England verbracht, nachdem er am Hof von Versailles einmal zu viel über einen Aristokraten gelästert und dessen Potenz in Frage gestellt hatte. Dieser erzwungene Aufenthalt war ein Schlüsselerlebnis für den Philosophen. Auch wenn die englische Küche ihn kalt ließ, war er tief beeindruckt von der herrschenden relativen Meinungsfreiheit, von der konstitutionellen Monarchie, von der Börse, die er als den eigentlichen Tempel des Landes beschrieb, von der oft durch Pessimismus gekennzeichneten Pragmatik der Engländer. Nur Wirtschaftswachstum konnte eine Gesellschaft offener, toleranter, liberaler und friedlicher machen, war er überzeugt. So konnte materielle Gier zum Motor des Wohlstands werden, der Markt funktionierte auch als soziales Korrektiv und belohnte die Tüchtigen. Kaufleute, nicht die Adeligen, waren die eigentlichen Helden der Gesellschaft.

Es ist nicht schwer, sich vorzustellen, wie solche Ansichten im absolutistischen und standesverliebten Frankreich gelesen wurden. Für heutige Leser allerdings ergibt sich eine bemerkenswerte Parallele zur neoliberalen Wirtschaftstheorie, die zwar an den Universitäten inzwischen aus der Mode gekommen, auf politischer und kultureller Ebene aber noch immer sehr stark spürbar ist. Wie sich die Bilder gleichen. Voltaire, der erste Neoliberale?

Die Ähnlichkeit ist kein Zufall, denn die Ideologie des freien Marktes ist ein Echo der rationalistischen, deistischen Aufklärung nach dem Zuschnitt Voltaires. Beide teilen Grundannahmen wie die Rationalität des Individuums, die individuelle Freiheit, die Toleranz des Marktplatzes, die selbstregulierende Kraft des rationalen Handelns und die meritokratische Elite, die politische und wirtschaftliche Geschicke ganzer Kontinente lenkt. Allerdings wird durch den Markt jeder dieser Werte ökonomisch interpretiert. Die Rationalität wird zur Rationalisierung, die Freiheit zur Deregulierung, die Elite zum Boardroom und Tugend zu wirtschaftlichem Erfolg – ein denaturiertes Spiegelbild der moderaten Aufklärung.

Voltaire hat diese Entwicklung nicht vorausgesehen und er würde die Banker von heute wohl heimlich verachten, was ihn allerdings nicht daran hindern würde, Geschäfte mit ihnen zu machen. Vielleicht würde er heute diskret in Waffengeschäfte investieren, solange die Produkte in obskuren Bürgerkriegen weit entfernt von Europa verschwänden.

Der berühmteste Exilant des 18. Jahrhunderts war auch dessen wichtigster liberaler Autor, wenn auch nicht der am meisten gelesene: Diese Ehre gebührt wohl Diderots Freund Thiry d'Holbach, dessen materialistisches *Système de la nature* sehr zu Voltaires Irritation allgegenwärtig war und allein im 18. Jahrhundert mehr als hunderttausendmal gedruckt wurde – allerdings anonym und deswegen nutzlos für die Reputation des Autors.

Als großer Stilist bleibt Voltaire immens zitierbar und sein Genie dafür, Dummheiten aufzuspießen, hat nichts von seiner Aktualität verloren. Seine Philosophie taugt aber nicht dazu, gegen die gesellschaftlichen Verwerfungen der Gegenwart anzudenken. Eine Toleranz, die nur die Toleranz des Marktplatzes ist, eine Aufklärung, die einer Elite vorbehalten bleibt, ein Freiheitsbegriff, der die Schwachen für ihr Los verantwortlich macht und eine Vernunft, die durch Aberglaube regiert, können weder im ideellen Kampf gegen religiöse Fundamentalismen noch für das Hinterfragen einer durchökonomisierten Gesellschaftsvision nützen.

Nach Voltaires Ansicht lohnte es sich nicht, nach der idealen Welt zu streben, nach dem El Dorado, das er in *Candide* beschrieben hatte, in dem alle Menschen zufrieden sind, in dem es keine Priester und keine Dogmen gibt und alle genug zu essen haben – das wird immer illusorisch bleiben. Schlimmer noch: Es wäre ihm langweilig dort. Erst Unterschiede machen das Leben interessant. Dem Einzelnen bleibt nur, wie Candide selbst und seinem Schöpfer, der von der stoischen Antike inspirierte Rückzug ins Privatleben, *cultiver son jardin*. Nicht als Kämpfer für die Freiheit, sondern als Kleingärtner werden wir glücklich – wenn wir denn ein Stück Land besitzen.

Ererbte Kompromisse

Wir sind nicht nur intellektuelle Erben der Aufklärung, sondern auch und besonders ihrer schmutzigen Kompromisse, denn wie jede andere kulturelle Äußerung unserer Zivilisation wurde auch die Philosophie nicht nur von Ideen, sondern auch von Interessen geformt und die waren auf der Seite der erstarkenden Macht der Mittelklasse, die ihre Ansprüche begründen, ihren Wohlstand aber gleichzeitig schützen musste. Das Beispiel Voltaires zeigt, wie leicht das möglich war.

Das paradoxe, doppelte Erbe des 17. Jahrhunderts – der Widerspruch zwischen Selbstinteresse und Selbstbild der Mittelklasse, der immer zu einem gewissen Maß an Heuchelei führt – ist ungebrochen. Wir sprechen über universelle Menschenrechte, aber unser Wirtschaftswachstum beruht noch stärker auf Ausbeutung von Menschen und natürlichen Ressourcen als das im Europa der Kleinen Eiszeit.

Wenn aber der Widerspruch derselbe ist, so ist doch der Kontext ein ganz anderer. Im 17. Jahrhundert wurde der Klimawandel noch nicht als globales Ereignis verstanden, und selbst wenn das der Fall gewesen wäre, so hatten die Gesellschaften Europas wohl kaum effektiver reagiert, denn die wissenschaftliche Methode war noch nicht allgemein anerkannt, die Machtverhältnisse zu lokalisiert und die etablierten politischen Einflüsse zu stark, um zu handeln.

Heute wissen wir, dass der uns bevorstehende Klimawandel seinen Ursprung in unserer industriellen Entwicklung hat und wir verstehen, dass wir seine noch nicht abschätzbaren Folgen zumindest weniger katastrophal machen könnten, wenn wir rasch und entschieden darauf reagieren würden. Wir sind die erste Generation der Menschheitsgeschichte, die eine relativ klare Konzeption davon hat, was ihr Erbe an die Zukunft sein wird.

Natürlich sind die wissenschaftlich erarbeiteten Szenarien nur Modelle, die auf vereinfachten Voraussetzungen und mathematischen Annäherungen beruhen, aber anders als die Menschen des 17. Jahrhunderts verstehen wir wichtige Mechanismen und unseren Einfluss auf sie. Eine Klimakonvention wie sie 2016 in Paris verabschiedet wurde, die erst fünf Jahre nach Aushandlung überhaupt in Kraft tritt und dann zweifellos gebrochen, manipuliert und von Ausnahmeregelungen durchlöchert wird, ist keine Antwort auf die Krise, sondern ein Zeichen dafür, wie schwach der Wille ist, die notwendigen radikalen Veränderungen einzuleiten, solange noch etwas Handlungsspielraum besteht, um sie wenigstens teilweise zu steuern.

Wir reagieren auf den Klimawandel kaum effizienter als unsere Vorfahren, die ihn nicht verstanden: chaotisch, improvisierend, getrieben von immer häufigeren katastrophalen Ereignissen und immer kontrolliert von dem absoluten Nahziel, dass unsere Wirtschaft wachsen muss, dass unser eigener Wohlstand erhalten bleiben muss. Wir sind uns dabei kaum bewusst, dass wir uns wie alle Organismen an unsere natürliche Umgebung anpassen müssen, insbesondere wenn in einigen Gebieten die Nahrungsmittelversorgung zusammenbricht, und dass im Zuge dieser Anpassung weitere Transformationen stattfinden werden, die in alle Bereiche unseres Lebens und Denkens hineinreichen, dass wir gut beraten wären, unser evolutionäres Privileg, die Fähigkeit zu planen, auf die uns bevorstehenden Umwälzungen anzuwenden.

Damals wie heute packt die Krise zuerst die wirtschaftlichen Voraussetzungen unserer Existenz. Im spätfeudalen Europa war es der Einbruch der Getreideernten. Heute stößt die Ausbeutung natürlicher Ressourcen an ihre Grenzen oder hat diese längst überschritten. Die ökologischen Kosten und Risiken der Produktion und Förderung von fossiler Energie und Rohstoffen steigen exponenziell, die Opfer der Erderwärmung sind gezwungen, die Regionen ihrer Herkunft zu verlassen. Wir laufen konkret Gefahr, den Planeten so zu verändern, dass wir und andere Arten nicht mehr darauf leben können. Wachstum durch Ausbeutung, die Antwort auf die letzte Klimakrise unserer Gesellschaften, ist zur existenziellen Bedrohung geworden.

Dies ist nicht der Ort, Alternativen zu einer Wachstumsökonomie zu erörtern, andere, kundigere Autoren wie Amartya Sen oder Robert Reich haben das schon getan. Es ist aber offensichtlich, dass ein rein wachstumsorientiertes Modell der Wirtschaft, das letztendlich noch immer Handel als Machtentfaltung, als Krieg mit anderen Mitteln begreift, nicht aus moralischen, sondern aus rein pragmatischen Gründen zunehmend weniger zu verwirklichen sein wird und gleichzeitig immer häufiger irreparable Schäden verursacht. International wird das Wachstumsgebot auch (wie schon im 17. Jahrhundert und noch einmal vor dem Ersten Weltkrieg) zu Konflikten um Märkte führen. Wenn die Befriedigung von Grundbedürfnissen und danach von künstlichen Bedürfnissen im eigenen Markt abgeschlossen ist, müssen Märkte neue Territorien erschließen, um weiter wachsen zu können, und sie kommen dabei zwangsläufig in Konflikt mit anderen, die dasselbe versuchen.

Umfang und Wucht dieser Krise werden so lange anwachsen, bis uns der Leidensdruck unserer kollektiven Erfahrung zum Umdenken zwingt und es ist anzunehmen, dass sehr viele Menschen im Zuge ihrer Entwicklung leiden werden, aber wie die Menschen während der Kleinen Eiszeit werden auch wir unsere ökonomischen, politischen und kulturellen Praktiken und Metaphern neu erfinden müssen.

Die früheren Zeitzeugen des Klimawandels schreiben fast durchgehend aus einer religiösen Weltsicht. Katastrophales Wetter war eine Strafe Gottes, die Natur ein moralisches Universum in dessen Zentrum die Christenheit steht. Die angemessenen Antworten auf Frühlingshagel oder ausbleibenden Regen waren deswegen Fasten, Beten, die Teilnahme an einer Prozession, oder das Verbrennen von Hexen.

Im Laufe des 17. Jahrhunderts änderte sich dieser Zugang – auch weil das moralisch-religiöse Modell so offensichtlich keine positiven Resultate erbrachte. Eine Generation von intellektuellen Pionieren begann, die Natur von der Schöpfung abzukoppeln und sie, wie Clusius, als Objekt in sich selbst zu untersuchen und ihre Gesetze zu erforschen. Dabei lösten sie auch den Zusammenhang zwischen Moral und Glaube. Wenn Bayle schrieb, dass eine Republik von Atheisten in keiner Weise weniger moralisch sein würde als ein religiöser Staat, erschütterte er damit das Fundament der europäischen Ordnung.

So entstanden neue Metaphern, in denen das 17. Jahrhundert träumte. Jede Gesellschaft braucht ihre Transzendenz, ihren Zielpunkt, der außerhalb ihrer selbst liegt. Für Baruch de Spinoza lag diese Transzendenz in der Natur selbst, in einem Leben nach ihren moralischen Gesetzen, die jedes Leben gleich wertvoll machten. Für Politiker wie Sully und Locke lag sie in der nationalen Größe, die nach rationalen Prinzipien gefördert wurde. Für Mandeville schließlich lag sie jenseits aller Moralvorstellungen im Überleben der Stärksten und der geschicktesten Gauner.

Große Träume

Die Transzendenz einer Gesellschaft, die sich nicht mehr in einer Religion begründet, ist bestenfalls eine Strickleiter ins Jenseits. Man weiß nicht, was einen erwartet, es ist nicht ungefährlich, sie zu benutzen, denn es wird immer von verschiedenen Seiten an ihr gezerrt. Nach dem Verlust einer impliziten religiösen Ordnung (ein Verlust, der sich in der Leidenschaft niederschlägt, die Herrscher und ihre Porträtisten während des Barocks für Allegorien an den Tag legten) haben Gesellschaften mit verschiedenen neuen Arten von Transzendenz experimentiert: das Vaterland, der Fortschritt, der Weltgeist, die Vorsehung, das Paradies der Bauern und Arbeiter, der Triumph der Herrenrasse, der perfekte Markt. Sie alle haben gemein, dass sie nicht Tatsachen, sondern Glaubensinhalte beschreiben, ein Ordnungsprinzip, das die Welt lesbar macht und Handlungen einen Sinn geben kann.

Trotz unserer reichen und häufig auch traumatischen Erfahrung und obwohl wir so viele Visionen haben kollabieren sehen, sind wir wenig über die Träume des 17. Jahrhunderts hinausgekommen: Die Freiheit universeller Menschenrechte, die Freiheit von Völkern und Nationen und die Freiheit des Marktes treiben die politischen Träume unserer Gegenwart an, wie von Spinoza und Pierre Bayle, Thomas Mun und Bernard Mandeville beschrieben.

Wie während der Kleinen Eiszeit die Metaphern der Gesellschaft häufig den natürlichen Notwendigkeiten oder Katastrophen nicht gerecht wurden, so ist auch jetzt wichtig, welchen Metaphern wir folgen, wohin nicht nur die Umstände uns drängen, sondern wohin unsere mentale Landkarte uns führt.

Der Traum von den universellen Menschenrechten hat auch durch die Kompromisse der Aufklärer im 18. Jahrhundert schon viele Formen angenommen. Spinozas absolut ethische Forderung nach Gerechtigkeit und Barmherzigkeit, Bayles pragmatische Toleranz, Diderots späte Radikalität oder Kants Weltbürgertum prägten einen Idealismus, der sich über die ganze Welt verbreitete. Er argumentierte, dass jeder Mensch aufgrund seiner Existenz Rechte und Freiheiten besitzt, die niemand beschneiden oder wegnehmen darf. In einer Welt, in der Unfreiheit die Norm war und die meisten Menschen entrechtet waren, identifizierte sich dieser Idealismus häufig mit revolutionären Zielen. Die beste Chance auf Freiheit des Individuums lag ihm zufolge in der Befreiung der Massen.

Dieser revolutionäre Idealismus führte auch in die kollektivistischen Katastrophen des 20. Jahrhunderts und so überrascht es nicht, dass sich nach dem Zweiten Weltkrieg eine andere Tradition des aufgeklärten Liberalismus durchsetzte: das wirtschaftsliberale Denken in der Nachfolge von Mandeville, das darauf aufbaut, Staaten und ihren guten Intentionen weniger und Märkten mehr Macht zu verleihen und das sich von Anfang an als intellektuelles Bollwerk gegen kollektivistische Ideologien und Diktaturen verstand.

Der Marktliberalismus ist sozusagen die intellektuelle Sparversion der Ideale der Aufklärung. Die ihm zugrunde liegende Meinungsverschiedenheit mit anderen liberalen Traditionen liegt in der alten Frage, wie Freiheit in einer Gesellschaft begriffen und geschützt wird. Hat jeder Mensch die gleiche Chance, seine Freiheit zu ergreifen und zu leben? Ist der Markt ein *level playing field*, auf dem jeder und jede durch Klugheit und harte Arbeit reüssieren kann? Dann erscheint es richtig, Fleiß zu belohnen und nicht Faulheit. Oder gibt dieses Spiel von Anfang an einigen wenigern Spielern aufgrund ihrer Herkunft, ihrer Bildung und ihrer Ressourcen die überwältigend besseren Chancen als vielen anderen? Dann ist das Recht auf Freiheit aller am besten zu schützen, indem die Chancen ausgeglichen werden.

Der Traum vom freien Markt sieht alle Teilnehmer an ökonomischen Prozessen als gleich frei an, als gleichermaßen fähig, die eigenen Interessen zu verfolgen und informierte Entscheidungen zu treffen. Er geht auch davon aus, dass diese Entscheidungen aus Eigeninteresse rationale Entscheidungen sind. Wie bei Mandeville setzen sich die findigsten und listigsten Bienen durch, leben in Luxus und schaffen durch ihre Eitelkeit und ihre Dekadenz Brot und Lohn für Tausende.

Die Idee einer rein ökonomisch definierten Freiheit des Menschen entstand zeitgleich mit der Idee seiner unbedingten, ethischen Freiheit. Nach dem Zusammenbrechen der großen, messianischen Ideologien des 20. Jahrhunderts war sie ideal plaziert, um das Vakuum zu füllen, das durch die Implosion verschiedener Transzendenzentwürfe entstanden war.

»Der Markt« eignete sich perfekt, um Gott, den Weltgeist und den Fortschritt in unseren Köpfen zu ersetzen. Einerseits vermitteln Statistiken und Umsatzzahlen einen Eindruck von tatsachenbasierter, wissenschaftlicher Neutralität jenseits aller Ideologie. Andererseits ist der Markt undurchschaubar genug, um eine dramatische Inszenierung zu ermöglichen. Seine geheimnisvollen Launen müssen interpretiert werden, das zahlt die Gehälter einer Kaste von Propheten und Auguren, denen kein Klerus standhalten konnte. Wir sprechen über Märkte wie über ferne Götter, die verunsichert sein können, lethargisch oder überaktiv. Wir bringen Menschenopfer auf dem Altar des Wachstums. Wenn im 17. Jahrhundert das Wort umging, die Macht im Staate läge in Händen einer Verschwörung der Priester und Richter, so sind es heute die Ökonomen die unser Verlangen nach Transzendenz befriedigen. Was der Markt will, muss geschehen.

Schon 1944 warnte Karl Polanyi davor, die Gesellschaft als »Anhängsel des Marktes« zu betrachten. Inzwischen ist diese damals exzentrisch scheinende Idee längst Realität geworden. Dabei ist bemerkenswert, wie viel Theologie in diesem scheinbar wissenschaftlichen Modell des freien Marktes steckt. Vielleicht ist es unfair, den protestantischen Kirchengründer Jean Calvin in eine Debatte hineinzuziehen, die so lang nach seinem Tod entbrannt ist und von der er nichts wissen konnte, aber die Heroisierung von Reichtum und wirtschaftlichem Erfolg, die das vulgärste und am einfachsten lesbare Nebenprodukt unserer durchökonomisierten Gesellschaften ist, hat, wie oben ausgeführt, erstaunlich viel gemein mit Calvins Prädestinationslehre. Gott bestimmt frei, wem er seine Gnade gibt, und er schenkt ihm Wohlstand. Reichtum ist Tugend, Armut Laster, oder schlimmer noch, weil nicht heilbar: Armut ist die Abwesenheit der göttlichen Gnade. Der Herr hat sein Gesicht abgewendet von den Geringsten in der Gesellschaft. Diese Argumentation dürfte Jesus von Nazareth einigermaßen verblüfft haben, aber sie hatte eine mächtige historische Wirkung, die bis in unsere Zeit hineinreicht.

Auch in anderen Aspekten der Religion des freien Marktes lassen sich religöse Denkweisen erkennen – zuallererst in der Annahme, ein freier Markt würde aus seiner Eigendynamik heraus Freiheit schaffen und schützen. Schon der alte Marx hatte verstanden, dass unregulierte Märkte zur Monopolisierung tendieren. Am Ende bleibt nicht der Wettbewerb unter zahllosen Anbietern, die sich gegenseitig zu immer neuen Innovationen anspornen und die Preise niedrig halten, sondern die Wahl zwischen Microsoft und Apple.

Schon im 18. Jahrhundert hatte der schottische Moralphilosoph und Ökonom Adam Smith seine eigene argumentative Hilflosigkeit zugegeben, als er vermutete, eine »unsichtbare Hand« würde solche wirtschaftlichen Asymmetrien auf unbegreifliche Weise wieder richten. Die barocke Oper hatte für solche Zwecke den Deus ex Machina, der immer dann aus dem Nichts erschien, wenn eine ausweglose Situation durch höhere Macht aufgelöst werden musste.

Nicht nur Prädestinationslehre und göttliche Vorsehung stecken im Marktliberalismus: Die Annahme der Rationalität aller Teilnehmer am Markt ist ebenso unbeweisbar wie zutiefst religiös. Im 17. Jahrhundert tobte um diese Frage ein Kampf zwischen den Anhängern von Descartes und denen Spinozas: Sind wir essenziell Vernunftwesen, oder werden wir von unseren Leidenschaften getrieben und beherrscht? Der selbstregulierende Markt funktioniert nur unter der Annahme, dass Menschen letztlich nach ihrem rationalen, wirtschaftlichen Eigeninteresse handeln. Nicht Sex, Angst und Zugehörigkeit beherrschen ihm zufolge unsere Motivationen, sondern Karriereentscheidungen und Preisabwägungen.

Nach diesem Kriterium ist das Dümmste, was ein Marktteilnehmer jemals tun kann, Kinder zu bekommen. Sie machen ihre Eltern ärmer, weniger fähig, im Markt zu bestehen und Entscheidungen zu treffen, abhängiger und unflexibler. Vom wirtschaftlichen Standpunkt gesehen sind sie ein Desaster für die Eltern. Warum also bekommen Menschen noch immer freiwillig Kinder? Weil wir keine vorrangig rationalen Wesen sind – weil die wichtigsten Entscheidungen in unserem Leben oft wenig oder gar nichts mit wirtschaftlichen Vorteilen zu tun haben. Die Annahme, dass wir vorrangig rationale Organismen sind, mag ein Echo der Aufklärung sein – als Grundlage einer empirischen Theorie des menschlichen Zusammenlebens muss sie aber versagen.

Von der »Befreiung des Proletariats« in der Sowjetunion und in China bis zur Herrschaft des »freien Marktes« sind liberale Ideen wie Freiheit und Menschenrechte sehr unterschiedlich interpretiert, religiös aufgeladen und politisiert worden. Die Ideen der Aufklärung haben ihre Unschuld verloren. Sie sind Kompromisse eingegangen – vielleicht zu viele –, sind immer wieder verdreht und missbraucht worden. Aber trotzdem ist die Annahme der Gleichheit aller Menschen, die ihm zugrunde liegt, die wichtigste Revolution in unserem Denken über Individuen und Gesellschaften.

Ausgehend von der Erfahrung des Lebens mit Unterschiedlichkeit in den großen Handelsstädten stärkten die Aufklärer die Rechte der Individuen gegenüber denen des Kollektivs. Wir verdanken diesem historischen Moment und diesen Ideen unter anderem die Allgemeine Erklärung der Menschenrechte, die zwar täglich millionenfach gebrochen wird, die aber als normative Instanz einen universellen Anspruch an uns selbst darstellt. Es ist der Traum der Demokratie und der sozialen Gerechtigkeit, des Feminismus und der postkolonialen Befreiung, der Civil Rights und der Gleichheit aller. Es ist der schönste Traum, den die Menschheit je geträumt hat.

Ein schöner Traum – aber auch ein komplizierter, denn die Vision der Gleichheit aller Menschen verlangt unserer Fantasie einen ungeheuren Sprung ab: Radikale Aufklärer argumentierten, dass wir Teil der Natur sind, Tiere wie andere, wenn auch zumindest für uns selbst die interessantesten. Kein Gott nimmt Einfluss auf unser Leben, wir sind nicht Teil einer höheren Ordnung oder eines historischen Schicksals.

Andere Tiere kennen Solidarität (von Ausnahmen abgesehen) nur innerhalb eines Rudels und nach Vorgabe der sozialen Hierarchie. Ansonsten gibt es nur Jäger und Gejagte. Kein Tier außerhalb des Rudels hat das Recht, nicht gejagt zu werden, seine Jungen aufzuziehen, in Sicherheit zu leben, nicht zu verhungern. Denker wie Spinoza oder Vanini forderten, die Solidarität des Rudels auf die gesamte Spezies auszudehnen, allen Menschen dieselben Rechte und Freiheiten zu gewähren, die sonst nur Mitglieder der eigenen, unmittelbaren Gruppe hatten.

Diese Idee bleibt eine Herausforderung. Der liberale Traum hat den Anspruch, Menschen in eine Welt zu ziehen, die ein ganz neues Verständnis des Menschseins notwendig macht, er ermöglicht die Dynamisierung und die Durchlässigkeit von Gesellschaften und schafft Mobilität und Innovation. Gleichzeitig entwurzelt er die Menschen, in deren Leben er eingreift, ob sie das wünschen oder nicht.

Dynamische Gesellschaften bringen sozialen und technologischen Wandel, Migration, neue Moralvorstellungen und einen Abschied von ewigen Wahrheiten zugunsten von Experimenten, Hypothesen und endlosen Diskussionen. Die Freiheit des liberalen Traums beinhaltet die Forderung, sich selbst zu konstruieren. Dieser Traum erfasst ganze Gesellschaften und schleift sie mit sich oder treibt sie vor sich her, nichts wird morgen mehr so sein, wie es noch gestern war.

Dieser liberale Traum stellt sich immer wieder selbst in Frage, indem er dauernd neue Kulissen, neue Versprechen und neue Anforderungen schafft. So generiert er immer wieder neue Varianten seiner eigenen Geschichte, entzieht sich aber jeder Frage nach der Wahrheit. Seine politischen Entscheidungen und sozialen Praktiken entstehen aus Kompromiss, Missverständnis, Debatte und Unterhandlung. Sie sind per definitionem nie perfekt und immer verbesserungsbedürftig. Sie wandeln sich mit der Zeit. Die Wahrheit liegt außerhalb seiner praktischen Ambitionen.

Auch unter günstigen Umständen ist das Leben mit dauernder Veränderung und ohne die Hoffnung, unsere Sehnsucht nach Wahrheit befriedigen zu können, eine intellektuelle und persönliche Zumutung. Die Umstände aber sind nur selten und für wenige Glückliche günstig und wenn die Freiheit der Aufklärer als rein ökonomische Freiheit ausgelegt wird, als ein selbstregulierender Markt, dann fordert der liberale Traum Menschenopfer.

Die Konkurrenz auf dem Marktplatz der Träume

Diese Ambivalenz des liberalen Traums, seine Tendenz, Menschen zu entwurzeln, ist der zentrale Kritikpunkt einer konkurrierenden Weltsicht, die sich gegen die Forderungen der Aufklärung richtet. Ihre Argumente finden sich bereits in den Anklageschriften gegen Giordano Bruno und Vanini, in den Verurteilungen von Spinoza und in den Briefen, die der glühende Patriot und koloniale Massenmörder Jan Pieterszoon Coen nach Hause schrieb.

Der Traum der Aufklärungskritiker geht davon aus, dass die Aufklärung ein Irrtum war, dass individuelle Rechte und Freiheiten hinter denen der Gruppe und ihrer Anführer zurückstehen müssen, dass jede Gruppe, jede Kultur, jede Religion oder jedes Volk sein eigenes unwandelbares Wesen, sein eigenes historisches Schicksal hat. So wie in der Rhetorik des liberalen Traums die Natur eine Metapher für die Befreiung und Ermächtigung des Individuums wird, so wird sie in den Argumenten dieses Traums zur Metapher der Ungleichheit zwischen Ethnien und Religionen, Männern und Frauen, Gläubigen und Ungläubigen, Schwulen und Heteros. Sie sind nicht gleich viel wert, sagt dieser Traum, so will es die Natur, so will es Gott.

Nennen wir diesen Traum den autoritären Traum, weil er in Kollektiven denkt und sich nach starken Führern sehnt, weil er die freie Meinungsäußerung erschwert oder verfolgt und die Öffentlichkeit und ihre Diskussionen monopolisiert und der Zensur unterwirft und weil er jedes Zeichen von Andersartigkeit, Fremdartigkeit missachtet und bekämpft. Den Zerrissenen bietet er eine nostalgische Version der eigenen Geschichte, den Entwurzelten eine Heimat in den Tiefen der kulturellen Identität, den Ängstlichen einfache Antworten und konkrete Feinde, und denen, die sich darum sorgen zu behalten, was sie haben, bietet er eine Vergoldung ihrer Interessen im Namen der eigenen Kultur.

Auch dieser Traum kann unterschiedlich artikuliert werden und verbindet religiöse und säkulare Bewegungen, islamistische Terroristen, evangelikale Fernsehprediger, nationalkonservative Politiker und Straßenmobs. Er kann zur Ideologie fanatisierter Dschihadis werden. Er kann Hindu-Nationalisten in Asien motivieren oder Prediger und Präsidentschaftskandidaten in den USA und Politiker in Russland. Er kann ganze Gesellschaften ergreifen und sich wie ein Riss mitten hindurchziehen. Er spricht gerne (wenn auch nicht immer) von Gott und historischer Größe. Er benutzt »Kultur« implizit so, wie man vor drei Generationen »Rasse« benutzte: Wir sind anders als die – und besser. Deswegen müssen wir uns vor ihnen schützen, zur Not auch mit Gewalt, denn schließlich sind sie es, die Gewalt und Verbrechen in unsere friedliche Gesellschaft einschleppen wollen. Wir verteidigen uns nur. Das ist schließlich unser Recht. Da, endlich, bedient sich auch der autoritäre Traum der Sprache der Aufklärung.

Die beiden großen politischen Metaphern der Gegenwart, ihre beiden Träume, wurden schon im 17. Jahrhundert öffentlich diskutiert und ihre Konfrontation dauert an, von parlamentarischen Debatten bis hin zu den Schlachtfeldern im Nahen Osten und in Afrika und zu Attentaten in weit entfernten Städten.

Das kollektive Jenseits

Während vieler Jahre des Wachstums und der Marktanpassung unserer sozialen und intellektuellen Welt sah es so aus, als habe der liberale Traum endgültig den historischen Sieg errungen. Die ganze Welt würde sich zu einem gigantischen Netzwerk liberaler Demokratien mit freien Märkten entwickeln. Dieser Erwartung lag auch die Überzeugung zugrunde, dass die Rechte und Freiheiten der Aufklärung allen anderen Gesellschaftsentwürfen überlegen sind, was jeder vorurteilslose Mensch nach eingehender Prüfung zugeben muss. Menschenrechte sind universell, früher oder später wird jede Gesellschaft sie wollen.

Es ist nicht so gekommen. Für einen Großteil der Erdbevölkerung war die Präsenz des Westens nicht nur mit der Rhetorik der Menschenrechte, sondern mit Unterdrückung und Versklavung verbunden, die – siehe Voltaire – blendend miteinander zu vereinbaren waren. Der universelle Anspruch der Aufklärung wurde von postkolonialen und häufig nationalistischen Denkern als Teil der intellektuellen Enteignung ihrer Kultur abgelehnt. Heute weist nichts darauf hin, dass sich weltweit eine weitere Entwicklung zu Demokratie und Menschenrechten vollziehen wird, im Gegenteil. Ursprünglich säkulare Denker und Staaten ergeben sich der Majestät der Religion, ehemals liberale Länder entdecken den unwiderstehlichen Charme der autoritären Demokratie, in der zwar noch gewählt wird, aber keine wirkliche Opposition zur Wahl antritt, weil sie bestochen, eingeschüchtert, schikaniert oder eingesperrt ist. Die Demokratie als einzige Staatsform entwickelter Länder ist auch in Europa längst keine Selbstverständlichkeit mehr.

Das Wirtschaftswachstum und der soziale Fortschritt in autoritär regierten Ländern wie China, die die Idee von Menschenrechten als westliche und nur dem Westen angemessene Lebensform ablehnen, sind atemberaubend. Es geht auch anders. Abgepolstert von einer ausreichend dicken Isolierschicht aus Unterhaltungselektronik würden inzwischen auch viele Bewohner westlicher Länder einer autoritären Regierung mit klaren Antworten, einem starken Wohlstandsversprechen und demonstrativem Nationalstolz wieder einiges abgewinnen können.

Mit Blick auf das 17. Jahrhundert haben wir die Aufklärung auch als Instrument eines sozialen Konflikts analysiert, als eine Speerspitze von Ideen, die eine aufsteigende Mittelschicht direkt ins Herz der aristokratischen Macht rammte. Zumindest in Ansätzen lassen sich auch die beiden Träume des 21. Jahrhunderts so verorten. Der liberale Traum ist noch immer die kollektive Projektionsfläche einer inzwischen globalen, mehr oder minder westlich orientierten und urbanen Mittelschicht, die ihr Interesse an politischer Partizipation, persönlicher Sicherheit, kultureller Selbstbestimmung und wirtschaftlichem Erfolg mit dem Vokabular der Aufklärung argumentiert und die bestenfalls Gesten in Richtung einer globalen Solidarität macht, so lange sie mit den eigenen wirtschaftlichen und politischen Interessen übereinstimmt oder für sie instrumentalisiert werden kann. Gleichzeitig ist es auch noch immer der Traum von zahllosen Entrechteten von Südamerika bis Asien, die nicht das Glück haben, in Demokratien zu leben, in denen ihre Stimmen gehört werden, und die auf Freiheit hoffen.

Der autoritäre Traum versammelt ein breiteres Spektrum von Menschen, das sich am ehesten durch seine Rhetorik der Ausgrenzung anderer fassen lässt. Hier sind die Enttäuschten und Überrollten, die Entwurzelten und die, die schon etwas verloren haben – in der wohlhabenden Welt aber auch besonders die, die fürchten, etwas zu verlieren. Sie gehören selbst nicht zur Elite und sie misstrauen Eliten und politischen Prozessen, der Demokratie, den Medien. Sie sehen sich als Opfer einer Verschwörung, als Gedemütigte. Nur in der Ausgrenzung bestimmter Gruppen gewinnt die eigene Weltsicht Schärfe. Als Reaktion auf eine gefühlte Bedrohung braucht sie vor allem einen Feind.

Auch hier kommen, wie in der kulturellen Wende des 17. Jahrhunderts, wie für Aufklärer und die heutigen Kosmopoliten, die liberale Ideen verteidigen, starke gesellschaftliche Faktoren zum Tragen. Mit dem Zusammenbruch der Schwerindustrie verloren in vielen westlich orientierten Ländern auch die Gewerkschaften an Einfluss, sozialdemokratische Parteien sahen sich nicht als Vertreter eines neuen Service-Präkariats, sondern als Repräsentanten der urbanen Mittelklasse. Tatsächlich wurde eine ganze Schicht unserer Gesellschaften so über lange Zeit alleingelassen.

Die Entwicklungen der kommenden Jahrzehnte und die sie begleitende politische Instabilität werden mehr Menschen für das Raunen des autoritären Traums empfänglich machen. Der Transformationsdruck auf unsere Gesellschaften wird durch Klimawandel und Automatisierung erhöht, aber eine wirklich transformative Politik wird weder angeboten, noch von den Wählern gefordert. Ihr Ziel ist der Erhalt des Status quo. Der Konflikt zwischen dem liberalen Traum und seinem autoritären Gegenbild wird in Zukunft intensiver, grundsätzlicher und schärfer ausgefochten, die Gleichheit und Freiheit aller Menschen werden zunehmend hinterfragt und angegriffen.

Was auf dem Spiel steht

Dieser Konflikt zwischen zwei Träumen hat das Potenzial, unsere Gesellschaften zutiefst zu erschüttern und das demokratische Modell der Nachkriegszeit zu beenden. Wer in einer westlichen Gesellschaft aufgewachsen ist, empfindet persönliche Freiheits- und Menschenrechte und demokratische Entscheidungsprozesse als Grundlage der eigenen Identität. So selbstverständlich scheinen sie uns, dass wir uns unsere Gesellschaften ohne sie gar nicht vorstellen können. Um so wichtiger ist es, dass wir verstehen, wie historisch und sozial kontingent und wie verwundbar diese Ideale sind. Viel mehr als unsere gelebte Realität sind sie noch immer ein Traum, den viele Menschen teilen, die Geschichte, die unsere Gesellschaft sich erzählt, unsere besondere Form von Transzendenz.

Der französisch-amerikanische Anthropologe Scott Atran schreibt:

> Die »offensichtlichen« Aspekte der »menschlichen Natur«, mit denen uns der Schöpfer ausgestattet haben soll – einschließlich »unentäußerlichen Rechten von Leben, Freiheit und dem Nachjagen des Glücks« –, sind alles außer von vornherein gegeben und natürlich im Leben unserer Spezies. Kannibalismus, Kindsmord, Sklaverei, Rassismus und die Unterdrückung von Frauen sind im Laufe der Geschichte immens mehr verbreitet als »Menschenrechte«. Es war nicht

> unausweichlich oder sogar rational erwartbar, dass Konzeptionen von Freiheit und Gleichheit entstehen würden, ganz zu schweigen davon, dass sie sich durchsetzen könnten.[115]

Es war damals nicht unvermeidlich, dass sie sich behaupten würden, und es ist heute wieder ebenso unsicher.

Freiheit und Menschenrechte, offene Gesellschaften und demokratische Prinzipien sind genauso fiktiv wie jede Religion, aber sie sind jüngeren Datums und weniger stark in unserer Kultur verankert. In vielen westlichen Ländern existiert die Demokratie mit allgemeinem Wahlrecht erst seit dem Zweiten Weltkrieg. Demokratien sind die historische Ausnahme, nicht das Ziel der Geschichte.

Historisch gesehen sind Demokratien entbehrlich. Konsumwünsche und Sicherheitsbedürfnisse der Menschen können von anderen Systemen vielleicht verlässlicher befriedigt werden, und sogar erfolgreiche Demokratien missachten demokratische Grundprinzipien, wann immer es die politische Nützlichkeit oder die Imperative der Marktwirtschaft verlangen. Internationale Handelsabkommen legen ungeheure Macht in die Hände ungewählter Experten, die hinter verschlossenen Türen über Handelsabkommen, Umweltpolitik und Finanzmärkte beraten und Beschlüsse fassen.

Dennoch sind diese aufklärerischen Ideale entscheidend für ein Weiterbestehen von liberalen, demokratischen Gesellschaften. Sie machen die Geschichte aus, die wir uns über uns selbst erzählen und sie werden sterben, wenn sie in Vergessenheit geraten, wenn man (oder Frau) nicht mehr über sie spricht, sie verteidigt, sie prüft und neu interpretiert. Das kann passieren, wenn sie uns mit Gewalt weggenommen oder mit Schweigen bedeckt werden. Vielleicht werden sie aber auch à la Voltaire einfach so lange ausgehöhlt, bis sie keiner Belastung mehr standhalten. Wie es unserem musealen Zeitalter angemessen ist, werden lediglich ihre ehrwürdigen Fassaden aufwendig erhalten, hinter denen längst ein Shoppingcenter entstanden ist.

Seit es methodisches Denken gibt, haben liberale und autoritäre Ideen miteinander konkurriert. Die antiken Stadtstaaten ausgenommen, wurde diese Debatte aber nur von Gelehrten geführt, auf Latein, hinter verschlossenen Bibliothekstüren. Die große Transformation des langen

17. Jahrhunderts, die ihren Ursprung in der landwirtschaftlichen Katastrophe der Kleinen Eiszeit hatte, brachte diese Debatte an eine wachsende, ideenhungrige Öffentlichkeit und verankerte sie in der politischen Kultur des Westens.

Die politischen Metaphern, die aus diesen Ideen wachsen, nenne ich Träume, weil sie reine Fiktionen sind, Geschöpfe unserer blühenden Fantasie, die zwar keine Entsprechung in der empirischen Wirklichkeit haben, als leitende Ideale und als kulturelle Intuition aber Wirklichkeit schaffen.

Der kulturelle Essenzialismus, auf dem der autoritäre Traum basiert, ist ein romantisches Konstrukt. Allein schon die in diesem Buch beschriebenen ungeheuren Erschütterungen europäischer Gemeinschaften, Traditionen, Lebensweisen, Essgewohnheiten, Glaubensinhalte und Weltsichten zeigen, wie wenig stabil eine solche kulturelle Essenz in der historischen Realität war. Zudem verstärken Jahrhunderte von Migrationsgeschichte die dauernde Wandlung von Gesellschaften und Denkweisen.

Trotzdem behauptet sich die Idee, von der Geschichte erwählt zu sein, gerade weil sie nicht durch Argumente, sondern durch Emotionen kommuniziert. Sie spricht zur Sehnsucht nach Transzendenz in einer trivialen und kommerzialisierten Welt. Sie erreicht besonders diejenigen, die sich gedemütigt und ausgeschlossen fühlen. Sie schafft einen Traum, der es den Träumenden erlaubt, die Kluft zu überbrücken, die seinen gefühlten Selbstwert von seiner Alltagserfahrung trennt und gleichzeitig bestimmte Gruppen für die erfahrenen Nachteile verantwortlich macht. Es ist ein Traum, der Sicherheit geben und Leben erträglich machen oder sogar transformieren kann.

Auch der liberale Traum nährt sich aus solchen Hirngespinsten. Natürlich sind Menschen nicht »von Natur aus« frei und gleich. Nachdem die Menschheit viele Jahrtausende ohne sie ausgekommen war, wurden diese Ideen im 17. Jahrhundert zum Argument in einer sozialen Auseinandersetzung um politische Macht und sie wurden dadurch Teil der liberalen, politischen Kultur, die aus dieser Auseinandersetzung entstand. Keine eherne historische Notwendigkeit diktierte diese Entwicklung. Europa hätte sich genauso in eine andere Richtung entwickeln können und hätte sich wohl wesentlich langsamer von seinen feudalen

Strukturen verabschiedet, hätte die Klimaveränderung nicht zusätzlichen Druck auf sie ausgeübt.

Der liberale Traum repräsentiert nicht den Fortschritt, die Wahrheit oder das Gesetz der Geschichte. Er ist ein Narrativ mit konkreten historischen Wurzeln, ein Narrativ, das sich, so kann man argumentieren, als human und nützlich erwiesen hat. Die historische Analyse seines Entstehens aber bleibt ambivalent: Nur Gesellschaften, die wirtschaftlich prosperierten und politisch stabil waren, konnten die Ideale des liberalen Traums durch Institutionen stützen, seine Rechte und Freiheiten einklagbar machen. An diesem Wohlstand aber klebt, wie an Voltaires Säcken mit Rohrzucker, auch das Blut von Sklaverei und kolonialer Unterdrückung.

Hinter der Idee, der liberale Traum sei human, verbirgt sich ein bestimmtes Menschenbild, ein Glaubenssatz, der versucht, den Menschen zugleich individuell und universell zu denken und der dem menschlichen Leben gerade wegen seiner Kontingenz und Verwundbarkeit einen unveräußerlichen Wert zuspricht – eine Hoffnung und ein Versprechen, das immer wieder eingelöst werden muss, um nicht zu verdorren.

Auch den vorsichtigsten Prognosen zufolge, die einen globalen Temperaturanstieg um zwei Grad Celsius voraussagen, steuern unsere Gesellschaften auf unabsehbare Transformationen zu. Die Soziologin Saskia Sassen beschreibt Aspekte dieser weltweiten Veränderung, die, wenn auch mit veränderten Temperaturvorzeichen, stark an Konflikte wie die Enclosures-Debatte und die Landflucht während der Kleinen Eiszeit erinnern:

> Eine wichtige Erklärung für diese Wanderungsbewegungen ist extreme Gewalt. Jugendliche aus Zentralamerika erzählen, dass sie vor allem vor der Gewalt in den Städten, vor Gangs, aber auch vor der Polizei geflohen seien. Eine andere Ursache sind 30 Jahre internationale Entwicklungspolitik, die viel totes Land hinterlassen haben. Die Plantagenwirtschaft, der Landraub, die Minen – all das hat Millionen Menschen aus ihrem Lebensumfeld vertrieben. Sie werden aber kaum wahrgenommen, weil sie als Flüchtlinge nicht offiziell anerkannt sind. Ganze Landstriche sind inzwischen unbewohnbar. Der Klima-

wandel hat einen steigenden Meeresspiegel und Versteppung zur Folge und reduziert die Flächen weiter. In die großen Slums der Städte zu ziehen, ist für die Betroffenen die einzige Option. Oder, wenn sie es sich leisten können, die Migration.[116]

Alles wird anders. Die Migrationsbewegungen, Verteilungskämpfe, Kriege und Konfrontationen der kommenden Jahrzehnte werden unsere Gesellschaften erschüttern und transformieren. Dieser Konflikt wird aber nur zu einem kleinen Teil mit Waffen ausgetragen. Er entsteht aus der Rivalität zweier Träume, die von unterschiedlichen Interessengruppen getragen werden.

Der liberale Traum, den einige Denker des 17. Jahrhunderts zu träumen wagten, ist noch keine vierhundert Jahre alt und ist erst seit drei Generationen zumindest der offiziellen Rhetorik nach Grundlage der internationalen Politik. Drei Jahrhunderte Debatten, Revolutionen und Verfolgung waren nötig, um Menschenrechte und offene Gesellschaften zu politischen Realitäten werden zu lassen. Es kann viel, viel schneller gehen, sie wieder zu zerstören.

Neben der realen politischen Bedrohung durch autoritäre Ideen enthält der liberale Traum aber auch eine eigene, innere Bedrohung. Der soziale Sieg des liberalen Traums und sein Enthusiasmus für Innovation, Forschung, Expansion und Fortschritt sind verquickt mit dem Modell von Wirtschaftswachstum und Ausbeutung, das ebenfalls aus dem 17. Jahrhundert stammt, damals den Grundstein zu Europas globaler Dominanz legte, inzwischen aber zu einer existenziellen ökologischen und sozialen Bedrohung geführt hat. Wenn die Freiheit des Individuums als die Freiheit interpretiert wird, alles zu tun, was profitabel ist, dann wird sich in einigen Jahrzehnten oder Jahrhunderten niemand mehr um das Wohlergehen des liberalen Traums sorgen müssen – die Überlebenden werden andere Probleme haben.

Der liberale Traum droht, an der Überhitzung seiner eigenen Hoffnungen zu ersticken. Um Ziele zu erreichen, setzte es auf Mandeville, auf Produktivität, Wachstum, Gier, Konsum. Wie in Zeiten des Merkantilismus geht es darum, internationale Märkte zu erschließen und durch Landkäufe und Subventionen effektiv zu kolonisieren, denn das Gesetz des Wachstums erfordert immer weiter steigende Absätze. So werden

Interessensphären geschaffen und verletzt und natürliche Ressourcen ausgebeutet. Der Welthandel ist längst ein Krieg mit anderen Mitteln.

In Mandevilles Bienenstock beginnt das Wachs zu schmelzen. Die Tierchen merken es, sind beunruhigt, fliegen schneller, schaffen mehr herbei, vermehren sich weiter, bauen neue Mauern, verteidigen sich gegen Eindringlinge, summen wütend umeinander herum. Das Schwirren von Abermillionen Flügeln erhitzt die Luft. Die Bienen wissen, dass all dies nicht von Dauer ist, aber sie wollen mehr, sie sind Bienen, sie können nicht anders. Bald wird der Bienenstock unbewohnbar sein und sie werden übereinander herfallen, ein ganzes Volk im nihilistischen Überlebenskampf. Der Imker kommt nicht, wenn sie auf ihn hoffen. Sie arbeiten an ihrem Untergang. Sie sind Bienen, sie können nicht anders.

Dank

Während ich diese Zeilen schreibe, sitze ich in einem Büro mit Blick auf den Pazifik, im Getty Research Institute, in Los Angeles. Die Zeit, die ich hier verbringen durfte, war nicht nur eine große Hilfe für die Arbeit an diesem Buch, sondern auch ein Privileg, eine Ehre, ein Vergnügen, für das ich dem Institut und seinem wunderbaren Personal herzlich danken möchte.

Dieses Buch entstand aus dem Versuch zu verstehen, was der Klimawandel für uns bedeuten wird und wie unsere Gesellschaften sich durch ihn verändern werden. Ich hätte wohl nicht den Mut gehabt, mich in ein solches Projekt zu stürzen, hätte nicht Sebastian Ritscher, mein Agent, mir immer wieder nachdrücklich zu verstehen gegeben, wie wichtig dieses Thema und eine historische Perspektive auf gegenwärtige Entwicklungen sein können. Tobias Heyl hat diese Idee von Anfang an energisch unterstützt und auch Jo Lendle war von Anfang an geradezu enthusiastisch begeistert.

Viele private Unterhaltungen und Erklärungsversuche haben dem Buch seine jetzige Gestalt gegeben, viele Freunde haben oft und geduldig zugehört und meinen gelegentlich etwas zügellosen Enthusiasmus durch kluge Fragen und Vorschläge geerdet. Paul Verhaeghe hat mich von Anfang an ermutigt, aber auch Thomas Angerer, Reinhold Baumstark, Toni Bodenstein, Philippe Buc, Thomas Gaehtgens, Jonathan Israel, Kenan Malik, Anthony Pagden, Christian Pfister, Philipp Roessler, Rainer Rosenberg und Alexa Sekyra haben mir großzügig geholfen. Ihnen allen möchte ich herzlich danken.

Veronica Buckley, meine wunderbare Frau und Gefährtin, hat über diese Monate mehr über die Kleine Eiszeit und ihre Konsequenzen gehört, als auch der liebevollsten Person erträglich sein kann. Sie hat es nicht nur ertragen, sondern durch Vorschläge und Beobachtungen wesentlich verbessert. Thank you, my darling.

Anmerkungen

1 Wouter Jacobszoon: *Dagboek van broeder Wouter Jacobszoon (Gualtherus Jacobi Masius) prior van Stein*: Amsterdam 1572–1578 en Montfoort 1578–1579 (uitgave door I. H. van Eeghen), Groningen, 1959/1960, S. 4
2 Ebd., S. 17
3 Ebd., S. 75
4 Ebd., S. 183
5 Ebd., 280
6 Zitiert nach: Lehmann, Jahrhundertwenden, in: Jakubowski-Thiessen, S. 152
7 Ebd., S. 155, 157
8 *Predigt über Hunger- und Sterbejahre, von einem Diener am Wort*, 1571, fol. 47 v.
9 Siehe K. S. Douglas/H. H. Lamb/C. Loader, *A meteorological study of July to October 1588: the Spanish Armada storms*, School of Environmental Sciences, University of East Anglia, Norwich, 1978
10 Siehe: A. Fletcher/J. Stevenson, *Order and Disorder in Early Modern England*, S. 232; John Bohstedt, *The Politics of Provisions*, S. 27
11 Francis Bacon, »Of Vicissitude of Things«, in: ders., *Essays*, 1625.
12 Robert Knecht, *The French Religious Wars*, S. 91
13 Det Kongelige Bibliotek: *LA CIVDAD DE ARIQVIPA*, S. 1061 der Chronik
14 George Percy,»Observations gathered out of a discourse of the plantation of the southern colony in Virginia by the English, 1606«, in: *Jamestown Narratives: Eyewitness accounts of the Virginia Colony, The First Decade, 1607–1617*, hg. von Edward Wright Haile, Champlain, Va.: Roundhouse, 1998, S. 100
15 Heinrich Bullingers *Diarium (annales vitae) der Jahre 1504–1574*, Basel, 1904, S. 104.
16 Das Buch Weinsberg, S. 31
17 Valerie Daux, Inaki Garcia de Cortazar-Atauri et al., »An Open-Access

Database of Grape Harvest Dates for Climate Research: Data Description and Quality Assessment«, *Climate of the Past* 8 (577–588)

18 Niederösterreichisches Landesarchiv, Ständische Abteilung (NÖLA, S. A.), Landtagshandlungen ungebunden 1592–93, Landtag November 1593: Stellungnahme der Stadt Wien und der anderen mitleidenden Städte und Märkte zur kaiserlichen Landtagsposition. Zitiert nach: Landsteiner, »Wenig Brot und saurer Wein«, in: Behringer u. a., *Cultural Consequences*, S. 137

19 Zitiert nach: Landsteiner, S. 138

20 Miguel de Cervantes, übers. v. Ludwig Braunfels, *Der sinnreiche Junker Don Quijote von der Mancha* – Erstes Buch

21 Zitiert nach: Dietmar-Henning Voges, *Nördlingen seit der Reformation: aus dem Leben einer Stadt,* München, 1998, S. 64

22 Ebd., S. 65

23 Richard van Dülmen: »Die Dienerin des Bösen – zum Hexenbild in der frühen Neuzeit«, *Zeitschrift für historische Forschung,* 18. Band, 1991, S. 385–98

24 K. von Zittwitz, *Chronik der Stadt Aschersleben: Mit einem Grundriß der Stadt,* Carl Lorleberg, 1835, S. 159

25 Schaller, »Vom Ende der Welt«, zitiert nach: Thomas Kaufmann, *Konfession und Kultur,* S. 420

26 Christoph Schorer, *Memminger Chronik oder kurze Erzählung vieler denkwürdigen Sachen,* Bayrische Staatsbibliothek, S. 111 ff.

27 Johann Georg Sigwart, *Drey Predigten Von Dreyen Vnderschiedlichen Hauptplagen und Landstraffen,* Tübingen 1611, Vorrede

28 Lukrez, *Über die Natur der Dinge. Aus dem Lateinischen übersetzt von Hermann Diels,* Berlin, Aufbau, 1957, S. 29

29 Dee, John: *The Private Diary of Dr. John Dee,* S. 46 passim

30 Ebd., S. 56

31 Montaigne, »Über Kindererziehung«, in: ders., *Essais,* Erste Moderne Gesamtübersetzung von Hans Stilett, Frankfurt, Eichborn, 1998, S. 86

32 Montaigne, »Über Eitelkeit«, in: ebd., S. 476 f.

33 Montaigne, »Über den Brauch, Kleider zu tragen«, in: ebd., S. 120

34 Ebd., S. 121. Der Nachsatz ist nicht Teil von Stiletts Übersetzung und wurde nach einer anderen Ausgabe von Montaignes *Essais* vom Autor hinzugefügt.

35 Montaigne, »Über das Üben«, in: ebd., S. 187

36 Montaigne, »Über die Erfahrung«, in: ebd., S. 560

37 Montaigne, »Über die Menschenfresser«, in: ebd., S. 111

38 Michel de Montaigne, *Essais,* übers. von Charles Cotton. Hg. von William Carew Hazilitt. 1877

39 Brief von Clusius, Mai 1601, BnF, Ms. 699, f. 139, zitiert nach: Marie-Elisabeth Boutroue, Koninklijke Nederlandse Akademie van Wetenschappen, Amsterdam, in: *Carolus Clusius Towards a cultural history of a Renaissance naturalist*, hg. von Florike Egmond, Paul Hoftijzer, Robert P. W. Visser, Amsterdam, 2007
40 Høyer an Clusius, 9. April 1593
41 Thomas More, *Utopia*, übers. von I. E. Wessely. Leipzig 1896
42 Zitiert nach: Henry Kamen, *Early Modern European Society*, S. 154
43 Karl Polanyi, *The Great Transformation*, Übersetzt von Heinrich Jelinek, Wien, Europa Verlag 1977, S. 68
44 Ebd., S. 72
45 Ebd., S. 73
46 Ebd., S. 45
47 Ebd., S. 57 f.
48 Ebd., S. 89 f.
49 Ebd., S. 37
50 Zitiert nach: Parker, *Global Crisis*, S. 571
51 Edward Chamberlayne, *Angliae notitia: or, the present state of England: the first and second part. Together with divers reflections upon the antient state thereof*, London, 1676
52 Zitiert nach: Deursen, *Plain Lives*, S. 134
53 Ebd.
54 Wouter Jacobszoon, zitiert nach: Deursen, S. 141
55 Deursen, S. 142
56 Jean Nicolas de Parival, *Abrégé de l'histoire de ce siècle de fer*, Leiden 1654
57 Ebd., S. 4
58 »Von dem grossen und erschröklichen Erdbidem, so sich allhie ze Lucern, wie ouch in aller umbligender Landschafft, und in andern provinzen tütscher und welscher Nation wytt und breit erzeigt den 18 Septembris dess 1601 Jars«. *Der Geschichtsfreund: Mitteilungen des Historischen Vereins Zentralschweiz*, Band 3 (1846), Seiten 114 f.
59 Renward Cysat, »Collectanea«, zitiert nach: Pfister, *Klimageschichte der Schweiz 1525–1860*, Bd. II, S. 94
60 Albert Fischer, *Das deutsche evangelische Kirchenlied des 17. Jahrhunderts*, hg. von Wilhelm Tümpel, 6 Bde., Gütersloh, 1904–1916, Bd. III, Nr. 109, Vers 1
61 *Paul Gerhardts sämtliche Lieder*, Verlag und Druck von Johannes Herrmann, S. 906
62 Roger Boyle, zitiert nach: Parker, *Military Revolution*, S. 16
63 Marc Bloch, *Les caractères originaux de l'histoire rurale française*, Paris 1960, S. 107; siehe auch G. Bois, *Crise du Feodalisme*, Paris 1976

64 Zitiert nach: Parker, *Crisis*, S. 77
65 Thomas Mun, *England's Treasure by Forraign Trade, or, The Ballance of our Forraign Trade is The Rule of our Treasure*, London, 1664, S. 5
66 Ebd., S. 63
67 Ebd., S. 60
68 Ebd., S. 73
69 Erflaters, S. 280
70 Zitiert nach: Erflaters, S. 272
71 Braudel, *Civilization and Capitalism*, Bd. III, S. 31
72 Descartes, *Œuvres*, 1903, S. 466: Brief DLXXXIV; Soultrait, Bib. Bonna XVII, S. 94
73 Zitiert nach: *Leben und Schicksale, Geist und Character und Meynungen des Lucilio Vanini*. Von Wilhelm David Fuhrmann. Leipzig: Johann Gottfried Graffé 1800, S. 277 f.
74 Ebd.
75 Ebd., S. 307
76 Ebd. S. 314
77 Ebd. S. 316
78 Ebd., S. 319
79 Ebd., S. 322
80 Zitiert nach: Namer, *La vie et l'œuvre de J. C. Vanini*, S. 174
81 Marin Mersenne, *L'Impiété des Déistes*, Paris, 1624, S. 512
82 Hugo Grotius, *Annales et histoires des troubles du Pays-Bas*, Amsterdam, 1662, S. 368 f.
83 Zitiert nach: Howard Robinson, *The Great Comet of 1680: A Study in the History of Rationalism*, Northfield, Minn.: Northfield Press, 1916, S. 24 f.
84 Johann Bödiker, *Christlicher Bericht von Cometen*, Cölln an der Spree, 1681, S. 3
85 Robert Law, *Memorials, or the memorable things that fell out within this island of Britain*, o. O., 1818, S. 169
86 Christiaan Huygens, *Œuvres Complètes de Christiaan Huygens*, 22 Bde., Den Haag, 1888–1950, Bd. VII, S. 312, zitiert nach: Wiep van Bunge, Hans Bots, Hg., *Pierre Bayle, Le Philosophe de Rotterdam*, Leiden, 2008, S. 51
87 Pierre Bayle, *Verschiedene Gedanken über einen Kometen*, Edition Holzinger, Reprint, 2013, S. 29. Erstdruck: Rotterdam 1683. Der Text folgt der von Johann Christoph Gottsched herausgegebenen Übersetzung durch Johann Christoph Faber: Hamburg 1741.
88 Ebd., S. 35 f.
89 Ebd., S. 37

90 Ebd., S. 57
91 Ebd., S. 77
92 Ebd., S. 170
93 Ebd., S. 247
94 Ebd., S. 284
95 Ebd., S. 285
96 Ebd., S. 288 f.
97 Ebd., S. 344
98 Ebd., S. 365
99 Ebd., S. 368
100 Bayle, *Pensées diverses*, S. 45
101 Bayle, *Dictionnaire*, Bd. II, S. 259
102 Spinoza, *Tractatus theologico-politicus*, C 14, G III, S. 177
103 Ebd., 20, G III, S. 240
104 Zitiert nach: Israel, *Radical Enlightenment*, S. 161
105 Zitiert nach: Nadler, *A Book Forged in Hell*, S. xi
106 Zitiert nach: Graetz,»Spinoza and Schabbatai Zevi«, in: *History of the Jews*, 6 Bde., Bd. V, 1898, S. 139
107 John Evelyn: *Memoirs of John Evelyn* ... Comprinsing His Diary. From 1641 to 1705–06, and a Selection of His Familiar Letters, London 1827, S. 110, Übers. PB.
108 Locke, *Two Treatises on Government*, II, 2. 6.
109 Bernard Mandeville, *The Virgin Unmask'd*, London, 1709, S. 4
110 Bernard Mandeville, *Die Bienenfabel*, aus dem Englischen übersetzt von Otto Bobertag, Dorothea Bassenge und Friedrich Bassenge, Berlin: Aufbau-Verlag, 1957, S. 27
111 Ebd., S. 31
112 Ebd., S. 38
113 Denis Diderot/Jean d'Alembert, *Encyclopédie des arts et métiers*, Paris, 1765, Band 13, S. 4
114 Voltaire, *Dictionnaire philosophique portatif*, London, 1764, S. 174
115 Scott Atran: »Religion in America: Why Many Democrats and Europeans Don't Get It«, *Huffington Post*, 14.10.2008
116 Antje Lang-Lendorff, »Flüchtlingskrise. ›Wir sind auf diese Veränderungen nicht vorbereitet‹«, Interview mit Saskia Sassen, *Berliner Zeitung*, 20.4.2016

Bibliographie

Abel, Wilhelm: *Agrarkrisen und Agrarkonjunktur: e. Geschichte d. Land- u. Ernährungswirtschaft Mitteleuropas seit d. hohen Mittelalter.* 3., neubearb. u. erw. Aufl. Hamburg; Berlin: Parey 1978.

–. *Agricultural Fluctuations in Europe: From the Thirteenth to Twentieth Centuries.* Hoboken: Taylor and Francis 2013.

Acot, Pascal: *Histoire du climat.* Paris: Perrin 2003.

Allen, Don Cameron: *Doubt's Boundless Sea: Skepticism and Faith in the Renaissance.* Baltimore: Johns Hopkins Press 1964.

Allen, Robert C.: »Tracking the Agricultural Revolution in England«. *The Economic History Review* 52, Nr. 2 (1999), S. 209–35.

Ambrosoli, Mauro: *The Wild and the Sown: Botany and Agriculture in Western Europe, 1350–1850.* Cambridge: Cambridge University Press 1997.

Anderson, Abraham: *The Treatise of the Three Impostors.* Lanham, Md: Rowman & Littlefield Publishers 1997.

Anderson, M. S., Kay J. Anderson, Robert Anderson und M. S. Anderson: *War and Society in Europe of the Old Regime 1618–1789.* Montreal: McGill-Queens University Press 1998.

Barriendos, Mariano: »Climatic Variations in the Iberian Peninsula during the Late Maunder Minimum (AD 1675–1715): An Analysis of Data from Rogation Ceremonies«. *The Holocene* 7 (1997), S. 105–11.

Bartuschat, Wolfgang: *Baruch de Spinoza.* München: C. H. Beck 2006.

Bauer, Oswald: *Zeitungen vor der Zeitung: Die Fuggerzeitungen (1568–1605) und das frühmoderne Nachrichtensystem.* Berlin: Oldenbourg Verlag 2011.

Bayle, Pierre: *Dictionnaire historique et critique.* 2 Bde. Rotterdam: Renier Leer, 1697.

–. *Pensées diverses, écrites à un docteur de Sorbonne, à l'occasion de la comète qui parut au mois de décembre 1680.* Rotterdam: Leers, 1683–1694.

Beaud, Michel: *Histoire du capitalisme: 1500–2010.* 6. Aufl. Paris: Points 2010.

Beer, Barrett L.: *Rebellion and Riot: Popular Disorder in England During the Reign of Edward VI.* Kent, Oh.: Kent State University Press 2005.

Behringer, Wolfgang: *A Cultural History of Climate*. Cambridge, UK; Malden, MA: Polity Press 2009.

Behringer, Wolfgang, und J. C. Grayson: *Witchcraft Persecutions in Bavaria: Popular Magic, Religious Zealotry and Reason of State in Early Modern Europe*. Cambridge: Cambridge University Press 2003.

Behringer, Wolfgang, Hartmut Lehmann und Christian Pfister: *Cultural consequences of the »Little Ice Age«*. Göttingen: Vandenhoeck & Ruprecht 2005.

Beik, William: *Urban Protest in Seventeenth-Century France: The Culture of Retribution*. Cambridge: Cambridge University Press 1997.

Benedict, Philip, und Myron P. Gutmann: *Early Modern Europe: From Crisis to Stability*. Newark: University of Delaware Press 2005.

Benitez, Miquel: *Face Cachee des Lumieres: Recherches sur les Manuscrits Philosophiques Clandestins de l'Age Classique*. Paris; Oxford: Voltaire Foundation 1996.

Berman, David: *A History of Atheism in Britain: From Hobbes to Russell*. Reprint. London: Routledge 1990.

Bitton, Davis: *The French Nobility in Crisis, 1560–1640*. Stanford, Ca.: Stanford University Press 1969.

Blaak, Jeroen: *Literacy in Everyday Life: Reading and Writing in Early Modern Dutch Diaries*. Leiden: Brill 2009.

Black, Jeremy: *Beyond the Military Revolution: War in the Seventeenth-Century World*. Basingstoke: Palgrave Macmillan 2011.

–. *European Warfare, 1494–1660*. London: Routledge 2002.

–. *The Atlantic Slave Trade in World History*. London: Routledge 2015.

Bletschacher, Richard: *Die Lauten- und Geigenmacher des Füssener Landes*. Hofheim am Taunus: F. Hofmeister 1978.

Blom, Philipp: *Böse Philosophen: Ein Salon in Paris und das vergessene Erbe der Aufklärung*. München: Hanser 2011.

Boediker, Johann: *Christlicher Bericht von Cometen, als der große Comet 1680 und 1681 geleuchtet*. Cölln an der Spree: Georg Schultze 1681.

Bohanan, Donna: *Crown and Nobility in Early Modern France*. Basingstoke: Palgrave Macmillan 2001.

Bohstedt, John: *The Politics of Provisions: Food Riots, Moral Economy, and Market Transition in England, C. 1550–1850*. Farnham: Ashgate Publishing, Ltd. 2013.

Bois, Guy: *Crise du féodalisme*. Paris: Presses de Sciences Po 1976.

Boner, Patrick: *Change and Continuity in Early Modern Cosmology*. Dordecht: Springer Science & Business Media 2011.

Bowen, James: *A History of Western Education*. New York: St. Martin's Press 1981.

–. *A History of Western Education: Civilization of Europe, Sixth to Sixteenth Century. Bd. 2*. New York: St. Martin's Press 1975.

–. *A History of Western Education: The Ancient World: Orient and Mediterranean 2000 B. C.-A.* London: Routledge 2003.

Bradley, Raymond S., und Philip D. Jones: *Climate since A. D. 1500*. London: Routledge 2003.

Brakensiek, Stefan: *Fürstendiener, Staatsbeamte, Bürger: Amtsführung und Lebenswelt der Ortsbeamten in niederhessischen Kleinstädten (1750–1830)*. Göttingen: Vandenhoeck & Ruprecht 1999.

Braudel, Fernand: *Civilization and Capitalism, 15th-18th Century: The Perspective of the World*. Berkeley, Ca.: University of California Press 1982.

–. *Civilization and Capitalism, 15th-18th Century: The Structure of Everyday Life*. Berkeley, Ca.: University of California Press 1992.

–. *Civilization and Capitalism, 15th-18th Century: The Wheels of Commerce*. Berkeley, Ca.: University of California Press 1982.

Brázdil, R., O. Kotyza, P. Dobrovolný, L. Řezníčková und H. Valášek: *Climate of the Sixteenth Century in the Czech Lands*. Brno: Masaryk University, o. J.

Briffa, K. R., P. D. Jones, R. B. Vogel, F. H. Schweingruber, M. G. L. Baillie, S. G. Shiyatov und E. A. Vaganov: »European Tree Rings and Climate in the 16th Century«. *Climatic Change* 43 (1999), S. 151–68.

Brooke, John L.: *Climate Change and the Course of Global History: A Rough Journey*. Cambridge: Cambridge University Press 2014.

Brückner, Eduard: *The Sources and Consequences of Climate Change and Climate Variability in Historical Times*. Hg. von Nico Stehr und H. v Storch. Dordrecht: Kluwer Academic Publishers 2000.

Buc, Philippe: *Heiliger Krieg: Gewalt im Namen des Christentums*. Darmstadt: Verlag Philipp von Zabern 2015.

Buckley, Veronica: *Christina, Queen of Sweden: The Restless Life of a European Eccentric*. New York: Harper Perennial 2005.

–. *The Secret Wife of Louis XIV: Françoise d'Aubigné, Madame de Maintenon*. Reprint edition. New York: Picador 2010.

Buisman, J., und A. F. V. van Engelen: *Duizend jaar weer, wind en water in de Lage Landen*. Franeker: Van Wijnen 1995.

Buisseret, David: *Sully and the Growth of Centralized Government in France: 1598–1610*. London: Eyre & Spottiswoode 1968.

Büntgen, Ulf, und Lena Hellmann: »The Little Ice Age in Scientific Perspective: Cold Spells and Caveats«. *Journal of Interdisciplinary History* 44 (2013), S. 353–68.

Burg, David F.: *A World History of Tax Rebellions: An Encyclopedia of Tax Rebels, Revolts, and Riots from Antiquity to the Present*. London: Routledge 2004.

Burns, William E.: *Science in the Enlightenment: An Encyclopedia*. Santa Barbara, Ca.: ABC-Clio 2003.

–. *The Scientific Revolution: An Encyclopedia*. Santa Barbara, Ca.: ABC-Clio 2001.

Bury, J. B.: *A History of Freedom of Thought*. Teddington, Middlesex: Echo Library 2006.

Busche, Hubertus: *Departure for Modern Europe: A Handbook of Early Modern Philosophy (1400–1700)*. Hamburg: Meiner Verlag 2011.

Buys, Ruben: *De kunst van het weldenken: lekenfilosofie en volkstalig rationalisme in de Nederlanden (1550–1600)*. Amsterdam: Amsterdam University Press 2009.

Byrne, James M.: *Religion and the Enlightenment from Descartes to Kant*. Louisville, Ky.: Westminster John Knox Press 1997.

Campbell, SueEllen: *The Face of the Earth: Natural Landscapes, Science, and Culture*. Berkeley, Ca.: University of California Press 2011.

Campbell, Thomas J.: *The Jesuits, 1534–1921: A History of the Society of Jesus from Its Foundation to the Present Time (Illustrated)*. (o. O.): Lulu Press, Inc 2014.

Camuffo, Dario, Chiara Bertolin, Patrizia Schenal, Alberto Craievich und Rossella Granziero: »The Little Ice Age in Italy from Documentary Proxies and Early Instrumental Records«. *Méditerranée* 122 (2015), S. 17–30.

Čechura, Jaroslav: *Adelige Grundherrn als Unternehmer: zur Struktur südböhmischer Dominien vor 1620*. München: Oldenbourg 2000.

Chang, Chun-shu, und Shelley Hsueh-lun Chang: *Crisis and Transformation in Seventeenth-Century China: Society, Culture, and Modernity in Li Yu's World*. Ann Arbor: University of Michigan Press 1998.

Christian, William A.: *Local Religion in Sixteenth-Century Spain*. Princeton, NJ: Princeton University Press 1989.

Clark, Henry C.: *Compass of Society: Commerce and Absolutism in Old-Regime France*. Lanham, Md.: Lexington Books 2007.

Clark, Stuart: *Thinking with Demons: The Idea of Witchcraft in Early Modern Europe*. Oxford: Oxford University Press 1999.

Cleaveland, Malcolm, David Stahle, Matthew Therrell, José Villanueva-Diaz und Barney Burns. »Tree-ring Reconstructed Winter Precipitation and Tropical Teleconnections in Durango, Mexico«. *Climatic Change* 59 (2003), S. 369–88.

Clulee, Nicholas: *John Dee's Natural Philosophy: Between Science and Religion*. London: Routledge 2013.

Cohn, Norman: *The Pursuit Of The Millennium: Revolutionary Millenarians and Mystical Anarchists of the Middle Ages*. München: Random House 2011.

–. *The Pursuit of the Millennium: Revolutionary Millenarians and Mystical Anarchists of the Middle Ages*. Oxford: Oxford University Press, 1970.

Coler, Johann: *Oeconomia Ruralis Et Domestica: Darin[n] das gantz Ampt aller trewer Hauß-Vätter/ Hauß-Mütter/ beständiges und allgemeines Hauß-Buch/ vom Haußhalten/ Wein- Acker- Gärten- Blumen und Feld-Baw/ begriffen ...; Sampt beygefügter einer experimentalischer Hauß-Apotecken und kurtzer Wundartzney-Kunst/ wie dann auch eines Calendarii perpetui* ... Maintz: Hayl, 1645.

Collins, Randall. *The Sociology of Philosophies.* Cambridge, Ma.: Harvard University Press 2009.

Comenius, Johann Amos: *Joh. Amos Comenii Orbis Sensualium Pictus: Hoc Est Omnium Principalium in Mundo Rerum, & in Vita Actionum, Pictura & Nomenclatura.* London: S. Leacroft, 1777.

Condren, Conal, Stephen Gaukroger und Ian Hunter: *The Philosopher in Early Modern Europe: The Nature of a Contested Identity.* Cambridge: Cambridge University Press 2006.

Cook, Harold John, und Sven Dupré: *Translating Knowledge in the Early Modern Low Countries.* Münster: LIT Verlag 2012.

Coudert, Allison: *Religion, Magic, and Science in Early Modern Europe and America.* Santa Barbara, Ca.: Praeger 2011.

Cressy, David: »Literacy in Seventeenth-Century England: More Evidence«. *The Journal of Interdisciplinary History* 8, Nr. 1 (1977), S. 141–50.

Crosby, Alfred W.: *The Columbian Exchange: Biological and Cultural Consequences of 1492.* Westport, Conn.: Greenwood Press 1972.

–. *The Columbian Exchange: Biological and Cultural Consequences of 1492, 30th Anniversary Edition.* Westport, Conn.: Praeger 2003.

Cullen, Karen J.: *Famine in Scotland: The »Ill Years« of the 1690s.* Scottish historical review monographs series, Nr. 16. Edinburgh: Edinburgh University Press 2010.

Curran, Mark: *Atheism, Religion and Enlightenment in Pre-Revolutionary Europe.* Woodbridge, Suffolk, UK; Rochester, NY: Royal Historical Society: Boydell Press 2012.

Curtin, Philip D.: *The Atlantic Slave Trade: A Census.* Madison, Wisc.: Univ of Wisconsin Press 1972.

D'Addario, Christopher: *Exile and Journey in Seventeenth-Century Literature.* Cambridge: Cambridge University Press 2007.

Darnton, Robert: *Literaten im Untergrund: Lesen, Schreiben und Publizieren im vorrevolutionären Frankreich.* München: Hanser 1985.

Davi, Nicole, Rosanne D'Arrigo, Gordon Jacoby, Brendan Buckley und Osamu Kobayashi: »Warm-Season Annual to Decadal Temperature Variability for Hokkaido, Japan, Inferred from Maximum Latewood Density (AD 1557–1990) and Ring Width Data (AD 1532–1990)«. *Climatic Change* 52 (2002), S. 201–17.

Davies, K. G.: *The North Atlantic World in the Seventeenth Century.* Minneapolis: University of Minnesota Press 1974.

Dear, Peter: *Revolutionizing the Sciences: European Knowledge and Its Ambitions, 1500–1700.* 2. Aufl. Princeton, NJ: Princeton University Press 2009.

Debus, Allen G.: *Science and Education in the Seventeenth Century*. London: Macdonald & Co 1967.

Dee, John: *The Private Diary of Dr. John Dee: And the Catalogue of His Library of Manuscripts, from the Original Manuscripts in the Ashmolean Museum at Oxford, and Trinity College Library, Cambridge*. London: Camden society, 1842.

Dee, John, und Gerald Suster: *John Dee: Essential Readings*. Berkeley, Ca.: North Atlantic Books 2003.

Descartes, René: *Discours de la méthode pour bien conduire sa raison et chercher la vérité dans les sciences*. Leiden: Ian Maire, 1637.

–. *Meditationes de prima philosophia*. Paris: Michael Soly, 1641.

Deursen, A. Th. van: *Plain Lives in a Golden Age: Popular Culture, Religion and Society in Seventeenth-Century Holland*. Cambridge: Cambridge University Press 1991.

De Vries, Jan: »The Crisis of the Seventeenth Century: The Little Ice Age and the Mystery of the ›Great Divergence‹«. *Journal of Interdisciplinary History* 44 (2013), S. 369–77.

Dezileau, L., P. Sabatier, P. Blanchemanche, B. Joly, D. Swingedouw, C. Cassou, J. Castaings, P. Martinez und U. von Grafenstein: »Intense storm activity during the Little Ice Age on the French Mediterranean coast«. *Palaeogeography, Palaeoclimatology, Palaeoecology* 299, Nr. 1–2 (1. Januar 2011), S. 289–97.

Diamond, Jared M.: *Guns, Germs, and Steel: The Fates of Human Societies*, New York: Norton 2005.

Downing, Brian M.: *The Military Revolution and Political Change: Origins of Democracy and Autocracy in Early Modern Europe*. Princeton, NJ: Princeton University Press 1993.

Dull, Robert A., Richard J. Nevle, William I. Woods, Dennis K. Bird, Shiri Avnery und William M. Denevan: »The Columbian Encounter and the Little Ice Age: Abrupt Land Use Change, Fire, and Greenhouse Forcing«. *Annals of the Association of American Geographers* 100, Nr. 4 (2010), S. 755–71.

Dülmen, Richard van: *Entstehung des frühneuzeitlichen Europa 1550–1648*. Illustrierte Originalausg. Fischer Weltgeschichte, Bd. 24. Frankfurt am Main: Fischer Taschenbuch Verlag 1982.

–. »Kultur und Alltag in der frühen Neuzeit. 3. Religion, Magie, Aufklärung: 16.–18. Jahrhundert«. München: C. H. Beck 1994.

–. *Kultur und Alltag in der frühen Neuzeit: Dorf und Stadt: 16.–18. Jahrhundert*. München: C. H. Beck 2005.

Dülmen, Richard van, Sina Rauschenbach und Meinrad von Engelberg, Hrsg.: *Macht des Wissens: die Entstehung der modernen Wissensgesellschaft*. Köln: Böhlau 2004.

Dupré, Louis K.: *The Enlightenment and the Intellectual Foundations of Modern Culture*. New Haven: Yale University Press 2004. http://site.ebrary.com/id/10170884.

Early Modern Europe, 1450–1789. Von Merry E. Wiesner-Hanks. 2. Aufl. Cambridge: Cambridge University Press 2013.

Egmond, Florike: *The World of Carolus Clusius: Natural History in the Making, 1550–1610*. London: Routledge 2015.

Ehrenpreis, Stefan, Christian Jaser und Heinz Schilling: *Erziehung und Schulwesen zwischen Konfessionalisierung und Säkularisierung*. Münster: Waxmann Verlag 2003.

Eisenstein, Elizabeth L.: *The Printing Press as an Agent of Change*. Cambridge: Cambridge University Press 1980.

–. *The Printing Revolution in Early Modern Europe*. Cambridge: Cambridge University Press 2005.

Ekelund, Robert Burton: *Politicized Economies: Monarchy, Monopoly, and Mercantilism*. College Station: Texas A&M University Press 1997.

Eliav-Feldon, M.: *Renaissance Impostors and Proofs of Identity*. Basingstoke: Palgrave Macmillan 2012.

Erikson, Emily: *Between Monopoly and Free Trade: The English East India Company, 1600–1757*. Princeton, NJ: Princeton University Press 2014.

Evelyn, John: *The Diary of John Evelyn (Complete)*. Hg. von William Bray. (o. O.): Library of Alexandria 2013.

Fagan, Brian M.: *The Little Ice Age: How Climate Made History 1300–1850*. New York: Basic Books 2001.

Fairchilds, Cissie C.: *Women in Early Modern Europe, 1500–1700*. Harlow: Pearson 2007.

Findlen, Paula: *Athanasius Kircher: The Last Man Who Knew Everything*. London: Routledge 2004.

Finel-Honigman, Irene: *A Cultural History of Finance*. London: Routledge 2009.

Fisher, Saul: *Pierre Gassendi's Philosophy And Science: Atomism for Empiricists*. Leiden: Brill 2005.

Fleming, John V.: *The Dark Side of the Enlightenment: Wizards, Alchemists, and Spiritual Seekers in the Age of Reason*, New York: Norton 2013.

Fletcher, Anthony, und John Stevenson: *Order and Disorder in Early Modern England*. Cambridge: Cambridge University Press 1987.

Flynn, Dennis Owen: *World Silver and Monetary History in the 16th and 17th Centuries*. Aldershot: Variorum 1996.

Forgeng, Jeffrey L.: *Daily Life in Stuart England*. Westport, Conn.: Greenwood Publishing Group 2007.

Fouke, Daniel C.: *Philosophy and Theology In A Burlesque Mode: John Toland and The Way Of Paradox*. Amherst, NY: Humanity Books 2007.

Frei, Walter: *Der Luzerner Stadtschreiber Renward Cysat 1545–1614*. Luzern: Eugen Haag 1963.

French, Peter J.: *John Dee: The World of the Elizabethan Magus*. London: Routledge 2013.

Gall, Lothar: *Von der ständischen zur bürgerlichen Gesellschaft*. Berlin: de Gruyter 2012.

Garnier, Emmanuel: *Les dérangements du temps: 500 ans de chaud et de froid en Europe*. Paris: Plon 2010.

Garrett, Don: *The Cambridge Companion to Spinoza*. Cambridge: Cambridge University Press 1996.

Gay, Peter: *The Enlightenment: The Rise of Modern Paganism*. New York: W. W. Norton & Company 1995.

Gebhardt, Carl: *Spinoza: Briefwechsel*. Paderborn: Sarastro GmbH. BoD – Books on Demand 2012.

Geier, Manfred: *Aufklärung: das europäische Projekt*. Reinbek bei Hamburg: Rowohlt 2012.

Geneva, Ann: *Astrology and the Seventeenth Century Mind: William Lilly and the Language of the Stars*. Manchester: Manchester University Press 1995.

Glaser, Rüdiger: *Klimageschichte Mitteleuropas: 1200 Jahre Wetter, Klima, Katastrophen*. Darmstadt: Primus-Verlag 2008.

Glaser, Rüdiger, Rudolf Brazdil, Christian Pfister und Petr Dobrovolny: »Seasonal Temperature and Precipitation Fluctuations in Selected Parts of Europe during the Sixteenth Century«. *Climatic Change* 43 (1999), S. 169–200.

Glasgow Mechanics' Magazine, and Annals of Philosophy. Glasgow: W. R. M'Phun. 1826.

Glassie, John. *A Man of Misconceptions: The Life of an Eccentric in an Age of Change*. New York: Riverhead Books 2012.

–. *Der letzte Mann, der alles wusste: Das Leben des exzentrischen Genies Athanasius Kircher*. Berlin: eBook Berlin Verlag 2014.

Glete, Jan: *Warfare at Sea, 1500–1650: Maritime Conflicts and the Transformation of Europe*. London, New York: Routledge 2000.

Goldgar, Anne: *Tulipmania: Money, Honor, and Knowledge in the Dutch Golden Age*. Chicago: University of Chicago Press 2008.

Goldstone, Jack A.: *Revolution and Rebellion in the Early Modern World*. Berkeley, Ca.: University of California Press 1991.

Goor, Jurrien van, und Foskelien van Goor: *Prelude to Colonialism: The Dutch in Asia*. Hilversum: Uitgeverij Verloren 2004.

Gorevich, Igor: *O Kritike Antropologii Zhivotnikh*. Bd. 3. O Kentavra i Susalkah: Raznovidnosti i Granitsy. Kabul: Kishinev 1987.

Goubert, Pierre: *The French Peasantry in the Seventeenth Century*. Cambridge: Cambridge University Press 1986.

Graff, Harvey J.: *Literacy and Social Development in the West: A Reader.* Cambridge: Cambridge University Press 1981.

–. *Understanding Literacy in Its Historical Contexts: Socio-Cultural History and the Legacy of Egil Johansson.* Lund: Nordic Academic Press 2009.

Grayling, A. C.: *The Age of Genius: The Seventeenth Century and the Birth of the Modern Mind.* London: Bloomsbury Publishing 2016.

Greengrass, Mark: *Christendom Destroyed: Europe 1517–1648.* London: Allen Lane 2014.

Grigg, D. B.: *Population Growth and Agrarian Change: An Historical Perspective.* Cambridge: Cambridge University Press 1980.

Grotius, Hugo: *Annales et historiae de rebus Belgicis.* Zugegriffen 12. April 2016. http://archive.org/details/annalesethistoroogrotgoog.

–. *Annales et histoires des troubles du Pays-Bas.* Von Hugo Grotius. Amsterdam: de l'imprimerie de Iean Blaeu, 1662.

–. *Hug. Grotii Poemata omnia.* Lugduni Batav.: Apud Hieronymum de Vogel, 1645.

Grove, Jean M.: *Little Ice Ages.* London: Routledge 2013.

Grunert, Frank: *Concepts of (radical) Enlightenment Jonathan Israel in Discussion – IZEA – Kleine Schriften 5/2014.* Halle/Saale: Mitteldeutscher Verlag 2014.

Guiot, Joel, und Christophe Corona: »Growing Season Temperatures in Europe and Climate Forcings Over the Past 1400 Years«. *PLoS ONE* 5, Nr. 4 (April 2010).

Hale, John Rigby: *War and Society in Renaissance Europe, 1450–1620.* Montreal: McGill-Queen's University Press 1998.

Hall, David D.: *Cultures of Print: Essays in the History of the Book.* Amherst: Univ. of Massachusetts Press 1996.

Harkness, Deborah E.: *John Dee's Conversations with Angels: Cabala, Alchemy, and the End of Nature.* Cambridge: Cambridge University Press 1999.

Harris, Jonathan Gil: *Sick Economies: Drama, Mercantilism, and Disease in Shakespeare's England.* Philadelphia, Pa.: University of Pennsylvania Press 2013.

Hazard, Paul, und Anthony Grafton: *The Crisis of the European Mind: 1680–1715.* Übersetzt von J. Lewis May. New York: NYRB Classics 2013.

Heal, Felicity, und Clive Holmes. *The Gentry in England and Wales, 1500–1700.* Stanford, Ca.: Stanford University Press 1994.

Healy, Adam, Jack Nagourney und Nelson D. Schwartz: »California Drought Tests History of Endless Growth«. *The New York Times,* 4. April 2015.

Heckscher, Eli F.: *Mercantilism.* London: Routledge 2013.

He, Minhui, Bao Yang, Achim Bräuning, Jianglin Wang und Zhangyong Wang: »Tree-ring Derived Millennial Precipitation Record for the South-central Tibetan Plateau and its Possible Driving Mechanism«. *The Holocene* 23, Nr. 1 (2013), S. 36–45.

Heinrich, Ingo, Ramzi Touchan, Isabel Dorado Liñán, Heinz Vos und Gerhard Helle: »Winter-to-Spring Temperature Dynamics in Turkey Derived from Tree Rings since AD 1125«. *Climate Dynamics* 41 (2013), S. 1685–1701.

Hennig, I. R.: *Katalog bemerkenswerter Wittereeignisse von den ältesten Zeiten bis zum Jahre 1800*. Berlin: Royal Prussian Academy 1904.

Hersche, Peter: *Muße und Verschwendung: Europäische Gesellschaft und Kultur im Barockzeitalter*. Freiburg i. Br.: Herder 2015.

Hetherington, Norriss S.: »Almanacs and the Extent of Knowledge of the New Astronomy in Seventeenth-Century England«. *Proceedings of the American Philosophical Society* 119, Nr. 4 (1975), S. 275–79.

Holt, Mack P.: »Fiscal Limits of Absolutism: Direct Taxation in Early Seventeenth-Century France. By James B. Collins. Berkeley: University of California Press 1988. Pp. xii, 256. $ 34.00.« *The Journal of Economic History* 50, Nr. 01 (2009), S. 191f.

Hopcroft, Rosemary Lynn: *Regions, Institutions, and Agrarian Change in European History*. Ann Arbor: University of Michigan Press 1999.

Houston, Rab: *Literacy in Early Modern Europe*. London: Routledge 2014.

Hoyle, Richard W.: *Custom, Improvement and the Landscape in Early Modern Britain*. Aldershot: Ashgate Publishing, Ltd. 2011.

Hudson, Wayne: *The English Deists: Studies in Early Enlightenment*. London; Brookfield, Vt.: Pickering & Chatto 2009.

Huff, Toby E.: *Intellectual Curiosity and the Scientific Revolution: A Global Perspective*. Cambridge: Cambridge University Press 2010.

Hughes, Philip D.: »Little Ice Age Glaciers in the Mediterranean Mountains«. *Méditerranée* 122 (2015), S. 63–79.

Hunger, F. W. T.: *Charles de l'Escluse (Carolus Clusius) Nederlandsch kruidkundige, 1526–1609*. 's-Gravenhage: M. Nijhoff 1927.

Irvin, Jeffery L.: *Paradigm and Praxis: Seventeenth-Century Mercantilism and the Age of Liberalism*. ProQuest UMI 2008.

Irwin Primer: *The Fable Of The Bees Or Private Vices Publick Benefits*. Von Bernard Mandeville. New York Capricorn Books 1962. http://archive.org/details/fableofthebeesor027890mbp.

Israel, Jonathan: *A Revolution of the Mind: Radical Enlightenment and the Intellectual Origins of Modern Democracy*. 8.7.2011 edition. Princeton, NJ: Princeton University Press 2011.

–. *Radical Enlightenment: Philosophy and the Making of Modernity, 1650–1750*. Oxford; New York: Oxford University Press 2001.

–. *Revolutionary Ideas: An Intellectual History of the French Revolution from the Rights of Man to Robespierre*. Princeton, NJ: Princeton University Press 2014.

–. *European Jewry in the Age of Mercantilism, 1550–1750*. London: Littman 1998.

Jacob, Margaret C.: *The Radical Enlightenment: Pantheists, Freemasons, and Republicans*. London; Boston: Allen & Unwin 1981.

Jäger, Georg: »Hochweidewirtschaft, Klimaverschlechterung (›Kleine Eiszeit‹) und Gletschervorstöße in Tirol zwischen 1600 und 1850«, *Tiroler Heimat* 70 (2007), S. 5–84.

Jakubowski-Tiessen, Manfred: *Jahrhundertwenden: Endzeit- und Zukunftsvorstellungen vom 15. bis zum 20. Jahrhundert*. Göttingen: Vandenhoeck & Ruprecht 1999.

–. Hrsg., *Krisen des 17. Jahrhunderts: interdisziplinäre Perspektiven*. Göttingen: Vandenhoeck & Ruprecht 1999.

James, Lawrence: *The Middle Class: A History*. London: Hachette UK 2010.

Jin, Dengjian: *The Great Knowledge Transcendence: The Rise of Western Science and Technology Reframed*. New York: Palgrave Macmillan 2016.

Joas, Hans, und Wolfgang Knöbl: *War in Social Thought: Hobbes to the Present*. Princeton, NJ: Princeton University Press 2013.

Johnson, Carina L.: *Cultural Hierarchy in Sixteenth-Century Europe: The Ottomans and Mexicans*. Cambridge: Cambridge University Press 2011.

Jonkanski, Dirk: »Oberdeutsche Baumeister in Venedig. Reiserouten und Besichtigungsprogramme«, in: Bernd Roeck u. a. Hg.: Venedig und Oberdeutschland in der Renaissance. Sigmaringen: Thorbecke 1993, S. 31–39.

Jue, Jeffrey K.: *Heaven Upon Earth: Joseph Mede (1586–1638) and the Legacy of Millenarianism*. Dordrecht: Springer 2006.

Jutikkala, Eino: »The Great Finnish Famine in 1696–97«. *Scandinavian Economic History Review* 3 (1955), S. 48–63.

Kamen, Henry: *Early Modern European Society*. London: Routledge 2000.

Kaniewski, David, und Élise Van Campo: »Pollen-Inferred Palaeoclimatic Patterns in Syria during the Little Ice Age«. *Méditerranée* 122 (2015), S. 139–44.

Kaufmann, Thomas: *Konfession und Kultur: lutherischer Protestantismus in der zweiten Hälfte des Reformationsjahrhunderts*. Tübingen: Mohr Siebeck 2006.

Kelly, Morgan, und Cormac Ó Gráda: »Change Points and Temporal Dependence in Reconstructions of Annual Temperature: Did Europe Experience a Little Ice Age?« *The Annals of Applied Statistics* 8, Nr. 3 (September 2014), S. 1372–94.

Kerridge, Eric: *The Agricultural Revolution*. London: Routledge 2013.

Kettering, Sharon: *Judicial Politics and Urban Revolt in Seventeenth-Century France: The Parlement of Aix, 1629–1659*. Princeton, NJ: Princeton University Press 2015.

Kindleberger, Charles Poor: *Historical Economics: Art Or Science?* Berkeley, Ca.: University of California Press 1990.

Kiple, Kenneth F., und Kriemhild Coneè Ornelas: *The Cambridge World History of Food*. Cambridge: Cambridge University Press 2000.

Knecht, Robert J.: *The French Religious Wars 1562–1598*. Oxford: Osprey 2002.

Knoll, Martin, und Reinhold Reith: *An Environmental History of the Early Modern Period: Experiments and Perspectives*. Münster: LIT Verlag 2014.

Knox, MacGregor, und Williamson Murray: *The Dynamics of Military Revolution, 1300–2050*. Cambridge: Cambridge University Press 2001.

Koenigsberger, H. G.: *Early Modern Europe 1500–1789*. London: Routledge 2014.

Koenigsberger, H. G., George L. Mosse und G. Q. Bowler: *Europe in the Sixteenth Century*. London: Routledge 2014.

Koerbagh, Johannes, und Adriaan Koerbagh: *Een Ligt schijnende in duystere Plaatsen*. (o. O.): Vlaamse Vereniging voor Wijsbegeerte 1974.

Köse, N., Ü. Akkemik, H. N. Dalfes und M. S. Ozeren: »Tree-Ring Reconstructions of May-June Precipitation for Western Anatolia«. *Quaternary Research* 75 (2011), S. 438–50.

Koslowski, Gerhard, und Rüdiger Glaser: »Variations in Reconstructed Ice Winter Severity in the Western Baltic from 1501 to 1995, and Their Implications for the North Atlantic Oscillation«. *Climatic Change* 41 (1999), S. 175–91.

Kottman, Karl A.: *Millenarianism and Messianism in Early Modern European Culture: Bd. II. Catholic Millenarianism: From Savonarola to the Abbé Grégoire*. Dordrecht: Springer Science & Business Media 2001.

Kwass, Michael: *Privilege and the Politics of Taxation in Eighteenth-Century France: Liberté, Egalité, Fiscalité*. Cambridge: Cambridge University Press 2006.

Lach, Donald F., und Edwin J. van Kley: *Asia in the Making of Europe, Bd. III: A Century of Advance. Buch 1: Trade, Missions, Literature*. Chicago: University of Chicago Press 1998.

Lachiver, Marcel: *Les années de misère: la famine au temps du Grand Roi, 1680–1720*. Paris: Fayard 1991.

Ladurie, Emmanuel Le Roy: *Histoire du climat depuis l'an mil*. Paris: Flammarion, 1967.

–. *The French Peasantry, 1450–1660*. Aldershot: Scolar Press 1987.

Laerke, Mogens: *The Use of Censorship in the Enlightenment*. Leiden: Brill 2009.

Laffemas, Barthélemy de: *Les discours d'une liberté générale et vie heureuse pour le bien du peuple. Composé par Barthélemy de Laffemas*, Paris: Guillaume Binet 1601.

Lafontaine-Boyer, Karelle, und Konrad Gajewski: »Vegetation Dynamics in Relation to Late Holocene Climate Variability and Disturbance, Outaouais, Québec, Canada«. *The Holocene* 24, Nr. 11 (November 2014), S. 1515–26.

Lamb, Hubert H.: *Climate, History and the Modern World*. London: Routledge 2002.

Landsteiner, Erich: »The Crisis of Wine Production in Late Sixteenth-Century

Central Europe: Climatic Causes and Economic Consequences«. *Climatic Change* 43, Nr. 1 (September 1999), S. 323–34.

Landwehr, Achim: *Geburt der Gegenwart: Eine Geschichte der Zeit im 17. Jahrhundert.* Frankfurt am Main: S. Fischer Verlag 2014.

Laursen, John Christian, und R. H. Popkin: *Millenarianism and Messianism in Early Modern European Culture Bd. IV: Continental Millenarians: Protestants, Catholics, Heretics.* Dordrecht: Springer Science & Business Media 2013.

Law, Robert: *Memorials, or the Memorable Things That Fell out within This Island of Britain from 1638–1684*, Edinburgh: Archibald Constable and Co. 1818.

Law, Robin, Suzanne Schwarz und Silke Strickrodt: *Commercial Agriculture, the Slave Trade and Slavery in Atlantic Africa.* Woodbridge, Suffolk: Currey 2013.

Levack, Brian P.: *Demonology, Religion, and Witchcraft: New Perspectives on Witchcraft, Magic, and Demonology.* London: Routledge 2013.

–. *Hexenjagd: die Geschichte der Hexenverfolgung in Europa.* München: C. H. Beck 2009.

Lindberg, David C.: *The Beginnings of Western Science: The European Scientific Tradition in Philosophical, Religious, and Institutional Context, Prehistory to A. D. 1450.* 2. Aufl. Chicago: University Of Chicago Press 2008.

Liu, Jingjing, Bao Yang und Chun Qin: »Tree-Ring Based Annual Precipitation Reconstruction since AD 1480 in South Central Tibet«. *Quaternary International* 236 (2011), S. 75–81.

Li, Zong-Shan, Qi-Bin Zhang und Keping Ma: »Tree-ring reconstruction of summer temperature for A. D. 1475–2003 in the central Hengduan Mountains, Northwestern Yunnan, China«. *Climatic Change* 110 (2012), S. 455–67.

Lloyd, Genevieve: *Enlightenment Shadows.* Oxford: Oxford University Press 2013.

LoLordo, Antonia: *Pierre Gassendi and the Birth of Early Modern Philosophy.* Cambridge: Cambridge University Press 2006.

Löwe, Heinz-Dietrich: *Volksaufstände in Russland: von der Zeit der Wirren bis zur »Grünen Revolution« gegen die Sowjetherrschaft.* Wiesbaden: Harrassowitz Verlag 2006.

Luckman, B. H., K. R. Briffa, P. D. Jones und F. H. Schweingruber: »Tree-Ring Based Reconstruction of Summer Temperatures at the Columbia Icefield, Alberta, Canada, AD 1073–1983«. *Holocene* 7 (1997), S. 375–89.

Lund, David C., Jean Lynch-Stieglitz und William B. Curry: »Gulf Stream Density Structure and Transport during the Past Millennium«. *Nature* 444 (2006), S. 601–04.

Lundgreen, Peter: *Sozial- und Kulturgeschichte des Bürgertums: eine Bilanz des Bielefelder Sonderforschungsbereichs (1986–1997).* Göttingen: Vandenhoeck & Ruprecht 2000.

Lüsebrink, Hans-Jürgen: *Das Europa der Aufklärung und die außereuropäische koloniale Welt*. Göttingen: Wallstein Verlag 2006.

Luterbacher, Jürg, Daniel Dietrich, Elena Xoplaki, Martin Grosjean und Heinz Wanner: »European Seasonal and Annual Temperature Variability, Trends, and Extremes Since 1500«. *Science* 303 (2004), S. 1499–1503.

Macadam, Joyce: »English Weather: The Seventeenth-Century Diary of Ralph Josselin«. *Journal of Interdisciplinary History* 43, Nr. 2 (2012), S. 221–46.

Macdonald, Alan R., und John McCallum: »The Evidence for Early Seventeenth-Century Climate from Scottish Ecclesiastical Records«. *Environment and History* 19, Nr. 4 (1. November 2013), S. 487–509.

Magagna, Victor V.: *Communities of Grain: Rural Rebellion in Comparative Perspective*. Ithaca: Cornell University Press 1991.

Magnusson, Lars: *The Political Economy of Mercantilism*. London: Routledge 2015.

Mann, Michael E., Jose D. Fuentes und Scott Rutherford: »Underestimation of Volcanic Cooling in Tree-Ring-Based Reconstructions of Hemispheric Temperatures«. *Nature Geoscience* 5, S. 202–205.

Mauelshagen, Franz: *Klimageschichte der Neuzeit: 1500–1900*. Darmstadt: WBG 2010.

Maur, Eduard: *Gutsherrschaft und »zweite Leibeigenschaft« in Böhmen: Studien zur Wirtschafts-, Sozial- und Bevölkerungsgeschichte (14.–18. Jahrhundert)*. München: Oldenbourg 2001.

Mauthner, Fritz: *Spinoza: Ein Umriss seines Lebens und Wirkens (Vollständige Biografie): Baruch de Spinoza – Lebensgeschichte, Philosophie und Theologie*. (o. O.): e-artnow 2015.

McCullough, Roy L.: *Coercion, Conversion and Counterinsurgency in Louis XIV's France*. Leiden: Brill 2007.

McKenna, Antony, Pierre-François Moreau und Institut Claude Longeon: *Libertinage et philosophie au XVIIe siècle: »Gassendi et les gassendistes« et »Les passions libertines«*. Saint-Etienne: Université de Saint-Etienne 2000.

McManners, John: *Death and the Enlightenment: Changing Attitudes to Death among Christians and Unbelievers in Eighteenth-Century France*. Oxford: Clarendon Press 1981.

McNeill, J. R., und Erin Stewart Mauldin: *A Companion to Global Environmental History*. Malden, Mass.: Wiley & Sons 2012.

McNeill, William Hardy: *Plagues and Peoples*. Garden City, New York: Anchor Press 1976.

Melton, James Van Horn: *The Rise of the Public in Enlightenment Europe*. Cambridge: Cambridge University Press 2001.

Melzer, Arthur M.: *Philosophy between the lines: the lost history of esoteric writing*. Chicago; London: University of Chicago Press 2014.

»Mémoires-journaux de Pierre de L'Estoile«.

Mengzi, und Bryan W. van Norden (Hg.): *The Essential Mengzi*. Indianapolis: Hackett Publishing 2009.

Merrill, Brian L.: *Athanasius Kircher (1602–1680), Jesuit Scholar: An Exhibition of His Works in the Harold B. Lee Library Collections at Brigham Young University*. Mansfield Centre, CT: Martino Publishing 2003.

Midelfort, H. C. Erik: *Witch Hunting in Southwestern Germany, 1562–1684: The Social and Intellectual Foundations*. Stanford, Ca.: Stanford University Press 1972.

Mikami, Takehiko: »The Little Ice Age in Japan. Summer Temperature Variabilities in Japan Reconstructed from Diary Weather Records during the Little Ice Age«. *Journal of Geography (Chigaku Zasshi)* 102, Nr. 2 (1993), S. 144–51.

Mikhail, Alan: *Nature and Empire in Ottoman Egypt: An Environmental History*. Cambridge: Cambridge University Press 2013.

Miller, Christopher L.: *The French Atlantic Triangle: Literature and Culture of the Slave Trade*. Durham, DC: Duke University Press 2008.

Miskimin, Harry A.: *The Economy of Later Renaissance Europe 1460–1600*. Cambridge: Cambridge University Press 1977.

Modelski, George, und William R. Thompson: *Seapower in Global Politics, 1494–1993*. Basingstoke: Macmillan 1988.

Mokyr, Joel: *The Enlightened Economy: An Economic History of Britain 1700–1850*. New Haven: Yale University Press 2010.

Moon, David: *The Russian Peasantry 1600–1930: The World the Peasants Made*. London: Routledge 2014.

Morris, T. A.: *Europe and England in the Sixteenth Century*. London: Routledge 2002.

Motley, Mark Edward: *Becoming a French Aristocrat: The Education of the Court Nobility, 1580–1715*. Prinveton, NJ: Princeton University Press 2014.

Moulton, Ian Frederick: *Reading and Literacy: In the Middle Ages and Renaissance*. Turnhout: Brepols 2004.

Možný, Martin, Rudolf Brázdil, Petr Dobrovolný und Mirek Trnka: »Cereal Harvest Dates in the Czech Republic between 1501 and 2008 as a Proxy for March–June Temperature Reconstruction«. *Climatic Change* 110 (2012), S. 801–21.

Mrgic, Jelena: »Wine or Raki: The Interplay of Climate and Society in Early Modern Ottoman Bosnia«. *Environment and History* 17 (2011), S. 613–37.

Muchembled, Robert, und William Monter: *Cultural Exchange in Early Modern Europe*. Cambridge: Cambridge University Press 2006.

Muir, Edward: *Ritual in Early Modern Europe*. Cambridge: Cambridge University Press 2005.

Mulryne, J. R.: *Europa Triumphans: Court and Civic Festivals in Early Modern Europe*. Aldershot: Ashgate Publishing, Ltd. 2005.

Mulsow, Martin: *Prekäres Wissen: Eine andere Ideengeschichte der Frühen Neuzeit*. Berlin: Suhrkamp Verlag 2012.

Münch, Paul: *Lebensformen in der frühen Neuzeit: 1500 bis 1800*. Neuausg. Berlin: Ullstein 1998.

Munck, Thomas: *Seventeenth-Century Europe: State, Conflict and Social Order in Europe 1598–1700*. Basingstoke: Palgrave Macmillan 2005.

Mun, Thomas: *England's Treasure by Forraign Trade*. London: Reprint Economic History Society, 1664.

Murr, Sylvia: *Gassendi et l'Europe, 1592–1792: actes du colloque international de Paris, »Gassendi et sa postérité (1592–1792)«, Sorbonne, 6–10 octobre 1992*. Paris: Vrin 1997.

Nadler, Steven: *A Book Forged in Hell: Spinoza's Scandalous Treatise and the Birth of the Secular Age*. Reprint. Princeton, NJ: Princeton University Press 2011.

–. *Spinoza: A Life*. Cambridge: Cambridge University Press 2001.

–. *Spinoza's Heresy: Immortality and the Jewish Mind*. Oxford: Clarendon Press 2001.

Namer, Emile: *La vie et l'œuvre de J. C. Vanini: prince des libertins, mort à Toulouse sur le bûcher en 1619*. Paris: Vrin 1980.

Nazzareno, Diodato: »Climatic Fluctuations in Southern Italy since the 17th Century: Reconstruction with Precipitation Records at Benevento«. *Climatic Change* 80 (2007), S. 411–31.

Nelson, Eric. *The Jesuits and the Monarchy, Catholic Reform and Political Authority in France*. Aldershot, Hants; Burlington, VT: Jesuit Historical Inst. 2005.

Nierop, Henk van: *Treason in the Northern Quarter: War, Terror, and the Rule of Law in the Dutch Revolt*. Princeton, NJ: Princeton University Press 2009.

Nouhuys, Tabitta van: *The Ages of Two-Faced Janus: The Comets of 1577 and 1618 and the Decline of the Aristotelian World View in the Netherlands*. Leiden: Brill 1998.

Núñez, Clara Eugenia: *Aristocracy, Patrimonial Management Strategies and Economic Development, 1450–1800*. Sevilla: Universidad de Sevilla 1998.

Oltmer, Jochen: *Handbuch Staat und Migration in Deutschland seit dem 17. Jahrhundert*. Berlin: Walter de Gruyter 2015.

O'Malley, John W.: *The Jesuits II: Cultures, Sciences, and the Arts, 1540–1773*. Toronto: University of Toronto Press 2006.

Overton, Mark: *Agricultural Revolution in England: The Transformation of the Agrarian Economy 1500–1850*. Cambridge: Cambridge University Press 1996.

Paas, Martha White, John Roger Paas und George C. Schoolfield: *The Kipper Und Wipper Inflation, 1619–23: An Economic History with Contemporary German Broadsheets*. New Haven: Yale University Press 2012.

Parish, Helen: *Superstition and Magic in Early Modern Europe: A Reader*. London: Bloomsbury 2014.

Park, Katharine, und Lorraine Daston: *The Cambridge History of Science: Bd. 3, Early Modern Science*. Cambridge: Cambridge University Press 2003.

Parker, Geoffrey: *By Geoffrey Parker Global Crisis: War, Climate Change and Catastrophe in the Seventeenth Century*. New Haven: Yale University Press 2013.

–. »Crisis and Catastrophe: The Global Crisis of the Seventeenth Century Reconsidered«. *American Historical Review* 113 (2008), S. 1053–79.

–. *The Military Revolution: Military Innovation and the Rise of the West, 1500–1800*. Cambridge: Cambridge University Press 1996.

Parker, Geoffrey, und Lesley M. Smith: *The General Crisis of the Seventeenth Century*. London: Routledge 2005.

Parry, M. L.: *Climate Change, Agriculture and Settlement*. Folkstone: Dawson 1978.

Pavord, Anna: *The Tulip*. London: Bloomsbury 1998.

Peacey, Jason: »Print Culture and Political Lobbying during the English Civil Wars«. *Parliamentary History* 26, Nr. 1 (2007), S. 30–48.

Pennington, Donald: *Europe in the Seventeenth Century*. London: Routledge 2015.

Perler, Dominik: *René Descartes*. München: C. H. Beck 2006.

Peters, Jan: *Peter Hagendorf – Tagebuch eines Söldners aus dem Dreißigjährigen Krieg*. Göttingen: V&R Unipress 2012.

Pfister, Christian: *Bevölkerungsgeschichte und historische Demographie 1500–1800*. München: Oldenbourg Verlag 2007.

–. *Klimageschichte der Schweiz 1525–1860*. Bern: Haupt 1984.

Pfister, Christian, und Rudolf Brázdil: »Climatic Variability in Sixteenth-Century Europe and Its Social Dimension: A Synthesis«. *Climatic Change* 43 (1999), S. 5–53.

Pfister, Christian, Rudolf Brázdil und Rüdiger Glaser: *Climatic Variability in Sixteenth-Century Europe and Its Social Dimension*. Dordrecht: Kluwer 2010.

Pfister, Christian, Rudolf Brázdil, Rüdiger Glaser und Anita Bokwa: »Daily Weather Observations in Sixteenth-Century Europe«. *Climatic Change* 43 (1999), S. 111–50.

Pfister, Christian, Jürg Luterbacher und Heinz Wanner: *Wetternachhersage: 500 Jahre Klimavariationen und Naturkatastrophen (1496–1995)*. Bern: Haupt 1999.

Pfister, Christian, G. Schwarz-Zanetti und M. Wegmann: »Winter Severity in Europe: The Fourteenth Century«. *Climatic Change* 34 (1996), S. 91–108.

Phillips, Derek L.: *Well-Being in Amsterdam's Golden Age*. Amsterdam: Amsterdam University Press 2008.

Phillips, Henry: *Church and Culture in Seventeenth-Century France*. Cambridge: Cambridge University Press 2002.

Piervitali, E., und M. Colacino: »Evidence of Drought in Western Sicily during the Period 1565–1915 from Liturgical Offices«. *Climatic Change* 49 (2001), S. 225–38.

Pitman, K. J., und D. J. Smith: »Tree-ring Derived Little Ice Age Temperature Trends from the Central British Columbia Coast Mountains, Canada«. *Quaternary Research* 78 (2012), S. 417–26.

Plummer, Marjorie Elizabeth, und Robin Barnes: *Ideas and Cultural Margins in Early Modern Germany: Essays in Honor of H. C. Erik Midelfort*. Aldershot: Ashgate Publishing, Ltd. 2009.

Polanyi, Karl: *The Great Transformation: Politische und ökonomische Ursprünge von Gesellschaften und Wirtschaftssystemen*. Übersetzt von Heinrich Jelinek, Wien, Europa Verlag 1977.

Porter, Roy: *Flesh in the Age of Reason*. New York: W. W. Norton & Co. 2004.

–. *The Creation of the Modern World: The Untold Story of the British Enlightenment*. New York: W. W. Norton 2000.

Post, John: *Food Shortage, Climatic Variability, and Epidemic Disease in Preindustrial Europe*. Ithaca, NY: Cornell University Press 1985.

Post, John D.: »Climatic Variability and the European Mortality Wave of the Early 1740s«. *Journal of Interdisciplinary History* 15 (1984), S. 1–30.

Postma, Johannes: *The Dutch in the Atlantic Slave Trade, 1600–1815*. Cambridge: Cambridge University Press 2008.

Potter, David: *War and Government in the French Provinces*. Cambridge: Cambridge University Press 2003.

Prak, Maarten, und Diane Webb: *The Dutch Republic in the Seventeenth Century: The Golden Age*. Cambridge: Cambridge University Press 2005.

Prest, Wilfrid R.: *The Professions in Early Modern England*. London: Croom Helm 1987.

Prothero, Rowland E.: *English Farming, Past and Present*. Cambridge: Cambridge University Press 2013.

Rabb, T., und R. Rotberg, Hrsg.: *Climate and History*. Princeton, NJ: Princeton University Press 1981.

Ravallion, Martin: *The Economics of Poverty: History, Measurement, and Policy*. Oxford: Oxford University Press 2016.

Raven, James: *Publishing Business in Eighteenth-Century England*. Woodbridge: Boydell & Brewer Ltd. 2014.

Rawley, James A.: *London, Metropolis of the Slave Trade*. Columbia: University of Missouri Press 2003.

Rawley, James A., und Stephen D. Behrendt: *The Transatlantic Slave Trade: A History*. Lincoln: University of Nebraska Press 2005.

Rebitsch, Robert: *Wallenstein: Biografie eines Machtmenschen*. Wien u. a.: Böhlau Verlag 2010.

Reilly, Benjamin: *Disaster and Human History: Case Studies in Nature, Society and Catastrophe*. Jefferson, NC: McFarland 2009.

Reinders, Michel: *Printed Pandemonium: Popular Print and Politics in the Netherlands 1650–72*. Leiden: Brill 2013.

Reith, Reinhold. *Umweltgeschichte der Frühen Neuzeit*. Berlin; Boston: De Gruyter 2011.

Richards, Jeffrey: *Sex, Dissidence and Damnation: Minority Groups in the Middle Ages*. London: Routledge 2013.

Richardson, Glenn: *The Contending Kingdoms: France and England, 1420–1700*. Aldershot: Ashgate Publishing, Ltd. 2008.

Roberts, Benjamin: *Through the Keyhole: Dutch Child-Rearing Practices in the 17th and 18th Century: Three Urban Elite Families*. Hilversum: Verloren 1998.

Robinson, Howard: *The Great Comet of 1680: A Study in the History of Rationalism*. Northfield, Minn.: Press of the Northfield News 1916.

Robinson, Peter J.: »Ice and Snow in Paintings of Little Ice Age Winters«. *Weather* 60, Nr. 2 (1. Februar 2005), S. 37–41.

Robock, Alan: »Volcanic Eruptions and Climate«. *Reviews of Geophysics* 38 (2000), S. 191–219.

Roeck, Bernd: *Lebenswelt und Kultur des Bürgertums in der Frühen Neuzeit*. München: Oldenbourg Verlag 2011.

Rogers, Clifford J.: *The Military Revolution Debate: Readings on the Military Transformation of Early Modern Europe*. Boulder, Colo.: Westview Press 1995.

Rohr, Christian: *Extreme Naturereignisse im Ostalpenraum: Naturerfahrung im Spätmittelalter und am Beginn der Neuzeit*. Köln: Böhlau 2007.

Rösener, Werner: *Agrarwirtschaft, Agrarverfassung und ländliche Gesellschaft im Mittelalter*. München: Oldenbourg 1992.

Rothkamm, Jan: *Institutio Oratoria: Bacon, Descartes, Hobbes, Spinoza*. Leiden: Brill 2009.

Ruddiman, William: *Plows, Plagues, and Petroleum: How Humans Took Control of Climate*. Princeton, NJ: Princeton University Press 2005.

Rüegg, Walter, und Asa Briggs: *Geschichte der Universität in Europa: Von der Reformation zur Französischen Revolution (1500–1800)*. München: C. H. Beck 1996.

Salaman, Redcliffe N., und William Glynn Burton: *The History and Social Influence of the Potato*. Cambridge: Cambridge University Press 1985.

Sassier, Philippe: *Du bon usage des pauvres: Histoire d'un thème politique (XVIe–XXe siècle)*. Paris: Fayard 1990.

Sawyer, Jeffrey K.: *Printed Poison: Pamphlet Propaganda, Faction Politics, and the*

Public Sphere in Early Seventeenth-Century France. Berkeley, Ca.: University of California Press 1990.

Schachter, Marc D.: *Voluntary Servitude and the Erotics of Friendship: From Classical Antiquity to Early Modern France.* Aldershot: Ashgate Publishing, Ltd. 2008.

Schama, Simon: *The Embarrassment of Riches: An Interpretation of Dutch Culture in the Golden Age.* New Edition. London: Fontana Press 1991.

Scheurleer, Theodoor, Herman Lunsingh und Guillauma H. M.: *Leiden University in the Seventeenth Century: An Exchange of Learning.* Leiden: Brill 1975.

Schilling, Heinz: *Die Stadt in der frühen Neuzeit.* München: Oldenbourg Verlag 2004.

Schmid, Boris V., Ulf Büntgen, W. Ryan Easterday, Christian Ginzler, Lars Walløe, Barbara Bramanti und Nils Chr Stenseth: »Climate-Driven Introduction of the Black Death and Successive Plague Reintroductions into Europe«. *Proceedings of the National Academy of Sciences* 112 (März 2015), S. 3020–25.

Schneer, Jonathan: *The Thames: England's River.* London: Abacus 2005.

Schnurr, Eva-Maria: *Religionskonflikt und Öffentlichkeit: eine Mediengeschichte des Kölner Kriegs (1582 bis 1590).* Köln u. a.: Böhlau Verlag 2009.

Scholem, Gershom Gerhard, und R. J. Zwi Werblowsky: *Sabbatai Sevi: The Mystical Messiah, 1626–1676.* Princeton, NJ: Princeton University Press 1973.

Schönwiese, C.-D.: *Klimaschwankungen.* Berlin: Springer-Verlag 1979.

Schorer, Christoph: *Memminger Chronik oder kurze Erzählung vieler denkwürdigen Sachen.* Ulm: Kuhn, 1660.

Schröder-Lembke, Gertrud: *Studien zur Agrargeschichte.* Stuttgart: G. Fischer 1978.

Scott, Hamish: *The Oxford Handbook of Early Modern European History, 1350–1750.* 2 Bde. Oxford: Oxford University Press 2015.

Senn, Matthias, Hrsg.: *Die Wickiana – Johann Jakob Wicks Nachrichtensammlung aus dem 16. Jahrhundert.* Zürich: Raggi 1975.

Shapin, Steven: *The Scientific Revolution.* Chicago: University Of Chicago Press 1998.

Sirocko, Frank: *Wetter, Klima, Menschheitsentwicklung: von der Eiszeit bis ins 21. Jahrhundert.* 2., durchges. Aufl. Darmstadt: WBG 2010.

Slack, Paul: *The Invention of Improvement: Information and Material Progress in Seventeenth-Century England.* Oxford: Oxford University Press 2014.

Slack, Paul, und Economic History Society: *The English Poor Law, 1531–1782.* Cambridge: Cambridge University Press 1990.

Spinoza, Baruch de: Sämtliche Werke. Bd. 5b: *Politischer Traktat: Lateinisch-Deutsch.* Wolfgang Bartuschat, Hg. 2. Aufl. Hamburg: Meiner 2010.

–. Sämtliche Werke. *Ethik in geometrischer Ordnung dargestellt*: Lateinisch-Deutsch. 2., durchges. u. verb. Aufl. Hamburg: Meiner, 2007.

Spring, Eileen: *Law, Land, and Family: Aristocratic Inheritance in England, 1300 to 1800*. Chapel Hill, NC: University of North Carolina Press 2000.

Spufford, Margaret: *Small Books and Pleasant Histories: Popular Fiction and Its Readership in Seventeenth-Century England*. Cambridge: Cambridge University Press 1985.

Squar, Michael: *Zwei Grad Celsius: Wie zügellose Gier die Welt verändert*. München: BUCH&media 2015.

Stark, Rodney: *For the Glory of God: How Monotheism Led to Reformations, Science, Witch-Hunts, and the End of Slavery*. Princeton, NJ: Princeton University Press 2003.

Stern, Philip J., und Carl Wennerlind: *Mercantilism Reimagined: Political Economy in Early Modern Britain and Its Empire*. Oxford: Oxford University Press 2013.

Stone, Lawrence: *The Crisis of the Aristocracy: 1558–1641*. Oxford: Oxford University Press 1965.

–. »The Educational Revolution in England, 1560–1640«. *Past & Present* (1964) 28 (1): S. 41–80.

Talkenberger, Heike: *Sintflut: Prophetie und Zeitgeschehen in Texten und Holzschnitten astrologischer Flugschriften 1488–1528*. Tübingen: Niemeyer 1990.

Tate, William Edward: *The English Village Community and the Enclosure Movements*. London: Gollancz 1967.

Taylor, Barry: *Society and Economy in Early Modern Europe, 1450–1789: A Bibliography of Post-War Research*. Manchester: Manchester University Press 1989.

Telelis, Ioannis: »The Climate of Tübingen A. D. 1596–1605 on the Basis of Martin Crusius' Diarium«. *Environment and History* 4 (1998), S. 53–74.

Tenfelde, Klaus, und Hans Ulrich Wehler: *Wege zur Geschichte des Bürgertums: vierzehn Beiträge*. Göttingen: Vandenhoeck & Ruprecht 1994.

The European Nobilities in the Seventeenth and Eighteenth Centuries. Von H. M. Scott. London; New York: Longman Group United Kingdom 1995.

Therrell, Matthew, David Stahle, José Villanueva Diaz, Eliado Oviedo und Malcolm Cleaveland: »Tree-Ring Reconstructed Maize Yield in Central Mexico: 1474–2001«. *Climatic Change* 74 (2006), S. 493–504.

Tielhof, Milja van: *The »Mother of All Trades«: The Baltic Grain Trade in Amsterdam from the Late 16th to the Early 19th Century*. Leiden: Brill 2002.

Tinsley, Barbara Sher: *Pierre Bayle's Reformation: Conscience and Criticism on the Eve of the Enlightenment*. Selinsgrove; London: Susquehanna University Press; Associated University Presses 2001.

Treml, Václav, Tereza Ponocná, Gregory M. King und Ulf Büntgen: »A New

Tree-Ring-Based Summer Temperature Reconstruction over the Last Three Centuries for East-Central Europe«. *International Journal of Climatology*, November 2014.

Trepp, Anne-Charlott: *Im Zeichen der Krise: Religiosität im Europa des 17. Jahrhunderts*. Göttingen: Vandenhoeck & Ruprecht 1999.

Tucker, Spencer C.: *A Global Chronology of Conflict: From the Ancient World to the Modern Middle East: From the Ancient World to the Modern Middle East*. Santa Barbara, Ca.: ABC-CLIO 2009.

Tyacke, Nicholas: *Seventeenth-Century Oxford*. Oxford: Clarendon Press 1997.

Universalis, Encyclopaedia: *Traité de l'œconomie politique d'Antoine de Montchrestien: Les Fiches de lecture d'Universalis*. Encyclopaedia Universalis France 2016.

Utterström, Gustaf: »Climatic Fluctuations and Population Problems in Early Modern History«. In *The Ends of the Earth*, herausgegeben von Donald Worster, 39–79. New York: Cambridge University Press 1988.

Vandenbossche, Hubert: *Adriaan Koerbagh en Spinoza*. Leiden: Brill 1978.

Vermeer's Hat: The Seventeenth Century and the Dawn of the Global World. Von Timothy Brook. Reprint edition. New York: Bloomsbury Press 2008.

Vicente-Serrano, Sergio M., und José M. Cuadrat: »North Atlantic Oscillation Control of Droughts in North-East Spain: Evaluation since 1600 A. D.« *Climatic Change* 85 (2007), S. 357–79.

Vittorio, Antonio di: *An Economic History of Europe*. London: Routledge 2006.

Voges, Dietmar-Henning: *Nördlingen seit der Reformation: aus dem Leben einer Stadt*. München: C. H. Beck 1998.

Vollhardt, Friedrich: *Toleranzdiskurse in der Frühen Neuzeit*. Berlin: de Gruyter 2015.

Vries, Jan de: *The Economy of Europe in an Age of Crisis, 1600–1750*. Cambridge: Cambridge University Press 1976.

Vries, Peer: *Ursprünge des modernen Wirtschaftswachstums: England, China und die Welt in der Frühen Neuzeit*. Göttingen: Vandenhoeck & Ruprecht 2013.

Wal, Marijke J. van der, und Gijsbert Rutten: *Touching the Past: Studies in the Historical Sociolinguistics of Ego-Documents*. Amsterdam: John Benjamins Publishing 2013.

Wallerstein, Immanuel: *Das moderne Weltsystem*. 4 Bde. Wien: Promedia 2012.

Walter, John und Roger Schofield: *Famine, Disease and the Social Order in Early Modern Society*. Cambridge: Cambridge University Press 1991.

Warman, Arturo: *Corn and Capitalism: How a Botanical Bastard Grew to Global Dominance*. Chapel Hill: University of North Carolina Press 2003.

Wefer, Gerold, Wolfgang H. Berger, Karl-Ernst Behre und Eystein Jansen: *Climate Development and History of the North Atlantic Realm*. Berlin: Springer Science & Business Media 2013.

Weiguo, Liu, Liu Zhonghui, An Zhisheng, Wang Xulong und Chang Hong: »Wet Climate During the ›Little Ice Age‹ in the Arid Tarim Basin, Northwestern China«. *The Holocene* 21 (2011), S. 409–16.

Weikinn, Curt: *Quellentexte zur Witterungsgeschichte Europas von der Zeitwende bis zum Jahre 1850*. Berlin: Akademie-Verlag 1958.

Wetter, O., und C. Pfister: »Spring-Summer Temperatures Reconstructed for Northern Switzerland and Southwestern Germany from Winter Rye Harvest Dates, 1454–1970«. *Climate of the Past* 7 (2011), S. 1307–26.

White, Sam: »The Little Ice Age Crisis of the Ottoman Empire«. In *Water on Sand*, herausgegeben von Alan Mikhail, 71–82. Oxford: Oxford University Press 2012.

Whittington, Graeme: »The Little Ice Age and Scotland's Weather«. *Scottish Geographical Magazine* 101 (1985), S. 174–78.

Wigley, T. M. L., M. J. Ingram und G. Farmer: *Climate and History: Studies in Past Climates and Their Impact on Man*. Cambridge: Cambridge University Press 1985.

Wilson, Cynthia: »The Little Ice Age on Eastern Hudson/James Bay: The Summer Weather and Climate at Great Whale, Fort George and Eastmain, 1814–1821, as Derived from Hudson's Bay Company Records«. *Syllogeus* 55 (1985), S. 147–90.

Wilson, Peter H.: *Europe's Tragedy: A New History of the Thirty Years War*. London: Penguin 2009.

Wood, Andy: *Riot, Rebellion and Popular Politics in Early Modern England*. Basingstoke: Palgrave Macmillan 2001.

Wood, James B.: »The Decline of the Nobility in Sixteenth and Early Seventeenth Century France: Myth or Reality?« *The Journal of Modern History* 48, Nr. 1 (1976), S. 1–29.

Woolf, D. R.: *Reading History in Early Modern England*. Cambridge: Cambridge University Press 2000.

Wootton, David: *The Invention of Science: A New History of the Scientific Revolution*. London: Allen Lane 2015.

Wrightson, Keith: *English Society: 1580–1680*. London: Routledge 2003.

Xoplaki, Eleni, Panagiotis Maheras und Juerg Luterbacher: »Variability of Climate in Meridional Balkans during the Periods 1675–1715 and 1780–1830 and Its Impact on Human Life«. *Climatic Change* 48 (2001), S. 581–615.

Yadav, R. R., und J. Singh: »Tree-Ring-Based Spring Temperature Patterns over the Past Four Centuries in Western Himalaya«. *Quaternary Research* 57 (2002), S. 299–305.

Zafirovski, Milan: *The Enlightenment and Its Effects on Modern Society*. Berlin: Springer Science & Business Media 2010.

Zagorin, Perez: »The Crisis of the Aristocracy, 1558–1641. By Lawrence Stone.

Oxford: Clarendon Press 1965. Pp. xxiv, 841. $ 16.80.« *The Journal of Economic History* 26, Nr. 01 (März 1966), S. 135–37.

Zittel, Claus: *Philosophies of Technology: Francis Bacon and His Contemporaries*. Leiden: Brill 2008.

Zmora, Hillay: *Monarchy, Aristocracy and State in Europe 1300–1800*. London: Routledge 2002.

Zückert, Hartmut: *Allmende und Allmendaufhebung: Vergleichende Studien zum Spätmittelalter bis zu den Agrarreformen des 18./19. Jahrhunderts*. Stuttgart: Lucius & Lucius 2003.

Abbildungsverzeichnis und Bildnachweis

Vor- und Nachsatz sowie Detailbilder S. 14, 15 und 16 Hendrick Averkamp, *Winterlandschaft mit Eisläufern*, um 1608. Amsterdam, Rijksmuseum. Foto: akg-images (AKG3746231)

23 Pieter Bruegel d. Ä., *Kornernte (August)*, 1565. Aus dem Zyklus der Monatsbilder. New York, Metropolitan Museum of Art. Foto: akg-images (AKG 117286)

28 Pieter Bruegel d. Ä, *Jäger im Schnee (Winter)*, 1565. Aus dem Zyklus der Monatsbilder. Kunsthistorisches Museum Wien, Gemäldegalerie. Foto © KHM-Museumsverband, Wien (GG 1838)

32 Amsterdam, *Vogelschauplan*, Holzschnitt, 1544. London, British Library. Foto: akg-images / British Library (AKG300374)

37 Matthäus Merian d. Ä, *Untergang der Armada*. Englischer Seesieg über die spanische Armada im Ärmelkanal, Kupferstich, Juli 1588. Aus: Johann Ludwig Gottfried, *Historische Chronica*, Frankfurt a. M. (M. Merian) 1630, S. 978. Berlin, Sammlung Archiv für Kunst und Geschichte. Foto: akg-images (AKG171702)

39 *Das große Feuer von London*, 1666. Foto: akg-images / Fototeca Gilardi (AKG4450474)

34 *Ciudad de Arequipa*, 1613. Aus: *Huaman Poma de Ayala Felipe, Nueva cronica y buen gobierno*. Biblioteca Nacional-Coleccion, Madrid. Foto: akg-images / Album / Oronoz (AKG25108993)

47 *Weinlese*. Monatsbild September. Brügge, Werkstatt des Simon Bening, um 1513/15. Aus dem *Kalendarium Grimani*. Venedig, Biblioteca di San Marco. Foto: akg-images (AKG51671)

59 *Hexenverbrennung auf dem Marktplatz in Guernesey*. Holzschnitt, um 1580. Foto: akg-images (AKG106514)

65 *John Dee*, Astrologe der Königin Elizabeth I., Tudor-Porträt, um 1594. Foto: IAM / agk-images (AKG2823060)

69 *Giordano Bruno*, 1548. Kupferstich von Johann Georg Mentzel. Porträt-

Sammlung, Wolfenbüttel, Herzog August Bibliothek. Foto: akg-images (AKG1525363)

73 *Michel de Montaigne*, Gemälde, nach 1581. Dargestellt als Bürgermeister von Bordeaux. Chantilly, Musée Condé. Foto: akg-images/André Held (AKG864796)

83 *Tulpe*, Miniatur von Nicolas Robert. Wien, Österreichische Nationalbibliothek. Foto: akg-images (AKG124488)

86 Swanenburgh, *Theatrum anatomicum*. Anatomiesaal der Universität zu Leiden. Kupferstich, 1610 Foto: akg-images (AKG31857)

89 Rembrandt van Rijn, *Selbstporträt mit Mütze und geöffnetem Mund*, 1630. Foto: akg-images/Liszt Collection (AKG2894884)

103 Johann Amos Comenius, *Orbis sensualium pictus* (bebildertes Schulbuch, 1654. *Instrumenta Musica. Klangspiele*. Holzschnittillustration. Foto: akg-images (AKG1910)

114/ Matthäus Merian, *Darstellung der Schlacht bei Nördlingen*, 6. Sept. 1634.
115 Aus: M. Merian, *Theatrum Europäum*, 1670. Foto: Bayerische Staatsbibliothek München, Hbks/X 3 w-3, Vogelschaubild zw. fol. 334/335

117 *Exerzieren mit der Muskete*. Soldat aus: Jacques de Gheyn, *Waffenhandlung Von Den Rören, Musquetten undt Spiessen*, Gravenhagen 1608. Foto: Bayerische Staatsbibliothek München, Res/2 Mil.g. 38, Blatt 26 (erster Teil)

129 Theodor de Bry, »Nigritten zum Zucker sieden angehalten«, Sklaven in den spanischen Kolonien in Amerika. Kupferstich, koloriert, 1594, aus: *Americapars quinta*, Frankfurt 1594. Foto: akg-images (AKG277058)

130 *Jan Pieterszoon Coen* von Jacob Waben, frühes 17. Jahrhundert. Foto: IAM/akg-images (AKG1944183)

141 *Christina von Schweden (li.), Elisabeth von Bayern (Mitte) und Descartes (re.)*. Foto: akg-images/Fototeca Gilardi (AKG4450103)

144 *Marin Mersenne*, Kupferstich von Claude Duflos d. Ä. nach zeitgenössischem Bildnis. Paris, Privatsammlung. Foto: akg-images (AKG2427821)

151 *Pierre Gassendi*, Kupferstich von Robert Nanteuil, 1658. Berlin, Sammlung Archiv für Kunst und Geschichte. Foto: akg-images (AKG151969)

155 Athanasius Kircher, *Erddurchschnitt mit Zentralfeuer, seitlichen Feuerherden und Vulkanen*. Kupferstichillustration aus: A. Kircher, *Mundus subterranus*, Amsterdam 1664. Foto: akg-images (AKG7061)

159 *Das Rasphuis* (Arbeitshaus), Amsterdam, von Hans Tisseur. Aus: Melchior Fokkens, *Beschrijvinge der wildt-vermaardt Koop-Stadt Amstelredam*, 1662, n. S. 715. Foto: Leiden University Library

162 *Gestrandeter Wal an der holländischen Küste bei Scheveningen im Februar 1598*. Zeitgenössischer Kupferstich. Foto: akg-images (AKG38262)

165 Maria van Oosterwijck, *Vanitas-Stillleben*, 1668. Kunsthistorisches

Museum Wien, Gemäldegalerie. Foto © KHM-Museumsverband, Wien (GG 5714)

166 Detailbild Maria van Oosterwijck, *Vanitas-Stillleben*, Foto © KHM-Museumsverband, Wien

172 *Komet über der Stadt Nürnberg im November und Dezember des Jahres 1680.* Kupferstich von Johann Jacob Schollenberger, 1680. Foto: akg-images (AKG22545)

174 *Pierre Bayle*, Kupferstich von Petit nach Bildnis um 1675. Foto: akg-images (AKG16913)

183 Seite mit Beginn des Artikels »Epicure« aus Pierre Bayles *Dictionaire historique et critique*, Amsterdam: Brunel [u. a.] 1730, Bd. II, C-I, S. 364. Foto: Bayerische Staatsbibliothek München, 2 Biogr. C. 5–2, Pierre Bayle, Epicure

187 *Baruch de Spinoza.* Foto: akg-images / Album / Oronoz (AKG1322852)

207 *Schabbatai Zevi*, Porträt, zeitgenössischer Kupferstich. Foto: Bildarchiv Pisarek / akg-images (AKG728251)

212 *Frost Fair an der Themse in London 1683.* Faksimile eines zeitgenössischen Drucks. Foto: IAM / akg-images (AKG1074388)

218 *John Locke, Porträt,* Kupferstich von George Vertue nach einem Gemälde von Godfrey Kneller, 1697. Foto: akg-images (AKG15270)

223 Ludwig XIV. als »Aufgehende Sonne« (Apollo) in dem »Ballet Royal de la Nuit«, 23. Februar 1653 am französischen Hof. Kostümentwurf von Henri de Gissey. Aquarell. Paris, Bibliothéque Nationale. Foto: Marc Deville / akg-images (AKG994799)

234 Henry Raeburn, *Reverend Robert Walker beim Schlittschuhlaufen.* Edinburgh, The National Galleries of Scotland. Foto: bpk|RMN – Grand Palais

Personenregister

Adolbertus Temopedius 57
Anselm von Canterbury 139 f.
Aristoteles 17, 138, 156
Asconius Pedianus, Quintus 184
Ashley Cooper, 1. Earl of Shaftesbury, Anthony 217, 219
Ashley Cooper, 3. Earl of Shaftesbury, Anthony 217
Atran, Scott 257
Augustinus 75, 139
Avercamp, Hendrick 14 ff., 28
Averroes 63

Bach, Johann Sebastian 112
Bacon, Francis 40, 74
Bayle, Jacob 181
Bayle, Pierre 143, 149, 151, 173 ff., 193, 200, 216 f., 224 f., 238, 247 f.
Beeckman, Isaac 136, 149
Bergerac, Cyrano de 150
Bloch, Marc 119
Bödiker, Johannes 171
Bodin, Jean 125
Bolotnikow, Ivan 94
Bontekoe van Hoorn, Willem IJsbrantszoon 108
Boris Godunow, Zar 42 f.
Bossuet, Jacques Bénigne 204
Boyle, Roger 118, 217
Bracciolini, Gian Francesco Poggio 62, 63
Brahe, Tycho 64, 136
Braudel, Fernand 18, 132
Bruegel, Pieter 15, 28
Bruno, Giordano 68 ff., 149, 253
Buddeus, Franz 203
Bullinger, Heinrich 48
Burckle, Lloyd 50 f.
Busbecq, Ghislain de 83

Calvin, Johannes 61, 101, 108, 131, 141, 159 f., 164, 189 f., 200, 250
Camden, William 36
Cassini, Giovanni Domenico 214
Cats, Jacob 107, 167
Cervantes, Miguel de 52 f.
Chamberlayne, Edward 107
Chmelnyzkyj, Bogdan 206, 208
Christina, Königin von Schweden 135, 141 f.
Cicero, Marcus Tullius 184
Clusius, Carolus, Charles de l'Écluse 81 ff., 91, 99, 238, 247
Coen, Jan Pieterszoon 130, 131, 132, 221, 253
Coler, Johann 99
Comenius, Johannes 102, 103
Compaen, Claes 107

Crosby, Alfred W. 99
Cysat, Renward 110 f.

Dach, Simon 111
Da Costa, Uriel 188 f., 193, 201
D'Alembert, Jean-Baptiste le Ronde 232
Dee, John 64 ff.
Descartes, Francine 137
Descartes, René 85, 135 ff., 149 ff., 153, 156 f., 191, 195, 201, 216, 225, 238, 251
D'Holbach, Thiry 243
Diamond, Jared 18
Diderot, Denis 232, 239, 240, 243, 248
Dimitri II., Falscher Dimitri, Zar 43
Drake, Francis 84
Du Bellay, Martin 72
Dülmen, Richard van 56

Elisabeth I., Königin von England 52, 65 f., 68
Epikur 151, 184 f.
Erasmus von Rotterdam 231
Espinoza, Michael d' 90
Evelyn, John 211, 213 f.

Fabricius, David 64, 213 f.
Fabricius, Johannes 213
Faust, Jörg 66
Ferdinand III., Kaiser 113 f.
Fludd, Robert 152 f.
Friedrich II., König von Preußen 239, 241
Friedrich Wilhelm von Preußen, der Große Kurfürst 118

Galilei, Galileo 140, 143, 152
Gassendi, Pierre 143, 149 ff., 156 f.
Gaunilo von Marmoutiers 140
Georg Wilhelm von Preußen 117
Gerhardt, Paul 112
Ginzburg, Carlo 60
Gisbertsdochter, Mary 107
Goltzius, Hendrick 162
Greenblatt, Steven 62
Grissino-Mayer, Henri 50 f.
Grosser, Martin 99
Grotius, Hugo 86, 162
Gutenberg, Johannes 26

Haider, Ursula 53
Halley, Edmond 173
Hegel, Georg Wilhelm Friedrich 17 f., 240
Hein, Piet Pieterszoon 134
Heinrich IV., König von Frankreich 15, 41, 125 ff., 181
Heinrich von Navarra 125
Henri II. de Montmorency 148
Henriques, Moses Cohen 134
Heresbach, Conrad 99
Hesiod 5, 109
Hippokrates 17
Hobbes, Thomas 143, 149, 238
Horaz 184
Huygens, Christiaan 173, 201
Huygens, Constantijn 143, 173
Hyde, Edward 157

Ignatius von Loyola 101
Iwan IV. der Schreckliche, Zar 43

Jacobszoon, Wouter 31, 33 f., 48, 108, 214
Jansen, Cornelius 160
Jehuda, Rabbi 199
Jurieu, Pierre 182

Kant, Immanuel 240, 248
Karl II., König von England 218

Karl IX., König von Frankreich 76
Katharina II., Zarin 239
Kelley, Edward 66 ff.
Kepler, Johannes 62, 64, 136, 153
Kircher, Athanasius 153 ff., 157, 216
Kolumbus, Christoph 21, 26
Kopernikus, Nikolaus 62, 152

La Boëthie, Étienne de 75
Laffemas, Barthélemy de 125
Lastman, Pieter 89
Law, Robert 172
Lemp, Peter 53, 55
Lemp, Rebekka 53 ff., 58, 112 f.
Leonardo da Vinci 26
Le Roy Ladurie, Emmanuel 18
Leti, Gregorio 106
Locke, John 217 ff., 238 f., 247
Louppes de Villeneuve, Antoinette de 70
Ludwig XIV., König von Frankreich 164, 181, 191, 223, 232
Ludwig XV., König von Frankreich 232
Lukrez 62 f., 71 f., 77, 152, 224, 266
Luther, Martin 26, 77, 101, 198, 220

Mandeville, Bernard 24, 225, 228, 235 ff., 247 ff., 261 f.
Mansveld, Regnier 203
Marlowe, Christopher 11, 40, 66
Martinengo, Marco Antonio 29
Marx, Karl 250
Matham, Jacob 162
Mauritz von Nassau 136
Mauritz von Oranien 116, 126
Maximilian I. von Bayern 136
Mazarin, Jules 106
Mehmed IV., Sultan des Osmanischen Reichs 210
Melanchthon, Philipp 81
Menasse Ben Israel 189
Mendoza, Bernard de 42
Merian, Matthäus 79, 113 f., 116
Mersenne, Marin 143 f., 149, 150, 152, 157, 221
Molière 150, 160, 223
Montaigne, Michel de 70 ff.
Montchrestien, Antoine de 125
Montesquieu, Charles de Secondat, Baron de 17
More, Thomas 92
Moses 77, 155, 202
Mun, Thomas 121 ff., 127, 248

Nathan von Gaza 209
Newton, Isaac 153, 173
Nietzsche, Friedrich 204

Oldenburg, Heinrich 210
Oosterwijck, Maria van 165 f.
Ovid 109

Paracelsus, Theophrastus Bombastus von Hohenheim 153
Parival, Jean Nicolas de 5, 109 ff.
Parker, Geoffrey 18, 60
Payr, Georg 50
Percy, George 45
Pérez de Guzmán y de Zúñiga-Sotomayor, Alonso, Herzog von Medina Sidonia 36
Perkins, Francis 45
Peter I., Zar 123, 229, 231
Pfister, Christian 18
Philipp II., König von Spanien 36, 38, 87, 102
Philipp III., König von Spanien 133
Philipp IV., König von Spanien 106
Pison 184
Polanyi, Karl 95 ff., 100, 123, 250
Poma de Ayala, Felipe Guaman 43 f.

Pouch, Captain, John Reynold 93
Pryse, Hugh 46

Raeburn, Henry 233 f.
Raynal, Guillaume 240
Reich, Robert 246
Rembrandt van Rijn 88 ff. 189
Reuchlin, Johannes 153
Ricci, Matteo 101
Richelieu, Armand-Jean du Plessis, Duc de 106
Rörer, Thomas 35
Rudolf II., Kaiser 52, 65, 67 f., 83

Sassen, Saskia 260
Schabbatai Zevi 207 ff.
Schaller, Daniel 11, 34, 35, 52, 56 f.
Schönfeld, Victorinus 56
Schorer, Christoph 11, 57
Sen, Amartya 246
Seneca, Lucius Annaeus 190
Serres, Olivier de 99
Shakespeare, William 39 f., 74, 122, 169
Shelley, Mary 233
Sigwart, Johann Georg 61
Smith, Adam 124, 250
Sokrates 239
Spinoza, Baruch de 85, 90, 187 ff., 198 ff., 209 f., 214, 216 ff., 220, 225, 238, 247 f., 251 ff.
Spinoza, Isaac de 190
Spinoza, Gabriel de 191
Strabo 184
Sully, Maximilien de Béthune, Duc de 125 ff., 132, 232, 247
Swanenburgh, Jacob Isaacszoon van 89
Sydenham, Thomas 217

Terenz 190
Thomas von Aquin 195

Uciglio, Pomponio 148

Van Blijenburgh, Willem 203
Van den Enden, Franciscus 190 f., 201, 216
Van der Strom, Helena Jans 137
Vanini, Lucilio 143 ff., 157, 180 f., 238, 252 f.
Voltaire 239 ff., 255, 258, 260

Walker, Robert 233 f.
Webster, John 40
Weinsberg, Hermann 48
Wilhelm I., der Schweiger, von Oranien 116
Wilhelm III. von Oranien, König von England 218

Zacut, Moses 209